로컬리티,
인문학의 새로운 지평

이 저서는 2007년 정부(교육과학기술부)의 재원으로 한국학술
진흥재단의 지원을 받아 수행된 연구임(KRF-2007-361-AL0001)

로컬리티 연구총서 1

로컬리티,
인문학의 새로운 지평

부산대학교 한국민족문화연구소 편

혜안

지금 여기의 학문적 울림, 로컬리티

1.

'로컬리티의 인문학'이라는 아젠다로 출발한 부산대학교 한국민족
문화연구소 로컬리티의인문학 연구단은 연구총서 1권을 내어 놓는다.
　'로컬리티의 인문학'은 인간에 대한 물음에서 출발한다. 우리는 인
간존재에 대한 끊임없는 질문들이 놓여 있는 곳을 로컬로 포착했다.
다양한 질감의 흔적과 주름들이 엉켜 시간과 장소들을 의미화시켜 나
가는 로컬의 주체로서 인간을 생각한다. 이러한 인간의 가치와 권리가
로컬의 역동적 로컬리티를 형성하는 근원이라는 점에 착목하여, 인문
학적 담론으로 로컬리티를 구성하고자 한다. 우리는 지금, 여기의 구체
적 당사자성에서 출발한 로컬의 개별적 사실들의 근원적 본질과 내재
적 가치를 탐색함으로 구체와 추상, 개별과 보편을 아우르는 로컬리티
연구를 진행할 것이다. 그리하여 현실 문제에 대한 인문학적인 성찰과
대안을 제시하고 기존 인문학의 한계를 극복할 가능성을 탐색한다.
　본 연구단은 '로컬리티의 인문학'이라는 의제 아래, '로컬리티의 형
상'을 제1단계 연구과제로 삼았다. 이는 다수의 구성요소가 상호복합
적으로 작동하여 나타나는 로컬리티의 경계, 모습 등을 전반적으로 조
망하고 구명하기 위함이다. 이를 위해 1년차 연구서에서는 연구의 기
본틀을 형성하기 위한 이론적 모색을 시도했다. 본 연구총서는 1년차

에서 이론적으로 모색한 다양한 시도의 결과이다. 이 과정에서 우리는 우선 기존의 지역학과 로컬 연구 성과들을 비판적으로 수용하여 인문학의 시각에서 거르고 심화시켜 체계화할 필요를 절감했다. 그래서 기존의 다양한 인문학 이론과 메타 서사들을 물리적이고 제도적인 공간 경계를 넘어 새로운 담론의 차원으로 확장하고자 한다.

2.

우리는 이론학과 실천학을 융합한 로컬리티에 관한 통합적·학제적 연구를 '로컬리톨로지(localitology)'라고 부른다. 1부는 로컬리톨로지가 지향하는 방향을 이론적으로 검토했다.

류지석은 로컬리티 인문학 담론을 구축하려는 노력에서 인간 자신이 가장 궁극적이고 중대한 의문대상이라는 지점에서 출발한다. 이것은 로컬리티의 인문학이 인간 존재에 대한 자기반성이며 상호주체적 인간 인식이라는 전제이다. 그 이유는 로컬과 인간의 관계성이 단순히 부분과 전체의 기계적 관계가 아니라 생명 존재처럼 동적이고 복합적이라고 규정하며, 다원적 접근을 요청하기 때문이다. 로컬리티 인문학이 구체성과 현장성에 기반을 둔 로컬에서 출발하지만 상위 담론인 로컬리톨로지로의 이행 가능한 방법을 찾는 것, 즉 구체성을 담보하면서 새로운 인문학의 담론을 만드는 것은 결코 쉽지 않다.

이상봉은 탈근대와 전지구화를 주요 키워드로 삼으며 근대성의 국가 중심적 구조 속에 포섭 또는 배제되어 주변적인 것으로 치부되어 온 로컬과 로컬리티에 새로운 자리매김을 시도한다. 저자는 국민국가 공간단위에 주목하여 전지구화와 로컬화는 이 공간의 위와 아래에서 나타나는 변화 현상으로 설명한다. 이와 함께, 탈근대 공간의 재영역화는 국민국가의 주권이 초국가 단위나 국가 하위단위에 의해 대체되는 것이 아니라, 로컬-국가-지역-전지구로 이어지는 공간단위의 중첩화 및 다원화적 변환으로 해석하며, 이러한 변화가 단순히 공간단위의 재영역화에 그치지 않고, 공간질서의 구성방식 및 운영원리의 변화로 이어짐을 논증하였다.

김용규는 최근 문화연구와 사회이론에서 로컬리티, 로컬적인 것 그리고 로컬문화가 중요한 쟁점으로 부상한 이유를 사회의 변동과 긴밀히 연관시켜 파악한다. 저자는 유럽중심주의를 비판하며, 로컬리티 연구가 비판적, 종합적, 입체적, 대안적인 태도에서 트랜스로컬한 방향으로 진행되기를 요청한다. 그는 현 시점에서 로컬문화와 로컬리티 연구의 부상을, 차이, 타자성, 다양성, 지역성을 강조하는 포스트모던적 문화현상과 연결지어 사고하려는 경향이 중요하지만, 로컬리티와 로컬적인 것을 바로 포스트모던 문화논리와 직결시키는 데는 신중하다.

이창남은 인문학적 로컬리티 연구의 방법론 문제에 주목하여, 그것을 일종의 열려있는 학문적 실험이며 일정한 가설로 이해한다. 이를 위해 전지구화라는 시대적 현안과 관련시켜 개념과 실천적 과제들을 성찰하며 로컬리티 연구의 실천 이데올로기적 측면을 검토한다. 저자는 로컬리티 인문학의 목표를 다양한 로컬과 로컬인들의 가치 복원에 두고, 상호 타자성의 인정과 수용의 문제를 성찰하는 과정에서 스피박의 탈식민주의 이론에서 많은 시사점을 끌어낸다.

장희권은 문화영역에서 벌어지는 세계화에 주목하고 그것을 정치, 경제영역의 세계화와 구분한다. 그 이유는 우선 글로벌 문화에서는 생산주체와 수용자의 구분은 물론이고, 중심과 주변, 지배와 피지배 관계가 모호하다고 보기 때문이다. 예컨대 국적이 불분명한 라이프스타일이나 월드뮤직, 퓨전음식 등이 잡종교배를 통해 혼종성을 띠고, 이것이 다시 한 번 국지성으로 변형되고 윤색되는 과정을 거침으로써 글로벌 문화는 문화제국주의가 아닌 '글로컬 문화'가 된다는 것이다. 저자는 문화연구란 문화실천에서 권력관계를 노출시키고, 이 관계들이 문화실천에 미치는 영향을 검토하는 것으로 규정하며 로컬문화의 경계설정에 관심을 가진다.

이명수는 로컬리티를 시간과 공간이 어우러져 이루어지는 특수한 장소성이며 문화의 근거이자 재료로 본다. 그것은 중앙이나 중심에 대립되는 개념으로서 지방이나 지역, 주변, 변두리, 경계, 변방 같은 공간적 조건이면서도 불순한 위계적 의미, 비본질적인 것으로 함축되는 것을 경계한 표현이기도 하다. 동아시아 문화에서 중앙이나 지방 모두 하나의 로컬리티로 대상화하는 풍부한 사유를 공자, 장자 그리고 정이에게서 끌어내는 저자는 고대 중국인의 자연인식인 '천원지방'에 주목하고 로컬리티를 장소성으로서의 로컬리티와 장소에 인간이 위치하여 발생하는 고유한 로컬리티로 구분한다.

3.

　2부는 한국의 학계에서 지금까지 로컬리티 또는 지역사회와 관련된 연구가 어떻게 진행되어 왔는지 연구동향을 검토하였다. 학계에서 지역사회 연구의 역사는 상대적으로 짧고 연구 성과도 많지 않다. 그 이유는 중앙집권 국가가 정치와 경제, 사회와 문화를 주도함으로써, 지역정치의 공간이 상실되어 지역사회의 독자적 발전 전망을 세울 기회가 거의 없었고, 사회운동을 전반적으로 억압하는 사회구조에서 지역사회의 개발 의지를 집약하고 문화적 다양성을 배양할 수 있는 아래로부터의 지역운동 역시 활성화되지 못한 데서 비롯한다.

　문재원은 지금까지 지역문학이 일반적으로 '근대적 제도와 그것이 낳은 문화적 시스템에 의해 형성된 하위의 문화 형식'이며, '일방적 소통구조에서 동일화의 논리에 강제된 타자로 남겨지는 문학'으로 인식되었다는 상황에 대한 비판적 점검을 하며, 지역문학연구의 방법론을 고민한다. 이에 지역문학연구는 지역의 태생적 한계를 넘어, 특수와 보편, 구체와 추상을 아우르는 새로운 방법론을 강구해야 할 것을 강조하며, 로컬리티의 접선을 시도한다.

차윤정은 지금까지의 방언 연구가 로컬언어의 위상과 가치를 재정립하고 로컬리티를 연구하는 데 한계가 있었음을 지적하고, 로컬언어에 대한 재사유의 필요성과 새로운 연구방법을 제안한다. 이는 로컬언어의 수용성과 다양성을 바탕으로 한 창조적 가능성에 기반하여야 하며, 로컬언어를 로컬과 로컬인의 관계 속에서 파악하고 로컬인들의 시선에서 바라볼 수 있어야 한다. 그리고 연구영역 역시 구술발화를 자료로 한 담화연구로 확대되어야 한다고 밝힌다.

차철욱은 지방사 연구로부터 로컬리티를 찾을 가능성을 검토하면서 포스트모던 역사학이 공동체와 공공영역보다는 개인과 일상의 영역에 집중하여 탈민족, 탈국가적인 역사서술을 시도한 것은 바람직하지만 너무 개별적이고 미시적인 부분에만 치중하여, 인간 삶의 터전인 사회관계나 공동체와의 상호관계를 등한시했다고 진단한다. 포스트모던 역사학이 인간만을 세밀하게 본 결과 구조와 인간의 상관성은 무시되었다는 지적이다.

장세룡은 중앙과 지방, 지역주의, 지방분권이란 순서로 서구에서 진행된 지방 연구를 검토하면서 지방사에 대한 최근의 관심은 역사연구의 무게 중심이 민족과 계급에서 인간과 인류로 이동하여 세계화한 보편문화의 지구적 의식에 입각한 지구촌의 역사가 진행되는 동시에, 지방의 문화적 다양성과 정체성을 탐구하여 차이와 혼종성을 드러내는 여러 이야기들을 발굴하려는데 있음을 지적한다.

신지은은 한국지역사회학회가 발행하는 『지역사회연구』의 내용을 검토하여 몇 가지 주제로 구분하였다. 그 결과 첫째, 특정 지역에 대한 객관적 보고서의 형태를 띤 연구, 둘째, 지방/지역이 세계화의 흐름 가운데서 사회 경제적 향상을 위해 지역공동체와 협력하여 지역의 발전과 지역사회의 활성화를 꾀하는 연구, 셋째, 전지구적 자본주의와 중앙 중심적 사회구조에 반대하는 지역공동체 운동에 관한 연구로 구분하고, 이들을 로컬리티 연구와 접합시키는 방도를 검토하였다.

이 연구총서는 연구단이 로컬리톨로지 수립을 위한 기초작업으로서의 역할을 맡을 것이다. 로컬리티 연구는 '지금, 여기' 우리의 문제로 학문적 소통을 울릴 것이고, 그러한 울림에 이 작업들은 기꺼이 인문학의 새로운 바람개비가 될 것이다. 그러나 지난 일 년 동안의 모색이 더러는 거칠고, 더러는 과문한 부분도 있을 것이다. 이러한 부분은 향후 연구를 진행하면서 더욱 치열한 고민과 열정으로 보완될 것으로 믿는다.

2009. 8.
부산대학교 한국민족문화연구소
로컬리티의인문학 연구단

목 차

제2부 로컬리티 연구의 동향과 과제

제1부
로컬리티 이론

Ⅰ. 로컬리톨로지를 위한 시론
로컬, 로컬리티, 로컬리톨로지

류 지 석

1. 들어가는 말

이 글은 인간 삶의 근원적이고 구체적 공간/장소인 로컬의 의미에 대한 인문학적 반성에서 출발하여 로컬과 로컬리티에 대한 연구를 통하여 새로운 인문학적 담론의 가능성을 탐색하려는 시도에서 시작되었다.[1] 근대성의 표징인 국가-중앙 중심성, 일원성, 전체성의 사유는 지역(방)을 주변적이고 부차적인 것으로 간주하게 되었고 이는 로컬, 로컬에 사는 사람들의 현실과 위치에 대한 문제의식을 촉발시키게 되었다. 또한 세계가 급속하게 글로벌화 되면서 나름의 독자성과 역동성을 추구하고자 하는 로컬의 시대적 역할과 의미에 대한 탐구가 필요하게 되었다. 국가-지방의 이분법이 배태한 소외감과 패배주의, 중앙에 대한 선망과 질시, 다문화 충돌에 따른 정체성 위기 등 로컬(인)이 당면한 현실 문제는 더 이상 경제-정치적 논리에 기대어 현상적-구조적 차원만으로 접근할 문제가 아니다. 그것은 인간과 삶의 본질과 정체성의 문제와도 밀접하게 연결되어 있기에 인문학이 갖는 근원적이고 통

---

[1] 이 연구는 부산대학교 한국민족문화연구소 로컬리티의인문학연구단의 아젠다에서 출발하였다.

합적 시각에서 해결책을 찾아야 할 문제가 되었다. 따라서 지역, 장소, 인간, 가치 등의 문제가 공존하는 로컬의 다양한 현상과 로컬이 갖는 중층적 관계성이 발현하는 복합적 프로세스인 로컬리티를 분과 학문적 차원이 아니라 새롭게 인문학의 영역으로 수용하여 새로운 인문학적 담론을 선도할 수 있는 개념으로 확장할 필요가 있다. 이를 위하여 우선 기존의 지역학과 로컬 연구 성과들을 비판적으로 수용하고 인문학의 시각에서 심화시키고 체계화할 필요가 있다. 다음으로 기존의 다양한 인문학 이론과 메타 내러티브들을 바탕으로 물리적이고(physis) 제도적인(nomos) 공간의 문제를 넘어서서 로컬리티 개념을 새로운 담론의 차원으로 확장하고 이를 바탕으로 구체적인 현실 문제에 대한 인문학적인 성찰과 대안을 제시한다면 기존 인문학이 갖고 있는 한계를 극복할 수 있을 것이다. 이와 같은 이론학과 실천학의 융합을 통한 로컬과 로컬리티에 관한 통합적, 학제적 연구를 로컬리톨로지(localitology)라고 부를 수 있을 것이다.

아래의 글은 로컬리티 인문학을 위한 가장 기본적인 작업인 로컬과 로컬리티의 의미 규정과 로컬리티학의 수립 방법에 대하여 생각해보고 그러한 연구의 기본적 방법으로 제시한 공동연구의 문제를 짚어보려는 시론적 성격을 가진다. 어떤 문제에 대한 해결책을 내놓는 것도 학문연구의 중요한 임무 중의 하나이겠지만, 문제를 제기하는(problématisant) 것도 중요한 역할이다. 어떤 경우에는 문제제기 방식의 정당성에 주목하지 않고 이미 주어진 바를 문제로 인식하고 그 해결에만 골몰하다가는 라비린토스와 같은 미로에 빠질 수도 있기 때문이다. 학문의 역사를 살펴보면 패러다임의 변화나 새로운 시각의 등장은 종종 위기를 극복하려는 노력에서 비롯하였으며 그것은 문제의 출발점에 대한 재성찰과 함께 하였다. 논의의 출발점과 입각지에 대하여 다

시 캐묻는 작업(questionnement)은 문제 해결의 실마리를 찾는 작업으로
연결될 수 있을 것이기 때문이다.

2. 로컬/로컬리티의 의미규정 문제

모든 논의에서 핵심적인 개념의 정의와 의미규정의 중요함은 이론
의 여지가 없다. 고대 헬라스의 아테네에서 소크라테스는 우리 인식의
대상은 무엇이며 그것의 본질은 무엇인가를 산파술을 통하여 제자들
에게 알려준다. 이 현자가 끊임없이 던지는 질문의 핵심은 항상 정의
(definition)의 문제와 연결되어 있다. 우선 개념의 의미 규정이 명확하지
않으면 논의가 제대로 이루어질 수 없으며 궁극적인 인식의 도달점도
파악하기 힘들기 때문이다.

우선 로컬(local)의 문제부터 시작해보자. 지역이나 지방이란 용어를
쓰지 않고 로컬이라는 용어를 선호한 이유는 이러한 용어가 갖는 의미
의 지향성과 한계 때문이다. 고석규 등의 작업에서 볼 수 있는 바처럼
중앙에 맞서있는 상-하위의 종속적, 수직적 개념에서 벗어나기 위하여
지역이라는 수평적 개념을 선호할 때 이미 지방은 담론화되어 있다.[2]
그러나 지방이라는 용어도 일의적으로 쓰이는 것은 아니다. 일정한/어
느 방면의 땅이란 뜻도 있고 서울 이외의 지역을 가리킬 수도 있고 중
앙에 대비된 하부 단위/조직으로 쓰이기도 한다. 따라서 지방이 무조건
위계적 종속적 의미로 쓰이는 것이 아님은 분명하다. 따라서 지역이란
용어가 가지는 모호함이나 지방이란 용어가 가지는 선입견을 피하여
로컬이라는 개념을 선택한 것은 나름대로의 정당성을 지닐 수 있을 것

---

2) 고석규, 「지방사란 무엇인가」, 『지방사 연구 입문』, 민속원, 2008, 13~16쪽 참
   조.

이다.

프랑스에서 다양한 전공의 필진이 참여하여 최근 출간한 지리학 사전에는 로컬이 "사회전체의 존재에 의해 특징 지워지는 가장 작은 단위의 공간"으로 정의되어 있다.[3] 여기서 쓰이는 지리적, 행정적 단위로서의 지방/지역이라는 의미의 로컬은 문학, 역사학, 지리학, 정치학 등 다양한 학문 분야에서 널리 쓰이는 단어이다. 그러나 이러한 일상적 사용이 가지는 분명함의 이면에는 또 다른 용법이 있다. 위 사전 "local" 항목에는 지방/지역보다는 공간/장소의 의미가 먼저 나오고 국지적이란 뜻은 뒤에 나온다. 먼저 국지적이란 의미의 로컬의 어원부터 살펴보자. 로컬은 라틴어 "localis"에서 유래했고 "어떤 장소와 관계되는"이란 의미이다. 그렇다면 분명히 확인될 수 있는 시간 t에 어떤 곳/장소에 위치될 수 있는, 다시 말하면 어떤 불연속적 장소 내지 연장에서의 어떤 점과 관련될 수 있는 모든 현상을 지칭하며, 이 경우 로컬은 객관화될 수는 없지만 관습적으로 어느 정도 "작다"라는 함축을 가지며 그 규모는 로컬과 관계되는 전체(global)에 따라 결정된다.[4] 이러한 글로벌과 로컬의 위상학적 개념을 일반화시켜서 지역의 경우에 적용시켜 본다면 글로벌이 국가단위인가 또는 대륙단위인가에 따라 로컬의 크기도 다양하게 결정될 것이다. 국가의 하부단위로서의 지역을 기준으로 본다면 최소 단위 또는 기본 단위로서의 로컬을 어떻게 규정하여야 할지는 중요한 문제이다. 도시단위로 볼 것인가? 그렇다면 어떤 도시를 이야기 하는가? 행정적으로 지리적으로 국가에 따라 지역(area)에 따라 도시의 규모와 비중은 현격한 차이가 있다. 예를 들어 프랑스

---

3) J. Lévy /M. Lussault, *Dictionnaire de la Géographie et de l'espace des sociétés*, Belin, 2003, p.572.

4) loc. cit.

의 경우 아주 작은 규모의 로컬이 존재하지만 우리나라의 경우 일정 규모 이상일 경우에만 하나의 로컬로 인정된다. 또한 기본 단위를 도시(urban)라고 한다면 시골(rural)의 위상은 어떻게 되는가? 이러한 문제를 해결하기 위하여 일정한 기준(criteria)을 두고 선별적으로 로컬들을 선정하여 분석 대상으로 삼아야 할 것이다.(예를 들어 개항지/접경지) 그래도 여전히 문제는 남는다. 이러한 몇몇 사례들을 통하여 로컬의 정체성과 가치를 발견한다고 해도 그것을 어디까지 일반화할 수 있을 것인가? 이러한 문제의식을 바탕으로 로컬에 대한 연구를 수용하고 종합하는 작업은 장기적인 관점에서 새로운 방법론의 수립내지 기존 방법론의 원용이 필요한 사항이다.

로컬리티의 개념이 학문적으로 주목 받은 것은 사회학, 지리학, 지역학 또는 정치학과 같은 사회과학의 영역에서이다. 그러나 로컬리티는 사회과학의 영역에서도 "노동과 공동체 사이의 관계에 근거한 장소"(Massey), "지역적 계층화의 시스템"(Urry), "현대 자본주의에서 집단적 정체성의 핵심적 토대"(Cooke), "주어진 지리적 공간 내에서 공유하는 경험, 유산, 이해 또는……소속감"(Scriven & Roberts) 등으로 다양하게 정의되고 있다.[5] 이러한 다양한 정의의 배경에는 정치경제적 관계 또는 권력의 메커니즘을 매개로 한 사회적 공간으로서의 로컬리티를 강조하기도 하고 문화적인 맥락에 초점을 맞추기도 하며 이론적 틀로서의 로컬리티에 주목하는 다양한 관점이 공존한다.[6] 이러한 정의들이 나오게 된 배경에는 사회과학 분야에서의 공간 이론의 중요성이 부각

---

5) Peet, R./Thrift, N. *New Models in Geography*, Unwin Hyman. 1989, p.221.
6) 어리(Urry)는 로컬리티 개념을 10가지로 분류하면서 이 개념을 실재적인 사회과학에서의 기술적 용어라기보다는 이론적 용어로 보아야한다고 주장한다. John Urry, *Consuming Places*, Routledge, 1995, pp.71~73 참조.

되었기 때문이다.

1970년대부터 활발해진 사회적 공간에 관한 논의들은 공간의 정치경제학이라는 새로운 영역을 탄생시켰다. 이 연구는 자본축적과 도시화, 지역 불균등 발전, 지역 간 자본의 이동, 국가와 지역의 역할과 갈등과 같은 자본주의 발달과 함께 변화하는 공간적 측면을 고찰한다. 즉 공간과 지역 그리고 총체적 사회과정과의 관계에 주목하는 작업이다. 이는 지역문제를 논할 때 기존의 사회과학이 공간 자체에 대한 개념과 공간과 사회의 관계에 대한 근원적 성찰이 부족하였음에 대한 반성이기도 했다. 시간과 공간이 사회체계를 구성하는 본질적 요소임에도 불구하고 공간을 단지 행위의 물리적 환경으로써 이해하거나, 시간을 측정가능한 단선적 시간으로만 받아들임으로써 사회체계와 시간-공간과의 본질적 연관성을 가볍게 여겼다는 생각이었다.[7] 예를 들어 소자(Soja)는 공간을 물리적 실체일 뿐만 아니라 사회적 실체로 보고 사회적 과정의 산물인 공간은 그 내부에서 조직화되고 있다는 점에서 공간과 사회의 관계를 변증법적 관계로 파악한다. 이러한 관점의 연장선에서 오늘날 세계화/지방화 과정이 공간을 매개로 작동하는 자본, 국가, 계급 등을 통해 어떻게 연계되어 있는가를 분석하는 틀로서 공간정치경제학의 역할을 제시했다.[8] 이러한 사회-공간에 관한 논의는 1980년대 신 마르크스주의 정치경제학과 결합하여 공간생산론의 신지역지리학으로 등장하는 계기가 되었다. 또 다른 계기는 1980년대의 영국에서 경제사회조사위원회(ESRC)가 지원한 세 개의 연구 프로젝트들 중의 하나가 서섹스 대학교를 중심으로 한 "경제재건, 사회 변동 그리고 로컬리티"라는 프로그램이었고 이를 계기로 로컬리티에 관한 관심이 더욱

---

7) Peet, R./Thrift, N., op. cit., p.295.
8) 한국공간환경학회, 『공간의 정치경제학』, 아카넷, 2000, 167~168쪽 참조.

증대되었다. 그러나 학자들마다 로컬리티(지방성/지역성/국지성)를 둘러싼 시각과 입장의 차이가 있었다. 실재론적 입장에서는 이론이 뒷받침되는 경험적 연구라는 방법론적 특성에 주목하여 주어진 사회 공간적 대상의 경제, 정치구조에 주목한다. 그러나 동시에 로컬을 넘어선 (글로벌한) 시장의 자본주의적 성격에 대하여도 강조하였기에 지역의 자율성의 한계를 인정하고 있다. 지역성 연구가 본질적으로 포스트모던한 성격을 지니고 있다고 주장하는 포스트모더니즘 경향의 학자들은 장소나 지역을 일반화한 이론들에 대하여 이러한 공간이 갖고 있는 다양성과 고유성을 개념적 범주에 무리하게 맞추려는 시도로 장소나 지역이 가지는 내적 복잡성을 지나치게 단순화하게 된다고 비판한다.9)

공간의 사회과학에서 다양한 형태로 나타난 로컬리티 개념은 어떻게 정의되어 있는가? 로컬리티 연구에서 많은 성과를 내고 있고 인문학과의 연관성도 높은 인문지리학 분야의 사전을 살펴보자. 프랑스에서 다양한 전공을 가진 수십 명의 필진이 참여하고 자끄 레비와 미셀 뤼쏘가 편집 책임을 맡아서 2003년 출간한 『지리학과 사회 공간 사전』을 보면 "로컬(local)"이란 항목은 있으나 "로컬리티(localité)"라는 표제어는 나오지 않는다. 로컬리티와 관련된 내용들은 지역(région), 공간(espace), 장소(lieu) 등의 항목에 우회적으로 나타나 있다. 로컬리티 연구가 이루어진 가장 대표적인 영역인 지리학의 경우를 살펴보면 영미권의 대표적 지리학 사전인 존스톤/그레고리/스미스 공동 편집의 『인문지리학사전(*The Dictionary of Human Geography*)』에도 증보판에서야 로컬리티 연구의 다양한 결과들을 반영한 "locality"라는 항목이 나타난다.10)

---

9) B. Warf, "Postmodernism and the localities debate", 손명철 옮김, 「포스트모더니즘과 지방성 논쟁」, 『공간과 사회』, 제5호, 1995, 167쪽 참조.
10) 이 항목은 1994년의 증보 3판에서 처음 표제어로 등장하며, 지리학에서의 "로

물론 사전의 표제어로 그 개념의 중요도를 가름한다는 것은 아닐테지만 여러 학문 분야에서 로컬리티 개념이 아직 독립적으로 규정되고 있지 못하고 다양한 문제들에 내재되어 있다는 증거일 것이다.[11]

서두에서 밝힌 것처럼 로컬리티 개념이 중층적이고 복합적인 것이라면 이를 좀 더 구체적으로 이해하기 위하여 세 가지 측면으로 구분하여 접근해보자.[12] 첫 번째는 기층적 로컬리티로서 로컬이 가지는 자연적 물리적 측면 즉 로컬리티가 가지는 가장 기본적 구성요소인 공간/장소성과 연결되어 있다. 로컬은 우리에게 우선 장소로 다가오게 되며 우리가 경험하는 구체적 공간은 로컬의 기초적 표상이다. 이런 점에서 로컬과 인간의 관계는 존재론적인 차원의 문제이다. 예를 들어 현상학에서처럼 세계내존재(In-der-Welt-Sein)이며 현존재인 인간이 주위세계(Umwelt)와의 관계 안에서 헤아림과 교섭을 벌이는 곳/공간의 의미에 대한 사유는 로컬에 사는 인간(Homo localitus)의 존재론적 의미와 직접적으로 연결될 수 있을 것이다. 또한 경험 공간으로서의 로컬은 우리가 일상의 삶을 영위하는 터이며 그 안에서 다양한 관계가 맺어지는 곳이다. 그러므로 로컬은 다양성이 발현하는 프로세스의 공간이며 사회-정치-경제적 문제가 발생하는 공간이기도 하다. 사실 이러한 맥락에서의 로컬리티는 기존의 사회과학이나 공간 연구 등에서 상당한 연구

컬리티 논쟁"을 중심으로 로컬리티의 개념을 다루고 있다. 이 사전에서도 로컬리티는 일의적으로 정의될 수 없는 복합적 개념임이 잘 설명되어 있다.

11) 철학의 경우 영어, 불어, 독어로 출판된 가장 대표적인 철학대사전들에는 local 만이 위상학과 관련된 의미로 포함되어 있고 locality/localté/Lokalität는 표제어로 나타나지 않는다.

12) 로컬리티를 기층적 로컬리티/ 위계적 로컬리티/ 인식(가치)의 로컬리티로 분류하여 이러한 분류는 임의적일 수 있지만 복합적인 로컬리티 개념을 좀 더 구체적으로 이해하기 위한 기술적 접근임을 전제로 한다.

가 이루어졌고 그 배경에는 근대성이 만들어낸 공간 지배적 논리와 이데올로기에 대한 반발과 반성이 있다.

다양한 공간의 개념이 가능하지만 오래전부터 학문의 영역에서 다루었던 공간은 기하학적 공간으로서 추상화되고 사물을 인식하고 조작하는 기본 틀로서 근대 학문 성립의 조건이 되었다. 그러나 동질적 공간성은 철저히 일원성과 통일성을 구현하기 때문에 구체적 공간과 그 곳에 사는 인간의 삶을 지배하는 틀로서 작동한다. 개체가 아닌 사회나 국가와 같은 집단의 차원에서 근대성은 도시국가의 단위를 벗어나서 강력한 힘을 가진 국민국가의 성립과, 상업의 발달과 산업혁명에 따른 자본주의의 발달과 더불어 생산성과 효율성을 추구하며 중앙 중심의 통제 장치의 강화로 나타난다. 경제적으로도 상품의 가치가 화폐를 통하여 결정되는 자본주의의 메커니즘은 노동에 대한 자본의 통제 시스템의 확립으로 이어진다. 로컬이 가지는 국가 내지 중앙에 대한 종속적 위치는 근대성이 가지는 이와 같은 메커니즘에 의해서 자연스럽게 탄생하였다. 여기서 로컬리티의 문제는 기층적 로컬리티와는 구별하여서 설명이 필요하며 로컬을 국가나 중앙의 통제장치에 철저히 복속시키는 시스템의 형태에서 발현되는 것을 위계적 로컬리티라고 부를 수 있을 것 같다. 여기서도 로컬리티의 모습은 복합적인데 국가(nationality)에 대비되는 로컬리티, 전지구화라는 새로운 세계질서와 변혁의 한 가운데 놓인 로컬의 현실을 반영하는 글로벌리티(globality)에 대비되는 로컬리티 그리고 중심성(centrality)에 대비되는 탈중심적, 주변적 모습의 로컬리티가 있다. 그러나 여기서의 중심성은 구체적인 제도의 측면이기도 하지만 유럽중심주의, 인종중심주의, 젠더의 문제와 같은 더욱 포괄적이고 심층적인 문제와 연결될 수 있다. 전지구화의 급속한 진행으로 우리가 살고 있는 로컬은 새로운 환경을 맞이하게 되었다. 글로벌의 대척점에 있는 로컬은 위계적 로컬리티의 새로운 양상일지 로컬의 새로운 가능성을 보장받을 수 있을지는 좀 더 신중하게 기다려보아야 할 듯하다. 만일 이러한 세방화 내지 글로컬리제이션의 환경에서 로컬이 자생력을 가지면서 나름대로의 자율성과 독자성을 가지려면 분명히 기존의 질서와는 다른 방식이어야 할 것이며 이러한 가능성의 영역을 트랜스로컬리티(translocality) 또는 인터로컬리티(interlocality)라고 부를 수 있을 것이다.13)

마지막 단계인 인식 내지 가치의 로컬리티는 가장 추상 수준이 높은 로컬리티의 단계이다. 위계적 로컬리티의 측면에서도 드러나고 기층적 로컬리티에 내재된 인간 존재성의 본질적 가치의 측면과도 연결되어 있듯이 로컬리티는 다원성, 소수성, 타자성 등의 포스트 모던적 가치와 일정한 연결점을 가질 수 있을 것이다. 그러나 로컬, 로컬리티 내지 주변성이 그 자체로 자신의 가치를 보장 받을 수 있는 근거는 무엇인가? 지역성과 주변성이 그 자체로서 긍정적인 가치로 평가될 수 있는지는 좀 더 신중한 접근이 필요할 것 같다. 만일 있다면 그것은 근대성에 대한 비판적 시각을 통하여 로컬리티 담론 속에서 지역성에 대한 배치와 그것을 야기한 구조-기계들을 분석하고 탐색하는 작업에서 드러날 것이다. 따라서 로컬과 로컬리티에 대한 연구는 기존의 다양한 인문학적 담론과의 접점에서 로컬리티 연구의 확장적 함의와 적용을 고민함으로써 새로운 시각의 담론 구성에 기여할 수 있을 것이다.

---

13) 트랜스로컬리티의 가능성과 문화정치적 맥락에서의 로컬리티 분석은 김용규, 「로컬리티의 문화정치학과 비판적 로컬리티 연구」, 『한국민족문화』 제32집, 부산대학교 한국민족문화연구소, 2008. 10. 참조.

3. 로컬리티학 연구를 위한 도식

　로컬의 이해는 우리의 세계 표상과 연관되어 있다. 물론 여기서의 세계는 상당히 제한적인 의미이지만 세계라는 말의 어원은 산스크리트어의 로카(loka)에까지 거슬러 올라가며 로카는 세계, 장소의 의미를 갖는다. 라틴어에서 장소를 의미하는 locus/loca와의 유사성이 우연은 아닐 것이다. 일반적으로 서양에서 세계는 우주론적 맥락에서 실재의 사물들과 가능의 사물들을 총칭하는 것이다. 여기에는 현상, 체험/경험, 행위까지를 포함하는 폭넓은 개념이다. 고대 헬라스에서 인간의 손이 닿지 않는, 있는 그대로의 자연적 사물들을 피시스(physis)라 불렀고 지구 밖의 모든 존재들까지를 포함한 세계/우주를 코스모스(kosmos)라 일컬었다. 이러한 자연론적 세계관은 플라톤의 영향으로 감각적 현상의 세계와 초월적 이데아의 세계로 구분되면서 이원론적으로 파악되었다.

　이러한 전통은 중세에서 그리스도교의 영향으로 천상과 지상세계 또는 감각세계(mundus sensibilis)와 초감각(예지)세계(mundus intelligibilis)로 구분된다. 근대에 들어오면 인식의 근거가 경험이던 이성이던 모든 현상들의 총체성으로 이해된다. 그런데 자연과학의 발달로 세계표상의 확실성, 적어도 물리학과 같은 과학적 진리에 근거한 세계이해의 확실성을 보장받을 필요가 있었고 그러한 문제를 해결하려 시도했던 사람이 칸트였다. 그러나 칸트에 있어서 현상계와 예지계 사이의 간극은 그대로 남아 있었고 실제 세계의 존재론적 단일성을 회복할 과제가 남아 있었다. 현대에 들어와서는 세계를 관념의 지평에서가 아니라 구체적 경험과 삶의 지평에서 이해하려는 다양한 시도들이 생겨났다. 하이데거는『존재와 시간』에서 세계를 네 가지 의미로 정리하고 있다. ① 존재자의 총체로서의 세계, ② 식물, 동물, 역사의 세계처럼 특정한 존재자들의 영역에 해당하는 구조적 세계, ③ 인간의 삶이 이루어지는

마당으로서의 세계, ④ 그리고 인간의 삶의 자리로서 세계가 무엇인가
라는 세계의 구성 계기와 존재구조에 관한 문제와 관계되는 세계. 하
이데거는 이를 다른 세계와 구별하여 세계성이라고 불렀다.[14] 그는 인
간의 삶의 터로서의 세계와 그 세계를 구성하는 계기와 그 의미에 대
하여 천착하며 우리가 과연 세계를 어디에서 만나는지를 우리가 직접
적으로 사태와 현상을 대면하는 일상적 삶 속에서 찾아보기를 권장한
다. 인간의 현존재는 '세계 안에 있음(In-der-Welt-sein)'이라는 구조에 의
하여 규정된다.[15] 로컬리티의 연구가 로컬의 물리적 장소성과 관련된
것이든 사회적 공간의 맥락과 관련된 것이든 로컬과 로컬리티에 대한
철학적, 본질적 사유와 반성은 결국 로컬에 사는 인간(Homo localitus)의
존재적 본원성에 근거하여야 한다. 그런데 이러한 로컬에 대한 표상은
단지 장소/공간성만을 내포하지는 않는다. 거기에는 항상 시간성이 관
통하고 있다. 우리의 삶이란 바로 비가역적 시간성을 본질로 하는 것
이고 우리 정신성도 결국 기억과 의식을 바탕으로 하는 것이기 때문이
다. 로컬리티의 다층적 구조 속에 시간은 항상 현전해있다.

앞에서 본 로컬리티의 구조에는 다층성이 제대로 반영되지 못하였
기 때문에 지금까지의 문제 제기를 바탕으로 로컬리티학의 성격과 연
구방식에 관하여 좀 더 심층적인 접근을 위한 하나의 도식을 제시하려
고 한다. 로컬리티의 복합성을 이해하기 헬라스의 전통적인 학문영역
을 응용하여 피시스(physis), 세미오시스(semiosis), 노모스(nomos)의 세 측
면에서 접근하기로 한다.[16]

---

14) Heidegger, M. *Sein und Zeit*, 이기상 옮김, 『존재와 시간』, 까치, 1993, 95~96쪽
    참조.
15) 이기상/하이데거, 『존재와 시간』, 살림, 2007, 228~229쪽 참조.
16) 이 도식은 이어령 교수가 피시스, 세미오시스, 노모스의 구분을 각각 자연과

　피시스는 말 그대로 자연적인 것이므로 어떤 사물이나 현상의 물리적/본원적 측면이라고 할 수 있다. 노모스는 법과 제도를 일컫는 말이므로 사회-정치적 맥락을 갖고 있다. 세미오시스는 기호 내지 의미의 영역이라고 할 수 있다. 이러한 삼분법을 앞에서 전개한 로컬리티의 구분에 적용한다면 피시스는 물리적/지리적 공간성을 바탕으로 한 기층적 로컬리티에 가깝고 노모스는 사회적 공간까지를 포함함 위계적 로컬리티에 해당할 것이며 세미오시스는 인식과 가치의 로컬리티에 대응시킬 수 있다. 사실 로컬리티를 구분하는 것 자체가 이해를 돕기 위하여 로컬리티가 갖고 있는 다양한 모습의 현상성을 이념의 잣대로 임의적으로 재단하는 것이다. 하지만 이러한 삼각도식의 장점은 무엇일까? 그것은 앞에서 전개된 로컬리티의 구분보다는 좀 더 광범위하고 본질적이라는 데 있을 것 같다. 또한 로컬리티 간의 상호 작용을 좀 더 잘 나타낼 수 있기 때문이다. 로컬리티의 피시스적 요소는 끊임없이 노모스적 요소와 세미오시스적 요소와 복합적으로 연결되어 상호 작용한다. 노모스적 요소도 다른 요소들과 상호 작용하는 것이다. 이는 로컬 또는 로컬리티에 접근할 때 다양한 측면들을 통하여 동시에 접근하는 학문 내지 연구방법론과도 연결되어 있다.

학, 인문과학, 사회과학으로 대비시킨 데서 그 아이디어를 얻은 것이다. 이러한 구분의 적실성에 대하여 이론이 있을 수 있겠지만 여기서는 이러한 구분을 전용하여 로컬리티를 효율적으로 설명할 수 있는 가능성에 주목하였다. 통상 피시스와 가치의 영역을 포함한 노모스의 이원적 구분이 더 일반적이다. 여기서는 세미오시스를 추가하면서 노모스에 포함된 가치의 영역을 세미오시스에 포함시켰지만 이는 노모스에서 가치의 영역을 배제하려는 의도가 아니라 일종의 조작적 구분이다. 또한 이러한 구분은 세 요소간의 기계적 관계를 전제로 하는 것도 아님을 밝혀둔다. 이어령, 「인문학의 탈 경계의 실천 방법」, 『탈경계 인문학과 젠더 연구』, 이화여자대학교 탈경계 인문학 연구단 제1회 학술대회, 2008. 5. 22. 별지 참조.

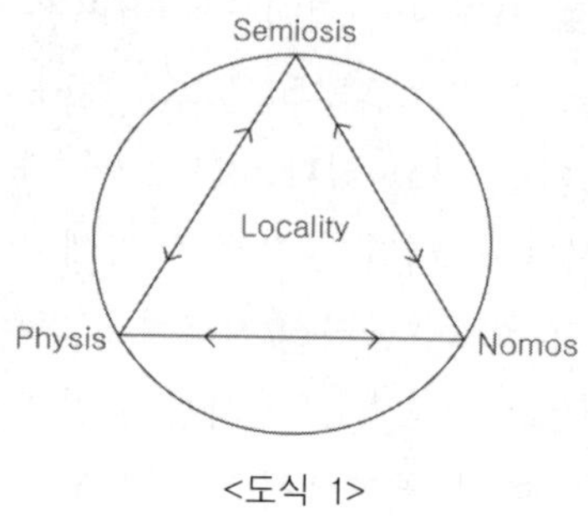

<도식 1>

　　그러나 로컬리티가 갖고 있는 다층성과 역동성을 표현하기에는 이러한 평면적 도식으론 한계가 있다. 따라서 로컬리티의 제 측면을 파악하기 위한 삼차원의 형태로 한 단계 발전시켜 다음과 같은 도식을 제시한다. 세 가지 로컬리티는 상호 작용하면서 다양한 모습을 드러낼 텐데 심층적이고 총체적인 로컬리티 연구는 그러한 로컬리티를 추적하고 그것의 의미를 탐색하고 해석하는 작업이 될 것이며 이런 방식으로 로컬리티 담론이 형성될 것이다. 공동 연구의 모습을 원뿔을 절단한 횡단면의 모습으로 상징화 할 수 있다면 수평적 단면(L1) 이나 비스듬한 단면(L2)으로 잘라보자. L1은 로컬리티의 피시스, 노모스, 세미오시스의 요소들이 균형을 갖춘 모습이고 L2는 균형이 깨어진 모습이다. 이 도식이 함축하는 바는 공동연구 작업에서 작위적이고 기계적인 접근보다는 다양한 형태 주제로 접근하는 것이 로컬리티 연구가 풍요로워지는데 도움을 줄 것이라는 것이다. 동일한 축을 통과하는 단면이라도 기울어진 단면의 면적이 수평의 단면적보다 더 클 수 있음도 주목하기 바란다. 또한 원뿔의 상하를 오가는 연구들이 다양한 담론의 운동 속에서 창발적 연구를 탄생시키고 이는 로컬리티학의 수립으로 이어질 것이다. 한 걸음 더 나아가서 비평형적 단면의 모습은 연구의 주제에 따라 구체성과 추상성의 조합이 다를 수 있다는 것을 의미한다.

전체적으로는 구체성에 매몰되어 비판적 논리와 담론형성의 빈곤을 드러내거나 추상성만 강조되어 생성적 과정으로부터 고립되는 경우를 피하기 위하여 양자 사이의 황금비를 찾아야겠지만 주제에 따라서는 다양한 조합이 가능하리라 본다.

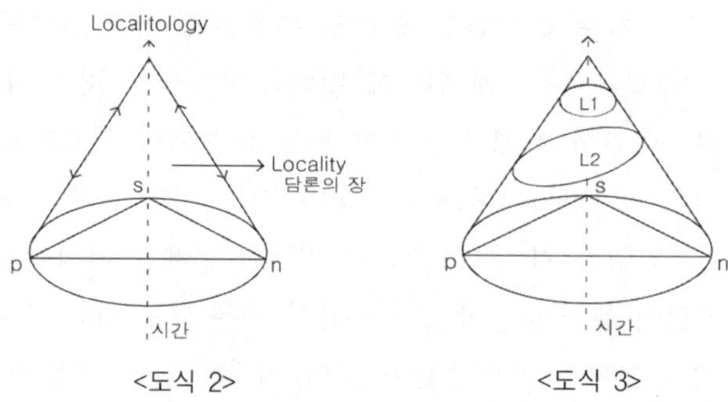

<도식 2>   <도식 3>

4. 통섭(統攝 혹은 通涉) – 학문간 소통의 연구 방법

철학(philosophia)이 탄생하였고 모든 분과학문을 통합하였던 고대 헬라스에서 체계적인 학문 분류를 시도한 것은 아리스토텔레스였다. 그는 인간의 활동에 따라 학문(epistēmē)을 이론학(theoretikē epistēmē : 자연학·수학·제일철학), 실천학(praktikē epistēmē : 윤리학·정치학), 제작학(poietikē epistēmē : 수사학·시학)의 세 분야로 구분하였다. 물론 논리학(logikē)은 다른 학문에 필요한 도구 학문이므로 위의 학문 분류와는 독립되어 있다. 그러나 이러한 분과학들은 모두 철학이라는 거대한 지식체계 안에 속했기 때문에 새롭게 학문 간의 통합이나 융합을 이야기할 필요는 없었다.

최근 통섭(統攝, consilience)이라는 말이 화두처럼 번지고 있다.[17] 파편화되고 전문화된 분과학문의 벽 때문에 제 학문 간의 소통이 중요한 이슈가 되었고 윌슨의 개념은 인문사회과학과 자연과학을 연결시키는 방법론으로 주목받았다. consilience의 어원은 라틴어 conciliare인데 이 동사는 모으다, 통합하다, 화해하다, 조정하다의 의미를 갖고 있다. 이렇게 볼 때 '큰 줄기를 잡다'라는 의미로 통섭(統攝)이란 번역어를 고수한 최재천 교수의 뜻은 크게 원의에 벗어나지는 않는 것 같다. 그러나 consilience에는 어원상 화해와 조정의 뜻도 내포되어 있으므로 사물에 널리 통한다는 통섭(通涉)이란 번역어가 학문 간의 교통의 의미로는 더 나을 수도 있었을 것 같다. 그러나 진정한 문제는 번역어가 아니라 에드워드 윌슨이 통섭이란 개념을 통하여 품은 의도이다. 지식의 대통합이라는 책의 부제가 보여주듯이 그의 원대한 꿈은 인문사회과학과 자연과학의 통합이다. 그는 더 나아가서 뇌과학, 유전자, 문화의 공진화(coevolution), 후성규칙 등 생물학적 개념에 기초한 통섭적 시각이 문화, 예술, 종교까지도 명료하게 설명해줄 것이라 주장한다. "이오니아의 마법(Ionian enchantment)"이라 부르는 세계를 하나의 원리 하에 통일적 지식체계로 설명하려는 윌슨의 꿈은 논리적 결과물이라기보다는 일종의 지적태도이다.[18] 이 세계에서 벌어지는 사건들의 인과적 관계에 대한 만족한 설명을 누가 제공할 수 있는가라고 묻는다면 인문과학보다는 자연과학이 더 유리한 위치에 있음을 그는 잘 알고 있다. 사회학은 심리학으로 환원되고 심리학은 생물학으로 환원되고 생물학은 물리학으로 환원될 것이라는 그의 믿음 때문에 종속적 환원주의자라

---

17) Edward Wilson, *Consilience, the Unity of Knowledge*, 최재천/장대익 옮김, 『통섭. 지식의 대통합』, 사이언스북스, 2005 참조.
18) 박승억, 「통섭. 포기할 수 없는 환원주의자의 꿈」, 『철학과 현상학 연구』 2, 2008, 197~218쪽 참조.

는 비판에도 불구하고 그는 계몽운동이 실패한 지적 통일의 비전을 다시 살펴보려 한다. 이런 면에서 그는 근대적 계몽사상가의 현대적 화신이며 포스트모더니즘의 강력한 도전자임이 분명하다.[19)

우리의 공동연구에 통섭이라는 말을 붙일 수 있을까? 모든 것을 로컬로 환원시키려는 시도라면 모르겠지만 그렇지 않다면 전체성, 통일성을 지향하는 근대적 학문 표상과 우리의 연구가 상호 충돌할 가능성이 있을 것이다.

통합[융합, 통섭]은 단순한 병렬이나 연결이 아니다. 그것은 수평적 관계에 있던 요소들이 어떤 비평형적 여건 속에 질적 창발과 변이를 일으키는 종합이다. 여기에 필요한 것은 무엇보다 그런 여건을 만드는 어떤 수직적 운동성이다. 가령 학문적 통섭은 요소 지식들 사이에서 저절로 일어나는 것이 아니다. 그것은 그 지식들을 비평형 상태 속에 빠뜨리는 하강이나 상승의 요인, 즉 어떤 새로운 철학적 개념을 창조할 때만 일어날 수 있다.[20)

김상환 교수가 장회익·최종덕의 『이분법을 넘어서』를 추천하면서 쓴 이 구절은 프리고진이 창안한 비평형 통계역학의 핵심적인 내용인 '소산구조(dissipative structure)'와 '자기조직화(self-organization)'에 대한 이론을 떠올리게 한다. 그에 의하면 평형으로부터 멀리 떨어져 있는 불안정한 비평형 상태에서 미시적인 '요동(fluctuation)'의 효과로 거시적

---

19) 통섭 개념에 대한 비판적 의견은 최종덕, 「통섭에 대한 오해와 진실」 참조. http : //www.dambee.net/news/read.php?idxno=10468&rsec=S1N5 (검색일 : 2009. 2. 3).

20) 김상환, 「이달의 읽을 만한 책」, 한국간행물위원회 웹진, 2008. 2. http : //www.kpec.or.kr/index.asp (검색일 : 2009. 2. 3).

인 안정적 구조가 나타날 수 있는데, 이때 나타나는 안정적 구조를 소산구조라 하고, 이런 과정을 자기조직화(self-organization)라고 불렀다. 이 외에도 프리고진은 분기(화)현상(bifurcation)이라는 메커니즘을 통해서 물리세계에서 비결정론적 현상이 나타날 수밖에 없다는 것을 강조하고 있다.[21] 복잡계 이론에서 세계는 창조적으로 진화하는 열린 체계이다. 따라서 미래는 어떤 법칙에 의해 모형화되고 정형화되어 제시되는 고정 틀이 결코 아니다. 복잡계 이론에서는 미래는 아직 오지 않은 계 방계이고, 그 결과는 아무도 정하지 않았고 아무 것도 정해지지 않은 상태다. 미래는 다만 자기조직화라는 프로세스이다. 자기조직화는 개체의 자발성이 전체의 질서를 자연히 만들어 내는 창발적(emergent)인 것이다.[22] 따라서 미래는 결코 예측의 대상이 아니라 창조의 대상인 것이다. 우리가 위에서 제시한 도식에서도 로컬리티의 다양한 담론 양상들은 이러한 창발성을 지향하는 것이다.

그러나 창발성은 그리 쉽게 찾아지는 것이 아닐 것이다. 그렇다면 학제간 공동 연구를 위한 보완적 모델은 없을까? 장회익 교수가 학문 간 소통을 합죽선에 비유하여 설명한 데서 실마리를 찾아보자.[23] 그에 따르면 각 학문은 부챗살이 모이는 공동영역인 연결고리에 관심을 두어야 한다는 것이다. 이를 베르그손의 표현을 빌려서 상호교차의 방법(méthode de recoupement)이라고 불러보자.[24] 각자는 자신의 방법으로 다른 학문과의 공통분모 내지 통로를 발견하도록 노력해야 한다. 마치 옛날 목수들이 장애물에 막혀서 자로 직접 거리를 잴 수 없을 때 목표

---

21) 프리고진, 「대담 : 동서양의 생명관」, 『과학사상』 제17호, 범양사, 1996 참조.
22) 윤영수·채승병, 『복잡계 개론』, 삼성경제연구소, 2008 참조.
23) 장회익·최종덕, 『이분법을 넘어서』, 한길사, 2008, 53~55쪽 참조.
24) H. Bergson, *Les Deux Sources de la Morale et de la Religion*, PUF, p.263.

점으로 통하는 다른 두 곳에서 거리를 재서 간접적으로 원하는 거리를 얻는 것과 비슷하다. 이러한 방법 내지 태도에 상보적인 역할을 할 수 있는 것은 해석학적인 방법일 것이다. 가다머는 세계를 자연해석과 역사경험 등 인간의 포괄적 경험을 중시하여 해석한다. 인간의 경험은 개별적이기도 하지만 동시에 그 속에는 이미 공통적이고 보편적인 이해가 개입되어 있다. 인간은 자신이 처한 세계에 대하여 어떤 방식으로든 해석을 내린다. 그러므로 이러한 보편성은 불변적인 영원성은 아니다. 특정한 장소와 시간, 상황이나 전통, 선이해 등과 관련되어 있다. 우리의 이해는 한 개인의 주관성, 우연성을 뛰어넘어 역사와 시간을 통하여 보편적 차원에 참여한다는 가다머의 주장은 지평혼융이란 개념을 통하여 상호 상승의 길을 열어 놓고 있다.[25] 이러한 해석학의 입장은 상호교차의 방법의 선행 조건을 말해주는 것 같다. 그것은 모두가 공유해야 할 선이해의 중요성과 이해의 차원을 보편적 지평으로 상승시키기 위한 노력의 필요함이다.

5. 맺음말 : 로컬에서 로컬리톨로지로

로컬리톨로지가 기존의 다양한 로컬과 로컬리티 연구들이 시도한 방법과 성과들의 비판적 수용을 바탕으로 로컬리티 담론의 인문학적 가능성을 구축하려는 노력이라면 그 중심에는 인간의 문제가 존재한다. 로컬은 형식으로서의 텅 빈, 죽은 공간이 아니며 로컬의 특성의 가장 중요한 측면은 장소/공간성 뿐 아니라 그 안에서 살아가는 사람이 존재하기 때문이다. 그렇다면 그러한 로컬과 생명 존재인 인간들이 그

---

25) 김석수, 「가다머에 있어서 이해의 문제」, 『철학논집』 제8집, 서강대학교 문과대학 철학과, 1997 참조.

안에서 다양한 관계성 속에서 만들어 가는 로컬의 현존재적 모습을 제대로 파악하기 위해서는 외면적이고 현상적인 접근이 아니라 그 내부를 꿰뚫어 직접성을 확보하는 그러한 접근이어야 할 것이다. 그 이유는 첫째로 이러한 작업은 인문학적 접근인바 후마니타스(humanitas)로서의 인문학은 인간 자신이 가장 궁극적이고 중대한 의문이라는 인간 존재에 대한 자기반성이며 주체로서의 인간이 대상으로서의 인간을 인식하는 것이 인식의 완결점이기 때문이다.26) 둘째로 이 대상은 물질이나 물질적 질서가 아니기 때문에 일종의 진화론적 사유 내지 생명성의 사유가 요구된다. 시간/역사 속의 존재는 초월적이고 불변하며 독립적이고 정지된 실체론적 존재가 아니며 변화하고 상관적이며 운동 중에 있는 그런 존재이다. 본질과 현상의 이원론적 시각을 벗어나서 존재, 인식, 행위를 하나의 존재 통합성으로 간주하는 사유만이 로컬과 인간 그리고 로컬리티를 제대로 파악할 수 있을 것이다. 기존의 로컬이나 로컬연구와의 차별성은 어쩌면 다음과 같은 자연과 인간을 보는 두 관점의 차이에서 살펴 볼 수 있을지도 모르겠다. 기계론은 세계는 불변적인 기본요소로 구성되어 있으며 현상의 모든 운동과 변화는 이 기본 요소의 집합과 이산의 결과로 간주한다. 따라서 이러한 요소들의 집합인 사실은 집합을 결정하는 일정한 법칙에 지배된다. 외견상 복잡해 보이는 현상들도 이러한 법칙의 지배를 벗어날 수 없게 된다. 그러나 역동론의 관점에서는 세계와 인간에 대한 설명이 달라진다. 역동론은 법칙에 의해 지배되는 물질과 달리 생명과 의식 존재의 자발성을 인정하기 때문에 우연성(자유)을 배제하고 인과적 사고에 근거하여 사물과 같은 방식으로 분석하는 관점에서 설명될 수 없는 생성적 질서를 더 근원적인 것으로 주목한다.27)

---

26) 후마니타스로서의 인문학에 대해서는 백종현, 「한국 인문학 진흥의 한 길」, 『지식의 지평2, 인문정신과 인문학』, 아카넷, 2007, 126~127쪽 참조.

　로컬과 인간의 관계성이 단순한 부분과 전체의 기계적 관계가 아니라 생명 존재처럼 동적이고 복합적이라면 로컬에 대한 접근도 총체적이고 다원적이어야 할 것이다. 물리학자이며 철학자인 장회익의 온생명 사상에서 개체가 아닌 공동체로서의 생명/인간 존재의 복합성과 중요성을 강조한다.[28] 또한 복잡계 이론에서도 복잡한 것을 설명하기 위하여 과학의 힘을 빌려 쪼개고 분석하여 단순한 것으로 이해한 관점의 한계를 지적한다. 진화와 생성의 관점에서는 시스템이나 개체와 같은 단위체 차원이 아닌 관계의 차원, 즉 단위체들 사이의 상호 작용이 가장 중시된다. 인간 사회 속에서 만들어지는 제도 역시 이러한 미시적 단위체들 사이의 협력을 통하여 진화되는 산물로 여긴다. 이러한 새로운 사고의 요구는 그것은 연구 대상도 중층적이고 연구 영역도 다층적이며 접근방식도 복합적인 로컬과 로컬리티를 이해하기 위한 실마리를 줄 수도 있을 것이다.

　그러나 로컬리티 인문학이 구체성과 현장성에 기반을 둔 로컬과 로컬리티에서 출발하지만 상위 담론인 로컬리톨로지로 이행할 수 있는 방법을 찾는 것, 다시 말하면 구체성을 담보하면서도 새로운 인문학의 담론을 만들어 내는 것은 그리 만만한 작업이 아니다. 구체성과 추상성, 개체성과 보편성, 단일성과 다양성 등의 가치는 언제나 대립, 갈등하는 가치들인데 과연 로컬리톨로지를 위하여 이 양자를 극복할 제3의 길 내지 틈새를 발견할 수 있을까? 아직 이 질문에 답하기는 어렵지만 일단 다양한 인문학 담론의 전유가능성을 모색하고 공동 연구의 방법으로 그 해결의 실마리를 찾아보아야 할 것 같다. 칸트가『순수이성비판』에서 이야기한 "개념 없는 직관은 맹목이고 직관 없는 개념은 공허

---

27) 김진성,『베르그송 연구』, 문학과지성사, 1985, 48∼49쪽 참조.
28) 장회익,『온생명과 환경, 공동체적 삶』, 생각의 나무, 2008 참조.

하다"라는 말은 "로컬리톨로지가 없는 로컬리티 연구는 맹목이고 로컬과 로컬리티의 구체성에서 출발하지 않은 로컬리티 담론은 공허하다"는 말로 변형될 수 있을 것이다.

위에서 말한 바처럼 로컬리티 연구는 다양한 전공자들이 공동연구를 수행하기 때문에 동일한 차원의 방법론이나 기계적 접근방식은 의미가 없을 것이다. 연구 주제에 대한 공통된 인식을 바탕으로 각 영역에서 깊이 있는 연구를 수행하면서도 다른 연구 분야와의 교류를 통하여 통합적인 연구를 지향하는 것이 효율성을 발휘할 수 있을 것이며 그것이 상호 교차적 방법이 될 것이다. 연구의 전체적인 형식적 체계도 중요하겠지만 각 연구 내용들 간의 질적 차이(여기서는 각 연구 영역이나 대상에 따른 본원적 차별성을 이야기 한다)들을 어떻게 조율할 것인가도 중요할 것이다. 주제에 따라 차별적인 연구방법과 접근 방식을 사용하더라도 종국에는 그 결과들이 혼융되고 상호 조회적(inter-referential)인 관계를 맺음으로써 큰 그림을 함께 그려갈 수 있는 연구 방식을 찾아가야 할 것이다. 그것은 팽팽한 시간의 흐름 속에서 일종의 "창조적 진화"의 방식으로 발전될 것이고 이런 방식을 통하여 긴 호흡의 연구를 수행한다면 단지 양적인 측면만이 아니라 질적으로도 의미 있는 연구들이 산출될 것이다.

Ⅱ. 탈근대, 공간의 재영역화와 로컬·로컬리티

이 상 봉

1. 시작하는 말

1990년대 중반 이후, 한국에서도 탈근대 담론이나 전지구화 현상을 중심으로 한 논의들이 각 학문영역별로 활발하게 이루어지고 있으며, 연구자의 시선이나 문제의식에 따라 그 해석도 다양하게 나타나고 있다. 이 글 역시 탈근대와 전지구화를 주요 키워드로 삼고 있다는 점에서는 그러한 연구의 한 부류로 볼 수 있다. 하지만 이미 복잡하게 얽혀 있는 연구에 혼란을 더하고자 하는 의도는 아니며, 기존의 연구들이 간과하고 있던 틈새를 통해 현상을 새롭게 바라봄으로써 논의를 보다 풍성하게 하기 위함에 그 목적이 있다.

이 글은 근대성의 국가(중앙)중심적 구조 속에 포섭 또는 배제되어, 주변적인 것으로 치부되어 온 로컬의 당면 현실에 대한 문제의식에서 출발하여, 로컬 또는 로컬리티에 대한 새로운 자리매김을 지향한다는 점, 즉 로컬의 시선에서 탈근대와 전지구화를 새롭게 바라보고, 해석하고자 한다는 점에서 기존 연구들과 일정한 차별성을 지닌다.[1] 보편적

---

[1] 로컬은 주로 전체 체제 단위의 하부에 위치하는 국지적 영역을 의미하는 말로 지역 또는 지방이라는 용어와 유사하게 사용되어진다. 지역이라는 말이 비교적 가치중립적인 수평적 개념으로 사용되어지고 있고, 지방이라는 용어는 국가 내지 중앙과 대비되어 위계성을 나타내는 개념으로 사용되는 경향이

인 근대성은 계몽주의적 근대성을 말한다. 이성과 합리성에 대한 믿음, 인간주의, 진보주의 등 근대성의 핵심가치들은 근대사회를 움직이는 추동력으로서, 17세기 경 유럽에서 시작되어 점차 세계적으로 영향력을 확대해 왔다. 이성적 합리주의로 대변되는 근대의 보편적·추상적 가치는 다양한 경로의 제도화를 통해 인간생활의 조직 원리로서 구체화된다. 자본주의, 국민국가, 관료체제 등은 근대성의 기도(企圖)가 제도화되는 대표적인 방식이며, 이는 국민국가 단위를 중심으로 주로 이루어졌다. 하지만, 이러한 국가중심성의 구조 속에서 이루어진 근대성의 제도화의 결과는 당초의 기도했던 바와는 달리 인간의 비인격화, 법칙화, 도구화, 권력화 등 배제와 차별의 구조로 나타났고, 이 점이 근대성에 대한 성찰의 중요한 계기가 된 것이다.

이와 같은 문제의식에서 출발하여, 이 글에서는 다음과 같은 논리적 전개를 제시하고, 이를 논증해 나가고자 한다. ① 탈근대의 의미를 근대성의 제도화 과정에 대한 성찰의 의미로 규정하고, 공간단위의 측면에서 그 변화를 읽어내고자 한다. 근대성이 국민국가 단위를 중심으로 제도화되었다면, 전지구화는 이러한 국민국가 체제의 변환을 초래하고 있다는 점에서 공간단위의 측면에서 본 전형적인 탈근대적 현상으로 볼 수 있다는 의미이다. ② 로컬의 시선에서 이러한 공간의 탈근대적 재영역화의 양상과 의미를 해석한다. ③ 이를 바탕으로 새로운 공간단위로서의 로컬·로컬리티의 가능성을 전망해보고자 한다.

있지만, 이러한 구분 역시 일반화된 것은 아니며 분과학문 영역에 따라 뒤섞여 사용되어지고 있다. 이 글에서는 양자를 포괄하는 의미에서 로컬이라는 용어를 그대로 사용하고자 한다. 또한 로컬은 규모 또는 관계의 측면에서 세계 또는 국가와 대비되는 상대적인 개념, 즉 세계와 대비할 때 국가가 로컬이 될 수 있으며, 관계의 측면에서 서울이 뉴욕에 비해 로컬로 여겨질 수 있지만, 여기서의 로컬은 국가 하부의 지방단위를 의미한다.

2. 근대, 탈근대, 그리고 전지구화

근대성에 대한 성찰로서의 탈근대

탈근대 또는 포스트모던에 관한 논의는 학문분야나 관점 등에 따라 다양한 방식으로 전개되고 있어 그 시기나 원인, 양상 등을 일정한 틀로 정리하는 것이 쉽지 않다. 따라서 그 용어를 사용할 경우, 논리적 타당성의 범위 내에서 자의적으로라도 그 의도와 의미 등을 밝히는 것이 필요할 듯싶다. '탈근대'의 용어에 내포된 근대 또는 근대성이란 무엇이며, 여기서 '탈'이란 또 어떤 의미인가? 이 자체가 논쟁을 유발할 수 있는 쉽지 않은 문제이지만 일단은 정리해 두고 넘어가고자 한다.

근대성의 구체적인 양상은 시기와 지역에 따라 다르게 나타날 수 있지만, 보편적인 의미의 근대성은 계몽주의적 근대성을 주로 말한다. 이는 이성에 대한 신뢰, 합리주의, 인간주의, 진보와 해방 등의 핵심가치를 가지며, 이러한 가치들은 자본주의, 국민국가, 계급, 관료체제, 합리적인 인간관계 등과 같은 다양한 경로의 제도화를 통해 근대사회를 움직여가는 중추적인 추동력으로 작동해 왔다. 이런 의미에서 기든스(Giddens, A.)는 근대성이란 대략 17세기경부터 유럽에서 시작되어 점차 세계적으로 영향력을 확대하고 있는 사회생활이나 조직양식을 일컫는다고 정리하고 있다.[2]

하지만 진보적 가치의 실현으로 여겨지던 근대성의 제도화는 다른 한편으로 인간관계나 사회조직의 비인격화, 탈인간화, 법칙화, 화폐화,

---

2) 기든스에 따르면 근대성은 자본주의, 감시체제, 군사력, 산업주의라는 4가지 영역의 제도화를 통해 구현되었다. Stuart Hall, David Held, Tony Mcgrew, *Modernity and its Futures*, Polity Press in association with Basil Blackwell and The Open University, 1992, 전효관·김수진 외 역, 『모더니티의 미래』, 현실문화연구, 2000, 52쪽.

도구화, 권력화 등의 경향을 내부화해 왔다. 근대성이 잉태한 이 같은 부정적인 요소들이 이성, 합리주의, 인간주의와 같은 근대성의 핵심 가치들을 총체적으로 부식시켜감에 따라, 근대성의 바탕을 이루는 기본 가정들을 포함한 근대성 그 자체에 대한 의문이 여기저기서 제기되었다.

이러한 근대성의 자기부정적인 결과는 근대성의 가치 그 자체에 문제가 있다기보다는 상당 부분 근대성이 제도화되는 과정에 기인한다고 볼 수 있다. 근대성의 제도화는 자본주의 체제의 형성과 맥을 같이 하였고, 이에 따라 근대성은 자본주의체제에서 드러나는 모순을 그대로 내포하게 되었다. 근대성이 자본주의의 발전과 함께 드러냈던 가장 근본적인 모순이자 딜레마는 탈 인간주의이다. 신으로부터 인간을 해방시키고 이성적 주체로서의 인간의 가치를 부각시키면서 기도되었던 근대성이 자본과 권력을 중심으로 제도화되는 과정에서, 주체인 인간을 주변화 하는 역설을 만들어내었던 것이다. 이러한 점에 주목하여, 이 글에서는 탈근대라는 용어에 내포된 근대성의 개념을 인간의 주변화라는 역설적인 결과를 초래한 '근대성의 제도화과정과 그 산물'로 좁혀서 보고자 한다. 그러면 불필요한 논쟁의 여지가 조금 줄어들지 않을까 해서이다.

과연 '탈(포스트)'이라는 말의 의미가 무엇인가? 여기서 '탈'의 의미 또한 다의적이다. 포스트모더니즘은 20세기 전반기 모더니즘의 문화적 양식을 대체하는 새로운 미학적, 문화적, 지적 형태와 실천을 나타내기 위해 1980년대 이후에 등장한 포괄적인 용어로 볼 수 있지만,[3] 여기서 문제 삼고자 하는 바는 예술의 조류나 양식으로서의 넓은 의미의 포스트모더니즘이 아니라, 포스트모더니즘이 어떻게 사회적·경제적·정

---

3) 위의 책, 283쪽.

치적 과정과 관계를 맺고 나타나는가에 관련한 것이다. 실제로 포스트모더니즘은 근원적으로 근대의 한 부분이나 구획으로 간주될 수 있으며, '이후 또는 후기'의 의미로서의 포스트모더니즘은 3백여 년 동안의 근대가 낳은 논리적 귀결로 여겨질 수도 있다. 계몽주의 기획에 대한 재조명의 관점에서 대표적인 포스트모더니스트들의 견해를 분류한 맥레넌(McLennan, G.)에 의하면, 리오타르(Lyotard, J.)는 지식을 과학적으로 정당화하려는 계몽주의적 사유를 비판하면서 '비계몽주의적인' 사회학적 연구의 근거를 독자적으로 찾고자하며, 하버마스(Habermas, J.)는 원래의 계몽주의 기획이 실패했음에도 불구하고 모더니즘은 역사적으로 진보적이며 특히 포스트모던적 보수주의의 전망이 떠도는 오늘날에도 여전히 진보적이라고 믿고 이를 옹호한다. 이에 비해 기든스는 리오타르적인 포스트모더니즘을 비판하면서, 모더니티의 경험에 내재된 자기 비판적 측면, 이른바 '성찰성'을 통해 일종의 타협을 시도한다.4)

근대성을 근대성이 제도화되는 과정에 주목해서 보고자하는 이 글의 입장은 탈근대를 근대성에 대한 성찰로 파악하는 기든스의 입장과 유사하다. 이와 관련하여, 기든스는 탈근대성이란 근대성이 보다 급진화된 것에 불과하다고 주장한다. 그에게 있어 근대성은 신뢰, 성찰, 장소귀속성 탈피인데, 탈근대의 제 양상은 이 같은 근대의 속성이 보다 심화된 것이다. 이성을 거부하면서 미학과 감성으로 회귀하고, 체제 대신 주체를 강조하며, 계급보다 담론과 상징을 옹호하는 것은 결국 근대성의 핵심가치인 성찰이 심화되고 급진화된 것에 불과하다는 것이다.5) 이러한 문맥에서 볼 때, 탈근대란 근대성의 부정적인 산물에 대한 도전이며, 근대성의 구조 속에서라면 주변적인 것으로 배제되었을 다

---

4) 위의 책, 387~421쪽 참조.
5) A. Giddens, *The Consequences of Modernity*, Stanford University Press, 1990, pp.51~53.

양성, 소수성의 가치를 포함하여, 이의 대안이 될 수 있는 새로운 구성을 찾고자 하는 시도이고, 근대성에 대한 성찰을 통해 근대성을 다시 쓰고자하는 것이라 말할 수 있다.

공간단위의 탈근대 : 국민국가 체제의 변화

근대성은 국민(민족)국가6)라는 정치·문화 공동체의 형성과 발전을 통해 구조화되었다. 따라서 국민국가는 근대성의 제도화에 있어 상징적이고 핵심적인 부분을 차지하며, 특히 공간단위의 측면에서는 근대성의 전형적인 형태라고 볼 수 있다. 근대성이 국민국가를 단위로 제도화되는 과정은 정치·경제·문화의 제 측면에서 각각 또는 상호 복합적으로 설명 가능하다.7) 근대는 계몽주의라는 보편적 이념을 주창하고 나섰지만, 그와 동시에 국민국가의 성립을 통해 일종의 개별주의도 만들어갔다. 자연적 토대와 인위성의 접합체로서 국민이 만들어지는 과정에 내포된 이중성은, 국민이 일상의 친근한 대면적 접촉이 만들어내는 자연적인 애정의 대상에 그치지 않고, 그 범위를 넘어서는 이익사회적 관계까지 포괄하는 이른바 '상상의 공동체'임을 뜻한다. 국민은 직접적인 대면관계를 넘어선 이익사회이면서 그 내부에 있는 구성원

---

6) 근대 이후에 등장한 정치공동체인 nation-state는 흔히 국민국가 또는 민족국가라고 번역되어지고 있다. 구체적인 맥락에 따라 국민국가와 민족국가라는 용어는 구별되어 사용되어질 필요가 있지만, 이 글에서는 근대국가의 속성인 민족성, 근대성, 국민성을 모두 포괄하는 의미로 국민국가라는 용어를 사용하고자 한다.

7) 스미스는 근대성의 도래를 보여주는 '세 개의 혁명, 즉 경제통합, 행정적 통제, 문화적 조정'에 대한 대응으로서 국민(민족)국가의 형성을 설명한다. 국민(민족)국가는 공통의 시민적 전망과 이데올로기로 경계 지워진, 영토적으로 집중적이고 정치화된 단위이자 법적, 경제적으로 통일된 단위가 된다. A. D. Smith, *Theories of Nationalism*, 2nd edn, New York : Holmes & Meier, 1986, p.152.

모두를 평등한 시민권을 가진 동포로 간주하는 공동사회로서 나타나
게 되는 것이다. 이런 의미에서 보편주의가 특수주의의 형식으로 나타
난다고 하는 역설, 바로 거기에 국민의 본질적 특성이 있다.[8]

정치적 측면에서, 근대 국가이론의 핵심은 이성적 판단으로서의 계
약에 의해 국가를 형성한다는 것에 있다. 계약이론에 의하면, 그러한
계약국가의 공동체 내부에 있는 한 개인은 자유롭고 평등한 주체가 된
다. 그러나 현실적으로 국민국가는 내부에 존재하는 민족이나 문화를
달리하는 사람들의 생활세계를 파괴하고, 무리하게 이를 동질화시켜
가는 이른바 포섭과 배제의 과정을 수행했다. 이것이 앤더슨(Anderson,
B.)이 말한 '상상의 공동체'가 형성되는 과정이며, 동질화하는 것이 근
본적으로 불가능한 이질적인 개인들 또는 민족성(ethnicity)을 동질적인
시민으로 개조하는 과업을 수행한 것이 근대의 국민국가였다. 이런 점
에서 국민국가의 기획은 시작에서부터 배제의 구조를 잉태하고 있었
다.

경제적 측면에서, 자본가들은 보다 광범위한 시장을 필요로 하였다.
하지만 이들은 복수의 국가가 존재하는 상황 또한 필요로 하였다. 여
러 국가들이 존재하는 경우에서만, 자본가들은 국가와 협조함으로써
이득을 얻을 수 있었을 뿐만 아니라, 자본에 적대적인 국가들을 피해
자신들의 이해관계에 우호적인 국가들로 도망갈 수 있었다. 광범위한
분업 내부에 다수의 국가들이 존재하는 상황만이 이럴 가능성을 보장
해 주었다.[9] 또한 내부적으로 국민국가는 사회적 격차를 고정하여 자
본축적에 유리한 환경을 만든다. 이런 의미에서 근대 국민국가는 자본

---

8) 大澤眞行,「ナショナリズム」, 梅棹忠夫·松原正毅 編,『世界民族問題事典』,
　　平凡社, 1995, 820쪽.

9) I. Wallerstein, *World-Systems Analysis-An Introduction*, 이광근 역,『월러스틴의 세계
　　체제분석』, 당대, 2005, 66쪽 참조.

축적을 위해 근대 세계시스템이 만들어 낸 가장 중요한 제도의 하나로 파악된다.

문화 또는 복합적 측면에서, 문화적 단위로서의 민족과 정치적 단위로서의 민족이 일치해야만 한다는 점이 민족주의와 국가의 결합, 즉 가장 분명하고 보편적인 민족주의의 표현이다. 바꾸어 말해서 민족주의는 사회생활에서의 정치권력의 위치와 정치권력의 특수한 해석을 전제로 하며, 기존 권력구조와 동일시를 촉진시키거나 이를 저지하는 정서와 태도를 발생시킨다. 문화적 유형의 표준화와 전파를 보증하기 위해서는 중앙집중화된 국가가 필요했고, 따라서 문화와 권력 사이의 밀접한 관계가 발전될 수 있는 기초가 만들어지게 된 것이다. 정치적 단위와 민족적 단위 또는 문화적 단위가 일치해야 한다고 주장하는 정치적 원리, 즉 정치적 단위와 문화적 단위의 일치를 국민(nation)의 전통으로 간주하는 정치적 원리가 겔러(Geller, E.)가 말하는 내셔널리즘의 정의이다.10)

근대가 국민국가 단위를 중심으로 구조화되었다는 의미는 국민국가를 단순한 규모(scale)의 차원이 아니라 세계를 구분하는 단위 또는 층위의 관점에서 바라볼 수 있게 한다. 즉, 전체세계는 주권을 가진 국가 단위로 경계 지워지고, 그 국가는 형식적으로는 내부적 통합성과 대외적 배타성의 경계구분으로 존재해 왔다는 의미이다. 다소 논란의 여지는 있지만,11) 이런 의미에서 국민국가의 주권 또는 경계의 변화를 초

---

10) E. Geller, *nations and nationalism*, Basil Blackwell, 1983, p.1.

11) 지구화의 특성은 크게 역사의 연속성과 단절로 나누어 설명할 수 있다. 전자의 경우 지구화는 자본주의 역사와 함께 진행되어 왔으며, 자본주의가 지구화의 속성을 내재하고 있다는 것이다. 후자는 오늘날의 지구화는 복합적인 상호작용의 결과라는 점에서 이전과 구별된다고 본다. 또한 전자는 자구화가 특정 국가 혹은 블록에 의한 자본주의의 팽창임을 제안하는 반면, 후자는 개별국가단위를 넘어선 탈영토성을 주장한다. 하지만 어느 경우이든, 지구화가

래하는 전지구화 현상은 공간단위의 측면에서 나타나는 전형적인 탈근대적 현상이다. 그 원인과 의미에 대한 다양한 논의에도 불구하고, 근대성의 상징인 국민국가의 틀 자체가 변화하는 현상이 존재하며, 전지구적이라는 용어는 흔히 국가적이라는 개념과 대치되는 것으로 이해된다. 또한 전지구화는 국가와 시민사회를 재구조화시키는 포괄적인 과정의 일부이기에 필연적으로 국민국가의 형식변화를 수반한다. 따라서 전지구화 논의에서 국민국가는 가장 중요한 개념이며, 전지구화 과정에서 국민국가의 역할과 기능의 변화를 밝히는 작업은 매우 중요하다.

전지구화와 탈근대의 공간적 해석

전지구화 현상은 복합적이다. 따라서 어떠한 시선에서, 그리고 정치·경제·문화적 측면의 어디에 주목하는가에 따라 다양한 해석이 가능하다. 어떤 해석이 좀 더 타당한가의 논쟁과 관계없이 다양한 시선이나 측면에 주목한 여러 해석들이 모아질 때, 전지구화라는 복합적인 현상의 의미와 전체상이 그려질 수 있지 않을까 한다. 이러한 점에 입각하여, 이 글에서는 우선 공간단위의 측면으로 압축하여 전지구화 현상을 바라보고자 한다.

'상호의존성의 가속화(오마에)', '원거리행위(기든스)', '시공압착(하비)' 등 전지구화에 대한 정의는 대단히 많지만, 무엇이 전지구적인지를 정확히 제시하는 문헌은 거의 없다. 게다가 전지구화 현상의 해석, 즉 그 원인, 추동력, 본질, 영향, 전망 등을 둘러싼 다양한 논쟁들은 정

가져온 가장 중요한 특징이 국가위상의 변화임을 상정한다. 이화용, 「지구화 시대 정치공동체의 변화」, 『국제정치논총』 제48집 1호, 한국국제정치학회, 2008, 96쪽 참조.

리하기에만도 버거울 정도로 많이 쏟아지고 있다. 이와 관련하여 헬드 (Held, D.)는 전지구화 논쟁에 참여하는 학자들을 '과대지구화론자 (hyperglobalizer)', '회의론자(sceptics)', '변환론자(transformationalists)'라는 3 개의 학파로 구분하고 있다. 이들 각 학파는 전지구화라는 동일 현상을 제각기 다르게 이해하고 설명한다. 즉, 오마에(Ohmae, K.)와 같은 과대지구화론자는 현대의 지구화를 세계의 모든 국민이 점점 더 전 지구적 시장법칙에 따르게 되는 새로운 시대라고 정의한다. 반대로 허스트 (Hirst, P.)와 톰슨(Thompson, G.) 같은 회의론자는 지구화란 본질적으로 일국 정부들이 여전히 막강한 가운데 국제경제가 세 개의 주요 지역블록으로 결집되어가는 현실을 은폐하는 일종의 신화라고 주장한다. 마지막으로 로즈노(Rosenau, J.)나 기든스로 대표되는 변환론자들은 전 세계의 국가와 사회들이 이전보다 더 상호 연결되어 있고 대단히 불확실한 세계에 적응하려고 노력하는 가운데 심대한 변화과정을 경험하고 있는 만큼, 전지구화의 현대적 유형은 역사적으로 전례가 없는 현상이라 생각한다.[12)]

이들 3개 학파의 차이점은 각 각 국민국가의 위상을 어떻게 설정하고 있는가를 기준으로 해도 쉽게 드러난다. 즉, 과대지구화론자들은 국민국가의 해체 내지 약화를, 회의론자들은 유지 내지 강화를, 변환론자들은 위상 및 관계의 변화에 무게를 두고 있다. 이 가운데 이 글이 의도하는 바인 공간단위의 변화를 읽어내기 위해서는 변환론자들의 주장이 유용하게 여겨진다. 이들은 현대의 전지구화과정은 역사적으로 전례가 없는 것이며 전 세계 정부와 사회는 이제 국제/국내, 외치/내치가 명백히 구분되지 않는 세계에 적응해야만 한다고 주장한다. 이런 점에서 전지구화는 단순한 경계의 확장이 아니라 정치, 경제, 사회의

---

12) David Held, Anthony McGrew, David Goldblatt & Jonathan Perraton, *Global Transformations*(조효제 역, 『전지구적 변환』, 창비, 2002, 17~28쪽) 참조.

여러 제도와 세계질서에 대규모 개편을 야기하는 막강한 변환력으로 이해된다. 하지만 개편의 방향은 분명하게 제시되지 않고 있는데, 그 이유는 전지구화를 본질적으로 우발적이며 비연속적인 역사과정으로 이해하고, 전지구화가 어떤 국가와 사회는 점차 지구적 질서에 연계시켜가는 반면, 다른 국가와 사회는 점차 주변화 시키는 불균등한 과정과 관련되어 있다고 보기 때문이다. 또한 변환론의 핵심에는 현재의 전지구화가 개별 국가의 권력과 기능의 재형성을 수반한다는 믿음이 깔려있다. 국가는 여전히 자국 영토 내에서 발생하는 사안을 배타적으로 처리할 수 있는 궁극적인 법적 근거를 가지고 있지만, 국가의 지배권이 점차 확대되고 있는 국제적 협치(global governance)를 위한 조직이나 국제법 등과 점점 겹쳐진다고 주장한다. 이런 점에서 세계질서는 더 이상 순수하게 국가 중심적으로만 이해될 수 없다. 통치의 권위가 점차 로컬적(local), 국가적(national), 지역적(regional), 지구적(global) 차원의 공·사적 기구들로 확산되고 있기 때문이다.

이처럼 '지구적'이라는 말이 나타내는 공간적 변별성에 주목하면, 전지구화는 로컬-국가-지역-전지구로 이어지는 연장선상의 끝에 위치할 수 있다. 이 연속체의 한쪽 끝에는 로컬적, 그리고 다른 한쪽에는 전지구적 상호작용의 규모를 구체적으로 보여주는 사회관계와 네트워크가 존재한다. 따라서 전지구화는 무엇보다도 정치적·경제적·사회적 활동이 국경을 가로질러 확장되어, 세계 어느 한 지역의 사건이 먼 지역의 개인과 공동체에 심대한 영향을 미치는 것을 의미한다고 할 수 있다. 이런 의미에서 전지구화는 초지역적 상호연결성과, 사회적 활동 및 권력의 네트워크 확장, 그리고 원거리 행위의 가능성을 구체적으로 표현하는 것이다.13) 이와 같이 정리하면, 전지구화와 공간적으로 그보

---

13) 위의 책, 36쪽.

다 제한된 과정, 즉 로컬화, 국가화, 지역화는 구분되면서도 연결될 수 있게 된다. 간단히 말해, 로컬화는 특정 장소 내에서의 흐름과 네트워크가 강화되는 것을 의미하며, 국가화는 고착된 영토경계 내에서 사회적 관계와 거래가 발전하는 과정을 말한다. 그리고 지역화는 국가를 넘어선 범위에서 국가 또는 사회집단들 사이에 상호작용이 밀집하는 것을 의미한다.

여기서, 탈근대를 국민국가단위를 바탕으로 근대성이 제도화되는 과정에서 야기된 부정적 요소들에 대한 성찰이라고 보고, 전지구화가 공간단위의 측면에서 근대성의 상징인 국민국가단위의 변화를 초래한다고 했을 때, 전지구화와 탈근대와의 관계를 어떻게 설정할 것인가? 라는 새로운 문제가 제기된다. 전지구화를 탈근대의 공간단위적 변환현상으로 볼 수 있는가? 또는 전지구화는 탈근대화를 수반하는가? 등의 질문이 그것이다. 전지구화 및 로컬화로 표현되는 공간의 재영역화를 자본논리에 입각한 자본주의 경제의 공간적 확장이나 특정 국가 주도의 문화제국주의적 입장이 아니라, 주체와 구성원리의 변화를 포함한 세계질서의 개편으로 이해한다면, 전지구화는 전지구적 탈근대화로 볼 수 있는 가능성이 열려있다.

구체적인 전지구화와 탈근대의 접점은 그 원인과 성격, 지향가치 등으로 나누어 고찰할 수 있다. 우선 원인과 관련하여, 월러스틴(Wallerstein, I.), 길핀(Gilpin, R.), 로즈노 등 국제정치경제학자들의 상당수는 전지구화를 시장 또는 자본주의의 확장 경향과 동일시하는, 이른바 단인적 해석을 시도한다. 지구화가 자본주의의 확장과 관계가 있음은 분명하지만, 이런 설명은 지나치게 환원주의적이라는 이유로 많은 비판을 받아왔음도 사실이다. 이와는 달리, 기든스와 로버트슨(Robertson, R.) 등은 이른바 다중인과논리에 무게를 두고 있다. 전지구화는 하나의 통일된 방향의 일반화된 변화들을 가져오는 것이 아니라,

상호 반대되는 경향들을 내포하기 때문에 일종의 변증법적 과정이라는 것이다. 전지구화의 담론은 몇 개의 이분법적 대립 또는 이중성들을 공통적으로 담고 있다. 그것들은 보편화/특수화, 동질화/차별화, 통합/파편화, 집중화/분권화, 병렬/융합이다.[14] 이런 점에서 전지구화 담론은 탈근대 담론이 내포하는 가치 및 쟁점들과 겹친다.

또한 전지구화의 성격과 관련하여, 전지구화는 근대성 논쟁과 연결되어 있다. 세계체제이론이 지구화와 서구자본주의 및 서구식 제도의 확산을 동일시하면서, 전지구화를 서구의 근대성이 지구적으로 확산되는 것으로 해석하는 반면, 기든스처럼 서구화와 전지구화를 구분하며 양자가 동의어라는 생각을 거부하는 견해도 있다. 기든스는 전지구화를, 로컬화를 수반하는, 지역적인 일들이 멀리 떨어진 곳에서 발생하는 사건들에 의해 형성되고 그 반대의 일도 일어나는 방식으로, 독특한 지역적인 것들을 연결시키는 세계적인 사회관계들의 강화로 정의하고 있다.[15] 여기서 전지구화는 국민국가체계, 세계자본주의경제, 세계군사질서, 국제노동분업의 네 가지 차원을 가지고 있으며, 사회적 감시가 국민국가체계로, 자본주의는 세계자본주의경제로, 군사력은 세계군사질서로, 그리고 산업주의는 국제노동분업으로 나타나고 있다. 단지 이러한 네 가지 차원 중 첫 번째만 정확한 이행을 확인하기 힘들뿐 전지구화는 근대성의 결과로서 사회로부터 세계로의 근대성의 확장, 즉 세계적 범위에서의 근대성이라고 본다.

지향 가치의 측면에서, 전지구화와 다양성, 소수성 등의 탈근대적 가치의 결합, 즉 전지구적 포스트모던은 다원성이나 다양성을 증식시킴으로써 이제까지 주변화 되어 있던 다수의 서로 다른 목소리가 터져 나오도록 한다. 따라서 전지구화는 어떤 일관된 원리에 근거하는 체계

---

14) 전효관·김수진 외, 앞의 책, 103쪽 참조.
15) A. Giddens, op. cit., p.64.

적인 운동이 아니라 통합과 분열, 균질화와 이질화, 자본의 지배와 노동력의 초국가적인 재편 등이 불균등하게 동시적으로 뒤얽히는 모순 투성이의 과정이 된다. 그리고 전지구화에 수반되는 전지구적 통치는 단순히 국민국가의 경계를 허무는데 그치지 않고, 새로운 세계질서를 형성해가고 있다. 네그리(Negri, A.)와 하트(Hardt, M.)가 지적하듯, 그것은 미국을 중심으로 한 패권적 네트워크와 세계시장, 다국적 기업과 초국가적 국제기구, NGO와 국민국가, 언론조직과 민중조직 등 다양한 층위의 행위자들 간의 다극적 관계로 구성되어 있다. 이러한 초국가적 행위자들에 의한 혼성적 체제로서의 전 지구적 통치는, 끊임없이 변화하는 복합적인 변수를 고정된 국민적 정체성의 공간에 가두어버리는 국민국가 시스템과는 정반대로, 그러한 문화적 차이를 승인하면서 정치적 함의를 무력화시키고 관리하려는 새로운 시스템이다.16)

3. 공간 재영역화의 양상과 의미

국민국가의 위상 : 약화냐 강화냐 변환이냐

전 지구적 또는 로컬적이라는 용어는 대체로 국가적이라는 개념과 상대화되는 것으로 이해된다. 전지구화와 로컬화가 각각 국민국가 외부와 내부에서 지리적 스케일에서 벗어나는 탈영역성을 수반하기 때문이다. 일반적으로, 전지구화에 따른 국민국가의 위상에 대한 논의는 해체(약화), 강화(유지), 변환의 3가지 입장으로 대별할 수 있다. 이들 각각의 주장은 나름대로 논리적 근거를 가지고 있지만, 어느 한쪽의 입장으로 정리되기에는 무리가 있다. 그것은 현대의 전지구화가 그 원

---

16) 姜尚中,『ナショナリズム』, 임성모 역,『내셔날리즘』, 이산, 2004, 192쪽 참조.

인과 형태에 있어 복합성을 띠고 있기 때문이다.[17] 각각의 논자들은 전지구화가 야기하고 있는 부분적 현상에 주목하여, 이를 국민국가의 강화 또는 약화라는 서로 다른 해석으로 일반화하려는 경향이 있다. 즉, 헬드(Held, D.)는 지구적인 상호연결망의 확산을 근거로 국가는 초국가적 세력에 의해 침투되어 그 자신의 운명을 스스로 결정할 수 없게 될 것이라는 약화론을 제시하고 있으며,[18] 반대로 동구몰락 후 나타나는 민족국가 확산 현상과 제3세계의 특수성에 주목하여 국민국가가 약화되기는커녕 오히려 강화되거나 유지될 것이라는 주장도 있다. 이밖에 국민국가가 점차 약화되고는 있지만, 그 역사성, 대체세력의 부재 등으로 쉽게 사라지지 않을 것이라는 견해도 존재한다.

이처럼 그 영향력의 정도에 대해서는 논란의 여지는 있지만, 전지구화 현상은 주권·영토·국민의 동일성으로 이루어진 국민국가 체제가 한편으로는 초국가적인 조직에 의해 권력과 기능을 박탈당할 뿐 아니라, 다른 한편으로는 국경안의 지역적인 사태에 대해서도 실질적인 독점적 권력을 위협받고 있다는 점은 부인하기 힘들며, 그것은 영토적 국민국가의 기능적 위기와도 관련되어 있다. 벨(Bell, D.)이 미래의 전지구적 질서에서 차지하는 미국의 지위와 관련하여 "국민국가는 삶의 큰 문제들에 대해서는 너무 작고, 작은 문제들에 대해서는 너무 크다"라고 말했듯이,[19] 결국 전지구화는 현대 국민국가의 4가지 주요한 측

---

17) 논란을 무릅쓰고 상대화시켜 보자면, 전근대 지구화의 역사적 형태가 이주, 군사적 팽창, 제국의 구축, 문화적 종교적 확장주의에 의해 주도되는 경향이 있었고, 근대의 지구화가 일차적으로 경제적, 정치적, 군사적 확장을 반영하는 경향이 있었다면, 현대의 지구화는 단 하나의 인과적 과정으로 환원될 수 없으며 정치, 군사, 경제, 이주, 문화, 생태 시스템들과 관계된 복합적인 인과적 논리의 배열을 포함하고 있다.

18) D. Held, "The Decline of the Nation-State", in Stuart Hal, et al., *New Times*, London : Verso, 1989, pp.191~204 참조.

면, 즉 능력, 형태, 자율성, 그리고 궁극적으로 그 정당성을 위태롭게 하고 있다.

전지구화에 따른 국민국가의 미래를 논할 때 빼놓을 수 없는 것 가운데 하나가 국민국가의 주권성에 대한 논쟁이다. 전지구화에 따른 공간의 재영역화가 단지 국가의 자율성을 제약하는 정도인지, 아니면 주권 자체에 대한 변화를 초래하거나 새로운 단위에 의해 국민국가가 대체될 것인지 등의 쟁점이 국민국가의 미래와 관련하여 중요한 관심사가 되고 있다는 의미이다. 오늘날의 전지구화 현상, 특히 금융 영역의 지구화에 의해 개별국가가 자신의 배타적 영역 내의 통치권 행사에 제약을 받고 있으며, 국제법과 국제기구, 인권규약 등이 국가주권을 침해하는 현상이 나타나는 것은 사실이지만, 아직은 모든 국가의 자율성을 침해할 정도로 일반화되지도 않았고, 특히 그것이 국가를 대체할 정도는 아니라는 주장이 설득력이 있다. 국제기구나 규약 등으로 국가의 법률상의(de jure) 지배권한은 어느 정도 변화했을지 몰라도, 국가의 사실상의(de facto) 자율성은 국제기구, 규약 등의 취약한 집행구조 때문에 아직 근본적으로 바뀐 것 같지는 않다.

국가주권의 관점에서 전지구화를 바라보면, 전지구화가 국가단위를 벗어나는 새로운 정치적 권위를 지향한다는 점에 주목할 수 있다. 국가단위의 고착된 국경과 영토라는 틀에서 벗어나 새로운 정치적 권위와 정치원리를 만들어가려는 노력이 국민국가단위의 위, 아래, 옆에서 진행되고 있는 것이다. 즉, 근대성의 기획 속에서 구조화되어온 개별국가 단위의 민주주의와 법치의 전통이 다층적 협치에 의해 도전받고 있고, 그동안 공적영역과 사적영역의 명확한 구분에 의해 누려온 국가의 독점적 영역이 모호해지면서 시민사회 영역과의 권력의 수평적 분산

---

19) D. Bell, "The World and the United State in 2013", *Daedlus*, vol.116, no.3, 1987, p.14.

이 진행되고 있으며, 기능적 측면에서도 효율과 보편을 추구하는 초국가적 수준과 다원화와 참여가 가능한 하위국가 수준으로 권력의 수직적 재편이 진행되고 있다.

하지만 국가의 배타적 주권 또는 개별국가 단위의 정치원리가 초국가나 국가 하위단위의 새로운 주체 및 원리에 의해 대체될 가능성은 크지 않다.[20] 여전히 근본적인 정치단위는 국민국가에 기초하면서 초국가 및 국가 하위단위의 정치세력에 의해 권한의 분산을 요구받는 상태가 공간 재영역화의 과정이라 할 수 있다. 초국가적이거나 국가 하위의 단위 또는 주체들과 타협을 모색하지 않는다면 배타적 경계내의 구성원들이 필요로 하는 공공재를 제대로 공급할 수 없는 상황이 국가로 하여금 권한의 분산에 받아들이게 하고 있다. 배타적 주권의 시대는 지나가고 있는 것이다. 하지만 국가의 역할이 반드시 감소한 것은 아니다. 특히 시장의 기능에 맡겨둘 수 없는 안보, 복지, 경제, 고용 등의 영역에서 국가의 역할은 아직 유효하다. 따라서 현재 진행되고 있는 국민국가의 위상변화를 둘러싼 논의는 국가라는 공간단위의 재영역화로 설명할 수 있다.

일반적인 국가의 주권성과 자율성에 대한 논의는 별도로 하고, 국민국가의 미래에 대한 구체적인 전망은 국민국가라는 의미에 내포된 제

---

20) 근대국가의 근대성을 배타적 주권이 아니라 보편적인 법의 지배로 본다면, 유럽통합을 근대국가의 해체로 보는 것과 전혀 다른 해석이 가능하다. 유럽통합의 과정은 법적 규제의 밖에 놓여있던 국제관계를 법적규제의 대상에 편입시키고 있다. 이것은 근대국가에서 성취된 문제해결방식을 국가간의 관계로 확장하는 것이며, 굳이 근대국가의 해체로 이해될 필요는 없다.……만일 법치와 민주주의적 정치문화가 근대국가의 합리적 핵심이라면, 유럽 통합조약에서 목표로 설정된 유럽 통합은 근대국가이념의 실현 위에서만 가능한 것이다. 장춘익, 「근대국가이론과 국가의 해체」, 『철학연구』 vol.39, 철학연구회, 1996, 141쪽 참조.

속성과 개별국가들 간의 불균등성을 전제로 고찰될 필요가 있다. 즉, 근대 국민국가는 발생론적으로 혈연적 공동체를 기본적인 출발점으로 하는 민족국가적인 측면과, 근대적 시민권을 핵심내용으로 하는 국민국가적인 측면, 그리고 상비군, 관료제 등의 국가성(제도적 특징)을 중심으로 하는 근대국가적인 측면을 포함하고 있으며, 전지구화나 탈근대화가 구체적으로 이들 각각의 측면에 미치는 영향은 다를 것이라는 점이다.21) 전지구화의 일반적 경향이 국민국가의 변화 또는 약화를 초래한다면 그것이 구체적으로 국민국가의 민족국가적인 속성이 될 수도 있고, 국가성을 중심으로 하는 제도적 특징이 될 수도 있다. 이에 비해 전지구화의 과정 속에서도 여전히 민족국가 형성의 강한 추동력이 작동하는 경우도 있고, 국가성을 중심으로 하는 근대국가 형성이 일차적 목표가 되는 정치공동체도 존재한다. 따라서 국민국가의 미래에 대한 논쟁은 이러한 제 측면을 중심으로 세분화하여 진행될 필요가 있다는 것이다. 그래야만 단순한 국민국가의 강화 또는 약화를 넘어서 어떤 속성과 측면은 약화되더라도 어떤 측면은 강화되었다는 식으로 그 변화를 읽을 수 있기 때문이다. 또한 강화 또는 약화라는 이분법을 넘어서 그 변화의 불균등성에도 주목할 필요가 있다. 현재 각 국가가 처한 위치나 상황에 따라 그 영향도 달리 나타날 수 있기 때문이다.22) 전지구화가 개별 국가에 미치는 영향력은, 전 세계적인 정치적, 군사적, 경제적 위계구조 내에서 차지하는 한 국가의 위치, 국내의 경제구조, 국내정치의 제도화된 유형, 전지구화되는 조건을 관리하기 위한 사회 및 정부의 전략 등의 중요한 요소들에 의해 매개되기 때문에 일률

---

21) 손호철,『근대와 탈근대의 정치학』, 문화과학사, 2002, 223~226쪽 참조.
22) 이와 관련해 발리바르(Balibar, E.)는 전지구화의 진행과 함께 선진국은 민족 이상적으로, 후진국은 민족 이하적으로 변모하여 양극화될 것이라고 주장한다. 위의 책, 244쪽에서 재인용.

적이지 않다.

공간 재영역화의 양상

이처럼 전지구화나 로컬화는 국내정치의 경계를 모호하게 하고, 정치적 의사결정의 과정을 변화시키며, 국가의 자율성을 제한한다. 오늘날 주권 자체는 이미 수많은 로컬적, 국가적, 지역적, 전지구적 기관들에 의해 분할되어가고 있다고 할 수 있으며, 이러한 다원적 성격 때문에 국민국가의 주권은 약화되는 것이다. 이처럼 공간의 재영역화가 기존의 국민국가 경계를 넘나들기 때문에 이를 근대적 공간의 탈영토화 및 재영토화로 설명하기도 한다. 새롭게 형성되는 공간은 더 이상 기존의 국가단위의 법적, 영토적 경계와 일치하지 않는다는 의미이다.

공간의 재영역화는 공간의 규정력 자체에 대한 인식 변화와 새로운 다원적 공간단위들의 존재형식을 통해 구체적으로 드러난다. 우선, 전지구화는 국민국가라는 지리적 스케일에서 벗어나는 탈영역화를 야기한다. 전지구적 상호작용의 범위, 강도, 속도의 증가는 로컬과 지구 사이의 연계를 심화시켜 극히 로컬적인 사안이 엄청난 전지구적 결과를 불러일으킨다. 카스텔(Castells, M.) 등에 의해 제시된 유동공간(space of flows)과 장소공간(space of places)은 이를 대표하는 개념이다.23) 자본과 인적자원의 국가간 이동과 교류 등의 다양한 유동흐름은 가변적이며 비고정적이고, 탈영역적인 특징을 가진다. 정보통신기술의 발달로 인해 시간이 공간을 지배하게 되었으며, 거리에 의해 차별화되는 공간의 중요성이 점차 감소하고 있고, 디지털 혁명에 의해 시간과 속도의 중요성이 점차 증가하고 있다. 이에 비해 장소공간은 유동공간 속에서도 우월한 입지를 가지는 장소나 입지점이 새로운 성장 핵심지로 각광을

---

23) M. Castells, *The Rise of the Network Society*, Blackwell, Oxford, 1996.

받는다는 것으로, 여기서는 장소가 가지는 고정성, 정태성, 영역성, 정체성 등이 중요하다. 양자가 상호작용하면서 세계를 구성하고, 장소공간을 유동공간이 소비한다는 중립적이고 보완적인 시각에서 공간을 해석할 수 있는 것이다.

공간단위의 측면에서 보면, 국가 자율성의 상대적 약화는 국가를 넘어서는 전지구적 공간과 국가 하위의 로컬 공간의 대두를 가져왔다. 이러한 공간단위의 다원화는 각 단위들 간의 단순한 분산이나 병존에 그치지 않고 중층적인 새로운 상호관계를 형성한다. 즉, 전지구적 공간은 국가적 혹은 로컬 공간의 통합을 강제하기도 하고, 그것을 내부에서 무너뜨리기도 할 것이다. 그리고 국가적 공간은 하위의 다양한 로컬 공간을 더 이상 하나로 묶어둘 수 없게 되고, 때로는 전지구화에 대한 대항의 거점이 되기도 한다. 로컬 공간은 국가적 공간을 넘어 직접 전지구적 공간에 연결되어 갈 것이며, 초국가적 영역에서 다른 국가들의 로컬과 네트워크를 형성하기도 하고, 내부적으로는 전지구적, 국가적, 로컬적인 다양한 층위의 공간이 충돌하는 장이 될 것이다.

변화하는 다양한 현상들을 고정적인 정체성의 공간 안에 가두어버리는 국민국가 체제와는 달리, 이러한 새로운 중층적 공간은 문화적 차이를 용인하여 공존을 모색하기도 하고, 때로는 이를 무력화시켜 관리하기도 하는, 서로 다른 경향이 병존하는 혼종성과 개방성을 나타낸다. 경제의 효율성과 인권의 보편적 가치 등이 전지구적 공간을 점차 만들어간다면, 정당성의 창출과 일원적 법적 통치와 안보의 필요성 등 정치적 영역에서는 여전히 국가적 공간이 유효하다. 이에 비해 다양한 문화적 충돌과 혼종현상 및 문화적 확산은 개방적인 로컬 공간 또는 로컬 공간과 전지구적 공간의 결합의 영역을 만들어간다. 전지구화 시대의 공간영역은 전지구적 단위와 국가적 단위 그리고 로컬단위를 넘나들면서 지리적 근접성보다는 연결성과 상대적 위상이 중요한 네트워크의 공간으로서의 특징을 나타내게 된다.

공간 재영역화의 의미 : 중층화, 네트워크화

앞서 살펴본 바대로, 전지구적 로컬화(Glocalization)는 탈근대 공간단위의 변화를 특징짓는 가장 중요한 메커니즘으로, 국민국가라는 통일된 (공공)공간을 보편적인 전지구적 공간과 장소에 뿌리내린 로컬 공간을 좌우 축으로 하는 복수의 경합하는 (공공)공간의 장으로 바꾸어간다. 이러한 공간단위 재영역화의 의미에 접근하기 위해, 이제 이들 다원적 공간단위들 간의 관계와 구성원리 등에 대해 좀 더 고찰해 보고자 한다. 전지구화와 로컬화는 국민국가 단위를 중심으로 볼 때 초국가적인 것과 국가 하위적인 양 흐름을 나타내는 것으로, 국민국가가 약화된 결과라는 점에서는 같이 묶을 수 있지만, 전지구화가 로컬에 반드시 긍정적인 의미로 작동하는 것은 아니다.

전지구화와 로컬화의 관계는 어떻게 설정할 수 있는가? 흔히 전지구화가 로컬화를 포섭하는 것으로 보거나 전지구화와 로컬화를 양극성을 포함한 것으로 보려는 경향이 있다. 이것은 전지구적 자본주의나 문화 제국주의가 국가단위의 보호막이 허물어진 로컬을 유린할 것이라는 우려와 로컬 또는 로컬리티의 개념이 이에 대한 저항이나 반대의 의미로 자리매김 되는 지역 현실이 동시에 존재한 결과이기도 하다. 하지만 전지구화와 로컬화의 관계를 이처럼 일률적으로 규정하는 데는 한계가 있다. 탈근대 공간의 재영역화는 지구-국가-로컬 단위의 새로운 관계 맺기, 즉 지구공간, 국가공간, 로컬 공간이라는 층위의 중층적인 내적 관계가 새롭게 형성됨을 의미한다. 각 층위들은 각기 경제(: 전지구적), 정치(: 국가적), 문화(: 로컬적)의 영역에서 나름의 존재 의미를 지닌다. 스케일의 측면에서는, 테일러(Taylor, P. J.)가 언급한 것처럼, 전지구적인 것은 실재적(real), 국민국가는 이념적(ideological), 로컬은 경험적(experienced) 스케일로 구분되어질 수 있다.[24] 로컬의 관점에서 보면, 공간의 재영역화는 그동안 국민국가 틀 내에서 옥죄어 왔던 로컬의 다양성이 전지구적 틀에서 새롭게 끼워 맞춰지는 것과 같다. 이는 국가속의 로컬이 전지구적 맥락 속의 로컬로 다시 자리매김 되고 있는 것이며, 동시에 국민국가의 틀 내에서 주변적이거나 특수한 것으로만 인식되던 로컬이 이제, 상대적이기는 하지만, 보편적 관점에서 새롭게 자리매김 될 수 있다는 의미이기도 하다.

전지구화와 이보다 공간적으로 제한적인 국가화, 로컬화는 상호 복합적이고 역동적인 관계를 이룬다. 국가에 대해 상대적 자율성을 지닌 로컬화의 진행은, 한편으로 전지구화를 촉진하는 경제적, 사회적, 문화적 하부구조를 창출할 수 있는 반면, 다른 한편으로는 로컬 공간이나 국가적 공간의 강화가 전지구화를 제약하는 요인이 될 수도 있다. 어떤 형태의 전지구화와 어떤 국가화 및 로컬화가 만나는가에 따라 그 양상은 달라질 수 있다는 것이다.

또한 이들 중층적 단위들 간의 구성원리도 이전과는 다르다. 스케일의 측면에서 전지구-국가-로컬은 수직적 층위를 나타내지만, 이들 단위들 간의 상호작용의 방식 즉, 구성원리는 수평적 네트워크의 방식을 나타낸다. 네트워크는 장소나 스케일에 고착되지 않은 개방적 공간성을 다루는 데 적합하다는 의미와 함께, 협력적, 비위계적, 유연적인 공간성을 나타낸다는 점에서 전지구화 담론의 기본 바탕을 이룬다. 전지구화 추동력의 하나인 정보 통신 네트워크의 발달은 자본, 인간, 문화의 전지구적인 흐름을 가능하게 하는 네트워크의 공간 구조를 형성하였고, 이러한 네트워크는 국민국가의 권한이 한편으로는 초국가적 가

---

24) P. J. Taylor, "A Materialist framework for political geography", *Transactions, institute of British Geographer*, 7, 1982, pp.15~34.

버넌스에, 다른 한편으로는 로컬적 정부에 나눠지는 추세를 초래하고 있다.[25]

　이러한 중층적이고 다원적인 공간구성원리의 변화가 마치 다양한 주체들 간의 수평적 네트워크가 존재했던 중세와 유사하다는 의미에서 신중세론이 관심의 대상이 되고 있다.[26] 여기서 신중세론의 적실성에 관한 논쟁에 뛰어들 여유도 없고, 현재의 공간의 구성원리가 중세의 공간단위와 명확히 구분되는 점도 있지만,[27] 신중세론 논쟁이 갖는 현대적 함의가 전지구화 이후의 정치질서가 서양 중세처럼 국가 이외의 여러 행위자들의 권위가 중첩적인 다자적 거버넌스로 발전하고 있다는 주장에 있다는 점만으로도 새로운 공간의 구성원리가 지향하는 바를 파악할 수 있다.

4. 새로운 공간단위로서의 로컬의 가능성

전지구화와 탈근대의 중층구조속의 로컬

　전지구화나 탈근대적 현상의 원인과 의미, 영향에 대해 다양한 해석

---

25) 新原道信·廣田康生 編, 『グローバリゼーション/ポストモダンと地域社會』, 東信堂, 2006, 46쪽 참조.

26) 신중세론의 선두주자라 볼 수 있는 불(Bull, H.)은 "만약 국민국가가 시민에 대한 권위와 자신의 추종자들에게 명령할 능력을, 한편으로 세계적, 지역적 권위와 다른 한편으로 하위국가 또는 하위 민족적 권위와 분점하게 된다면, 그리하여 주권개념을 적용할 수 없을 정도가 된다면 신중세적 형태의 보편정치가 등장했다고 말할 수 있을 것"이라 주장하며 이를 '신중세주의'라 명명하였다. H. Bull, *The Anarchial Society*, London : Macmillan, 1977, pp.254~266.

27) 가장 중요한 차이점의 하나는 중세 정치질서의 단위들이 절대성과 배타성의 근대 주권 개념에 근거하지 않은 정치적 단위(units)들 간의 상호관계인 반면, 현재의 다원적 네트워크는 국가단위의 여전한 존재를 전제로 한다는 점이다.

이 존재함은 이미 살펴본 바와 같다. 이러한 다양한 해석이 나타나는 이유 가운데는 분석자가 복합적인 현상의 어느 측면에 주목하는가와 이를 바라보는 시선도 자리하고 있다고 여겨진다. 공간적인 측면에 한정하여 본다면, 대체로 국민국가의 시선에서 전지구화의 흐름에 어떻게 대응할 것인가에 주목하는 경향과, 전지구적 시선에서 이것이 국민국가를 어떻게 변화시킬지를 중심으로 논의가 진행되었음을 알 수 있다. 하지만 전지구화가 단순한 국민국가의 공간적 확장이 아니라 초국가적인 현상과 국가 하위적인 현상이 동시에 나타나는 공간의 재영역화라고 본다면, 로컬의 시선에서 전지구화를 바라보고, 그 의미와 영향을 분석해 보는 것도 중요한 의미가 있을 것으로 여겨진다.

로컬의 시선에서 전지구화를 바라보면, 세계성이 점차 확대·심화됨에 따라 로컬의 특수성과 차이는 동화 또는 말살될 것이라고 보는 견해와, 이에 반하여 공간의 재영역화를 계기로 로컬 또는 로컬리티가 새롭게 등장할 가능성을 모색하는 긍적적, 부정적 두 가지 측면이 공존하고 있다. 전자의 견해는 정보통신 기술의 발달에 따른 공간의 압착과 함께 전지구화를 동질화의 진행과정으로 보고, 전지구적 다양성을 포괄할 수 있는 하나의 패러다임으로서 전지구화를 이해한다. 여기서 전지구화는 강대국 중심의 신자유주의에 바탕을 둔 초국적 자본의 전지구적 범위로의 확산과정이며, 경제적 불균등구조와 문화적 독점 그리고 국가의 기능약화로 이어지는 자본주의의 공간적 확대에 지나지 않는다. 이 경우 로컬에도 전지구화 시대에 대응한 성장연합이 형성되어, 이들이 신자유주의 담론을 앞세워 지역사회를 통치하는 지배블록으로 기능하면서, 전지구적 축적체제의 한 단위인 로컬적 축적체제를 구축하고 유지시킨다.

이에 비해, 후자의 견해는 동질화가 아닌 다양화 또는 차이의 공존으로 전지구화를 파악하고자 하며, 강대국 중심의 자본주의 논리에 따

르는 이른바 '위로부터의 전지구화'가 아니라, 로컬단위의 정체성과 특
수성에 바탕을 둔, 이른바 '아래로부터의 전지구화'에 주목한다. 여기
서는 전지구화의 진전에 따라 경쟁주체로서의 국가의 역할이 축소되
는 만큼 하위단위인 로컬이 새로운 경쟁주체로서 그 역할을 확대하고
있다고 본다. 이는 전지구화 시대에 로컬의 발전 잠재력이 중요하며,
로컬이 바로 전지구화의 기본 단위가 됨을 뜻하고, 나아가 로컬이 전
지구화와 함께 새롭게 등장하게 되는 이유이기도 한 것이다. 점차 증
가하는 전지구화의 영향은 국민국가의 약화로 보다 많은 자율성을 획
득한 하위집단과 신사회 운동과 같은 새로운 공공영역, 참여의 방식
등 다양한 차원에서 로컬 공간의 중요성을 증대시키고 있다.

　현실적으로도 전지구화가 로컬에 미치는 영향에는 긍정적·부정적
양 측면이 공존하고 있다. 전지구화가 국가의 약화를 초래하고, 이것이
로컬에 대한 국가의 개입을 축소시키는 방향으로 나타날 수 있지만,
전지구화의 강력한 추동력인 자본의 논리, 즉 신자유주의의 역할 강화
는, 로컬이 이에 대응하지 않을 수 없게 만듦으로써 로컬의 자율성을
제약한다. 다시 말해, 한편으로 중앙정부로부터의 권한의 분산과 책임
의 이양은 로컬의 국가에 대한 자율성을 강화시켜주는 조건이 되지만,
다른 한편으로 로컬이 신자유주의적 전지구화의 영향에 더욱 노출됨
으로써 시장에 대한 구조적 자율성은 오히려 약화되거나 제약된다.[28]

　이처럼, 신자유주의적 전지구화가 시장의 기능을 더욱 강화시키는
힘이고, 이것이 성장연합을 중심으로 한 자본의 논리가 관철되어 로컬
의 독자성을 제약할 수 있다면, 다른 한편에서 로컬화를 이끈 또 다른
동력인 탈근대적 가치 지향은 로컬에 기반한 시민사회 영역을 강화시
키는 힘과 연결된다. 전지구화의 흐름을 로컬의 새로운 가치 발현으로

---

28) 이에 관한 논의는, 조명래, 「지구화, 거버넌스, 지방정치」, 『도시연구』 vol.8,
　　한국도시연구소, 2002, 226~227쪽 참조.

이어가기 위해서는 전지구화의 복합적 양상 가운데 주체의 다원화, 네트워크화, 거버넌스 등의 탈근대적 측면에 주목할 필요가 있다. 전지구화의 파고에 의해 로컬의 미래가 어떻게 될지를 수동적으로 전망하는 것이 아니라, 로컬의 미래는 전지구화의 복합적 측면을 어느 방향으로 이끌어 갈 것인가에 관한 힘 관계와 전략적 노력에 의해 달라질 수 있다는 점을 인식하는 것이 중요하다고 여겨진다.

전지구화가 단순한 공간의 재영역화만이 아니라 공간질서의 구성방식 및 운영원리의 탈근대적 변화와 함께 진행된다는 점에 주목한다면, 전지구화는 로컬 공간의 위상뿐만 아니라 로컬의 운영방식과 그 계급적 성향에도 중대한 변화를 초래함을 알 수 있다. 이러한 변화는 정부, 시장, 시민사회 영역의 자발적 참여에 의한 협치를 의미하는 거버넌스라는 운영원리를 매개로 주로 나타난다. 굳이 나누자면 시민사회가 일상을 통한 참여가 가능한 로컬 공간을 주된 배경으로 한다면, 시장은 자본논리에 의해 확장된 전지구적 공간을 주된 배경으로 한다. 따라서 국가의 역할과 기능이 위축되면 우선 로컬의 시민사회가 그 대안적인 정치 공간으로 등장하게 된다. 이것은 로컬 공간의 시민들이 새로운 일상의 공공영역을 만들어가고자 의도적으로 노력한 결과이면서, 동시에 전지구화 및 탈근대의 영향으로 인해 로컬의 시민사회가 보다 개방적이고 다원적으로 발전한 결과이기도 하다.[29]

공간단위로서의 로컬, 로컬리티의 가능성

로컬을 로컬-국가-지역-전지구로 이어지는 탈근대의 복합적 공간단

---

[29] 이와 관련하여, 제임슨은 포스트모던 현상에서 가장 의미심장한 것 가운데 하나가 다양한 소집단적, 비계급적, 정치적 실천 행위와 같은 이른바 '미시정치의 등장'이라고 주장한다. 전효관 · 김수진 외, 앞의 책, 295쪽.

위 구성의 하나로 인식할 경우, 다른 공간단위와 로컬을 상대화할 수 있는 로컬의 특질들에 대해 고찰해볼 필요가 있다. 탈근대 공간의 재영역화 과정에서 과연 로컬은 어떤 차별성과 대안적 가치로서의 가능성을 지니고 있는가? 이에 대해 시론적인 접근을 시도해 보고자 한다.

우선, 규모 또는 층위의 관점에서 접근해 볼 수 있다. 오늘날 대부분의 국가단위 정치체에서 대표제의 위기가 나타나고, 정당도 제 역할을 수행하지 못하고 있다. 근대의 국민국가 단위로 제도화된 선거와 정당제도 등 대의제 정치원리가 원활히 작동하지 않게 된 것이다. 이러한 대의제의 위기에 대한 대응은 전자민주주의 등 제도적·기술적 보완을 모색하는 한편으로 직접 민주주의의 도입 가능성에 대한 검토로 이어진다. 베버가 직접민주주의는 규모와 관료제라는 해결하기 힘든 문제 때문에 근대사회의 조건 위에서는 불가능하다고 여겼던 것처럼,[30] 탈근대의 시점에서 논의되는 직접 민주주의는 규모, 참여방식, 공공영역에 대한 새로운 인식을 수반한다. 이 점에서 도시 또는 공동체 단위의 하위 국가적 층위를 의미하는 로컬은 능동적인 참여를 이끌어내는 데 규모의 면에서 일단 효과적이다. 하지만 규모의 적정성이 바로 참여로 이어지지는 않는다. 관료제를 바탕으로 한 통치(government)가 근대의 효과적이고 지배적인 운영원리였다면, 이에 대한 성찰은 협치 (governance)라는 새로운 운영방식에 주목하게 했다. 그리고 국가와 사회의 분리를 바탕으로, 시민사회 내부에서 형성된 사적인 이해를 국민적인 공공성의 틀 안으로 변환시키던 장치였던 국가 및 공공영역은 국가와 시민사회의 구별 자체가 점차 모호해지면서 변화를 겪고 있다. 일상생활의 경험에 바탕을 둔 시민의 관심과 참여가 기존의 선거, 정당 등의 거시정치의 담론을 벗어난 새로운 공공영역, 이른바 '미시정

---

30) B. S. Turner, *MAX Weber. From History to Modernity*, 최우영 역,『막스베버 근대성과 탈근대성의 역사사회학』, 백산서당, 2005, 308쪽.

치' 또는 '일상의 정치'라는 영역에 대한 관심으로 이어지고 있다. 참여민주주의, 거버넌스, 신공공영역, 미시정치 등 탈근대 정치의 새로운 의제들의 대부분은 로컬단위에서 접근하는 것이 유용하다. 로컬 단위로 정책결정 책임을 분산시키려는, 이른바 분권화가 나타나는 것은 이러한 맥락에서이다.

다음으로, 근대성의 구조 속에서 지워졌던 로컬의 내재적 가치에 주목해 볼 수 있다. 국민국가 단위를 바탕으로 진행된 근대성의 동일화, 집중화, 효율화 추구는 다수와 같음의 논리로 소수와 다름을 억압·배제했고, 이는 근대성이 기획한 인간주의가 비인간화로 이어지는 역설을 초래했다. 따라서 근대성의 성찰로서의 탈근대 논의는 근대성의 구조 속에서 지워졌던 주변성, 소수성, 장소성, 다양성의 가치를 확인하는 방향으로 이어져야 한다. 이러한 관점에서 보면, 로컬은 국가가 만들어 낸 상상의 정체성이 아닌, 현실의 장소에 기반한 실지정체성과 국가성에 의해 억압받던 주변성, 소수성, 다양성의 가치를 품고 있다. 앞서 살펴본 바와 같이, 전지구적 로컬화로 대변되는 탈근대 공간의 재영역화는 장소 또는 장소성에 대한 의미변화를 수반한다. 장소는 특정 경계 내의 사람들 사이에서 형성된 귀속의식과 온정 등에 의해 깊은 애착의 대상이 된다는 측면, 즉 단일의 본질적 아이덴티티가 장소에 내재해 있다는 장소성의 측면과, 이와는 대조적으로 자본에 의해 잘 정비된 지표의 일부로서 장소를 파악해, 자본이나 정보의 흐름에 의해 세계가 균질화된 이후에 형성된 장소, 즉 입지나 장소경쟁력의 차이에 주목하는 측면에서 해석되어 진다.[31] 이러한 두 가지 측면을 넘어서는 것으로, 근접성에의 끊임없는 충동에 근거하여 장소를 전지

---

31) 이러한 논의는 자본 특히 이동자본에 의한 로컬적인 것의 차별화에의 유인의
   증가가 로컬리티의 강화로 이어진다고 보는 하비의 논의와도 일맥상통한다.
   D. Harvey, *The Condition of Postmodernity*, Oxford : Basil Blackwell, 1989.

구화에의 저항의 거점으로 삼는 입장과, 전지구화에 깊이 발을 담구고 이동자본의 논리에 직접 규정되는 면을 강조하는 입장의 양자를 포괄하는, 이른바 '장소의 선택적 해석'이 적절하게 여겨진다.[32] 또한 로컬에 내재한 다양성의 가치에 주목할 때, 로컬은 '정체성의 정치', '차이의 정치'라는 새로운 정치의 장이 된다. 모든 사회적 행위자는 단일한 주체로 환원될 수 없는 복수 주체의 소재이며, 그 결과로 이 같은 주체의 다원성과 주체의 형성을 둘러싼 정체성의 정치가 생겨난다. 근대적 정치학은 동일성의 원리와 보편성에 초점을 맞춤으로써 차이를 억압해 온 바, 탈근대에는 젠더, 동성애자 등과 같은 억압된 주체들 사이에서 차이를 인정받기 위한 차이의 정치가 의미를 지닌다.

마지막으로, 현실의 당면 문제들에 대한 처방 및 대안제시로서의 가능성을 들 수 있다. 전지구화시대 로컬은 경계를 넘어 다양한 문화와 가치가 공존하는 다문화 충돌의 장이 되고 있다. 개방과 혼종의 시대에 로컬은 디아스포라적인 공간의 가능성을 가진다. 디아스포라적인 공간이라고 말할 때, 그것은 일단 기원의 땅과 공간적으로 분리되면서도 심상적으로는 어떤 식으로든 유대를 계속 가지고 있는 상태를 가리킨다. 디아스포라에 적극적 의미를 부여하는 것은 이곳(타향)에 거주함으로써 그곳(조국)으로의 연계나 연대가 상정되는 것이지, 단지 하나의 단절된 기원이 조국에 있다는 것은 아니다. 따라서 우리는 디아스포라적 공간을 끊임없이 월경하고 변화해 가는 초국가적인 네트워크의 일부를 이루는 로컬에서 찾을 수 있다. 로컬, 로컬리티의 관점에서 디아

---

32) 이 점에서 어리(Urry, J.)는 "장소는 한편으로 매우 두터운 공존적인 상호작용을 특징으로 하는 접근성과 다른 한편으로 막힘없이 흐르는 신체적, 가상적, 예상적으로 거리를 넘어 확대되는 웨이브와 네트워크와의 특정의 연쇄로 볼 수 있다."고 설명한다. J. Urry, *Sociology beyond Society-Mobility for the Twenty-first Century*, Routledge, 2000, p.140.

스포라에 접근할 경우, 국가단위의 국적문제나 개인단위의 자아정체성의 문제가 아닌, 동일한 로컬 공간을 공유하는 에스닉 코뮤니티 간의 공생의 문제가 주된 관심의 대상이 된다. 이와 관련하여, 브라(Brah, A.)는 디아스포라적인 공간을 단지 국경을 넘어 이동하는 사람들과 그 자손의 문제로서만이 아니라, 토착민으로 간주되는 사람들까지 포함한 혼성적 사회공간의 문제로 제시하고 있다.[33] 디아스포라적인 공간은 단지 이동과 이산의 공간이 아니라, 이동이나 이산과 정착이나 응집의 동적인 관계성을 포함한 중층적이고 매개적인 공간인 것이다. 이러한 경계 또는 정체성의 매개적이고 투쟁적인 장인 로컬은 국민국가적 공공공간으로 회수되지 않는 보다 혼성적인 공공공간의 장이 되고 있다.

구체적인 정책과 관련해서, 몇몇 사례에서 로컬 단위의 기능 및 역할이 국가단위의 그것보다 유용함을 나타내고 있다. 인종 또는 문화적 다양성을 관리하는 국가차원의 추상적 모델들, 즉 프랑스식의 동화주의 모델과 영미계통의 다원주의는 국가단위로 배타적으로 시행되었다. 전자는 공적인 무대에서는 국민으로서 국가에 속한다는 사실만이 전적이며 배타적이고, 후자에서 공동체의 정체성은 국민으로서의 정체성보다 우세하다. 하지만 실제 다문화 충돌의 장이 되고 있는 지역의 현실은 동일 국가 내에서도 서로 다르다. 프랑스의 경우 국가차원과 달리 로컬차원에서의 현실은 상당히 다르게 나타났고, 이에 1980년대 초에 시작된 지방분권화를 통하여 지방정부가 어느 정도 자율권을 갖게 되면서, 이민자와 그 후손이 제기하는 몇 가지 주장에 부응하기 위하여 다문화주의 정책을 단편적으로 시행하는 경우가 많았다.[34] 단일민족 사회로 여겨지던 일본의 경우도 도시단위로 나누어 보면 가와사키

---

33) A. Brah, *Cartographies of Diaspora-contesting indentities*, Routledge, 1997.

34) Marco Martiniello, *SORTIR DES GHETTOS CULTURELS*, 윤진 역, 『현대사회와 다문화주의-다르게, 평등하게 살기』, 한울, 2002, 83쪽 참조.

(川崎)시는 외국인 구성 비율이 15%에 이르고, 우리나라의 경우도 각 지역별로 외국인 거주자의 비율은 서로 다르다. 획일적으로 국가단위의 정책을 실시하기 보다는 로컬단위로 현지 실정에 맞는 정책의 선택이 필요하다는 말이다.

5. 마치는 말

　이상에서 고찰한 바를 요약하자면 다음과 같다. 우선, 탈근대의 의미를 근대성이 제도화되는 과정에서 나타난 부정적 요소들에 대한 성찰로 보고, 이를 근대성의 제도화가 이루어진 틀인 국민국가라는 공간단위에 주목하여 바라보면, 전지구화 또는 로컬화라는 국민국가의 위와 아래에서 나타나는 변화가 전형적인 탈근대적 현상임을 논증하였다. 이와 함께, 이른바 탈근대 공간의 재영역화는 국민국가의 주권이 초국가단위나 국가 하위단위에 의해 대체되는 것이 아닌, 로컬-국가-지역-전지구로 이어지는 공간단위의 중첩화, 다원화로의 변환으로 해석해야 하며, 이러한 변화는 단순한 공간단위의 재영역화에 그치지 않고, 공간질서의 구성방식 및 운영원리의 변화로 이어짐을 논증하였다. 그리고 이러한 변환의 과정, 즉 공간단위의 중층화, 다원화와, 거버넌스 또는 네트워크화라는 구성원리의 변화는 탈근대 대안적 가치로서의 로컬, 로컬리티의 새로운 가능성에 대한 연구로 이어질 수 있음을 시론으로나마 검토하였다.

　로컬의 시선에서 탈근대와 전지구화를 바라볼 경우, 위기와 기회라는 두 가지 가능성이 공존한다는 점에 대해서는 대체로 동의할 수 있을 것 같다. 여기서 로컬의 시선에서 바라본다는 진정한 의미는, 로컬의 미래가 전지구화의 파고 속에서 수동적으로 어떻게 될 것인가를 전망하는 것에서 벗어나, 보다 적극적으로 로컬의 미래를 기획하고 준비하는 것이라고 여겨진다. 로컬 또는 로컬리티의 새로운 자리매김을 위해서는 로컬리티에 내재된 어떠한 가치의 발현과, 이것이 로컬인의 삶을 어떻게 인간답게 할 수 있을지에 대한 심도 있는 연구와 함께, 어떠한 주체적 이행전략이 필요한지에 대한 고민이 이어져야 한다. 공간질서가 중층화, 다원화, 네트워크화 되어간다는 의미는 구성단위 간의 힘 관계와 전략적 노력에 의해 그 미래가 결정되어질 수 있음을 의미하기 때문이다.

Ⅲ. 로컬리티의 문화정치학과
비판적 로컬리티 연구

김 용 규

1. 로컬리티 연구는 왜 등장했는가?

최근 들어 문화연구와 사회이론에서 로컬리티(locality), 로컬적인 것 (the local), 그리고 로컬문화가 중요한 쟁점으로 부상하고 있다.1) 그 이 유는 계급, 인종, 젠더, 섹슈얼리티와 같은 문화적 쟁점들과 마찬가지 로 로컬리티 또한 우리 사회의 변동과 긴밀히 관련되어 있기 때문이 다. 우리 사회에서 로컬리티가 본격적인 쟁점으로 등장하게 된 것은 지방자치제가 본격적으로 도입된 90년대 이후일 것이다. 이때부터 각 지역사회는 다양한 이유로 제각기 자신의 로컬리티와 로컬문화를 발 굴하고 창안하고자 하였다. 지방정부는 중앙정부의 행정적·재정적 통 제와 간섭으로부터 벗어나 일정 정도의 자율성을 얻는 대가로서 재정

---

1) 로컬적인 것과 로컬리티를 지역적인 것이나 지역성으로 번역하지 않고 원어 대로 두었다. 로컬과 로컬리티를 지역과 지역성으로 옮길 경우, 우리말 지역 성이 갖는 의미가 너무 다양하고 민족국가를 넘어서는 영역 또한 지역으로 불리기 때문이다. 반면 로컬적인 것과 로컬리티를 지방적인 것과 지방성으로 옮길 경우, 지방과 지방성이 이미 중심과 대립적인 이데올로기적 가치를 내 포하기 때문에 로컬 현실에 대한 냉정한 분석적 개념으로 사용하는 데는 한 계가 있다. 우리는 로컬과 로컬리티가 지역성과 지방성과 중첩되는 부분을 무시하지 않으면서 그 긴장을 잘 사고할 필요가 있다.

의 상당부분을 스스로 책임지게 되었는데, 이것이 개발과 발전의 논리를 통해 로컬 사회를 이윤 창출의 장으로 만들어야 한다는 요구를 강력하게 제기하도록 만들었다. 그 결과 로컬리티는 우리 사회의 중요한 의제로 인식되기 시작했다.

이런 경험은 우리들만의 것이 아니기 때문에 우리로서는 이런 변화를 비교론적 시각을 통해 일반화할 필요가 있다. 그럼으로써 로컬리티를 연구하기 위한 포괄적인 틀과 시각 또한 마련될 수 있을 것이다. 우선 이 개념이 서구 학계에서 문화연구의 핵심개념으로 등장하게 된 이유들을 살펴보자. 현재의 시점에서 로컬문화와 로컬리티 연구의 부상을, 차이, 타자성, 다양성, 지역성을 강조하는 포스트모던적인 문화현상과 연결지어 사고하려는 경향이 중요한 흐름을 형성하고 있다. 이런 경향은 나름대로 설득력을 갖고 있다. 차이와 타자 그리고 이질성을 통합하고 흡수하고자 하는 총체성의 거대서사와 그에 근거한 근대성의 중심적 논리를 거부하고 그 내부에 억압된 가치들, 즉 차이, 타자성, 이질성, 지역성과 같은 주변적 가치들의 복권을 주장하는 포스트모던적 인식틀 내에서 로컬리티의 위상은 당연히 중요한 의미를 지니지 않을 수 없기 때문이다. 역사적으로 볼 때도 중심과 주변의 논리에 근거한 대부분의 근대적 사회문화구조 내에서 로컬적인 것과 로컬리티는 중심에 의한 조작과 통제의 대상인 경우가 허다했다. 이런 상황에서 로컬리티와 로컬적인 것의 차이와 이질성을 강조하는 것만으로도 긍정적이고 진보적인 입장이 될 수 있어 보인다.

하지만 로컬리티와 로컬적인 것을 바로 포스트모던적인 문화논리와 연결짓는 것 또한 문제가 없지 않다. 우선 그런 논리는 로컬리티 자체에 근대성과 대립하는 온갖 가치들을 무의식적으로 부과하려는 경향이 있다. 그러므로 로컬리티는 분석되기에 앞서 이미 특정 가치들로 가치화될 가능성이 농후하고, 나아가 면밀한 분석과 탐구의 대상이 되

기보다는 특정한 가치로 물화될 위험에 놓이게 된다.2)

　로컬리티 연구를 천착해온 지리학자이자 공간이론가인 도린 매씨(Doreen Massey)에 따르면 로컬리티 연구는 포스트모더니즘과 바로 연결될 수 없다. 그녀가 볼 때, 로컬리티 연구의 '로컬'의 의미와 포스트모더니즘에서 말하는 '로컬'의 의미는 용어의 동일성에도 불구하고 상당한 의미의 차이를 보인다. 즉 "로컬리티 연구의 맥락에서 이 용어[로컬]의 의미는, 예를 들어, 리오타르가 '로컬적 결정론'을 주장하고 거대이론들을 포기하면서 사용했을 때의 로컬의 의미와 동일하지 않다"3)는 것이다. 오히려 그녀는 로컬리티에서의 '로컬'을 더 큰 사회구조적 문제들, 특히 자본주의의 사회경제적·공간적 변화와의 관련 속에서 보아야 할 문제임을 역설한다. 이럴 경우 로컬리티에서 '로컬'이 갖는 의미는 메타이론에서 말하는 '메타' 개념과 굳이 대립적일 필요는 없게 된다. 매씨는 이런 주장을 하기 위해 하비의 다음 주장을 인용한다.

　　포스트모더니즘은 우리에게 사물화와 구획화,……로컬리티, 장소, 혹은 사회적 집단의 온갖 물신숭배를 받아들일 것을 요구하면서도 다른 한편에서는 일상생활에 미치는 그 깊이와 영향력, 범위와 힘에서 더욱더 보편적인 것이 되어가는 정치적·경제적 과정들(화폐의 흐름, 국제적 노동분업, 금융시장 등)을 파악할 수 있는 메타 이론은 부정한다.4)

---

2) 하비는 포스트모더니즘이 "공동체와 로컬리티, 장소와 지역적 저항, 사회운동, 타자성에 대한 존중"과 같은 긍정적 측면도 있지만 이런 측면이 자본의 보편적인 힘 앞에서 편협성, 근시성, 자기지시성으로 물화될 가능성이 있음을 경고한다. D. Harvey, *The Condition of Postmodernity*, Oxford : Basil Blackwell, 1989, p.351.

3) D. Massey, "The Political Place of Locality Studies", *Space, Place and Gender*, Minneapolis : University of of Minnesota Press, 1994. p.133.

4) D. Harvey, *The Condition of Postmodernity*, Oxford : Basil Blackwell, 1989, p.117.

매씨는 로컬리티를 바라보는 포스트모더니즘적 주장을 경계하면서 로컬리티 연구를 다음과 같이 정리한다. 우선 로컬리티 연구는 로컬리티를 특정 가치로 물신화하는 것과는 관련이 없고, 국제적 노동분업과 같은 정치경제적 과정을 파악할 수 있는 이론을 부정하지 않으며("로컬 지역들을 연구하는 것이 그 지역이 더 넓은 공간적 범위를 갖고 있다는 점과 훨씬 더 추상적인 차원이라는 점에서 반드시 지역에 적용될 수 있는 것보다 더 광의의 이론들을 필요로 한다는 것은 명백하다"[5]), 국제적인 차원의 연구뿐 아니라 로컬 연구에서도 거대서사는 필수적이라는 것이다. 이런 주장을 좇아 그녀는 로컬리티 연구를 고정적이고 정태적인 공간과 장소를 다루는 연구가 아니라 그 내부에 모순과 갈등이 상존하는 "역동적이고 가변적인……사회적 활동들과 사회적 관계들의 상호교차"에 대한 연구로 인식할 필요가 있음을 강조한다.

매씨의 주장에서 주목할 바는 그녀가 로컬리티의 문제를 로컬사회의 구체적인 경험이나 특수성을 다루는 문제가 아니라 다양한 사회적 관계들과 과정들을 분석하는 이론적 문제로 인식하고 있는 점이다.

> 로컬리티는 적어도 한 가지 점에서 일련의 장소들(locales)의 상호교차로 이론화될 수 있을 것이다. 그러나 그것이 무엇이든지 간에 로컬리티는 공-현존(co-presence)의 상황 속에서 구체적인 사회관계들과 사회과정들로부터 생겨난 구성물들(constructions)이다.……이것이 의미하는 바는 로컬리티가 우리가 임의대로 선을 그을 수 있는 공간영역이 아니라는 점이다. 로컬리티는 일련의 사회적 관계들과 과정들의 관점에서 정의되어야 할 것이다. 중요한 것은 로컬리티가 상호작용(interaction)에 관한 것이라는 점이다. 더욱이 이러한 상호작용은 갈등들을 포함할 가능성이 높다. 로컬리티는 차이와 갈등을 포함할 것이고 부분적으로 그것

---

5) D. Massey, *ibid.*, p.134.

들에 의해 구성될 것이다. 또한 사회관계를 통해 볼 때, 로컬리티는 비-공간적인 관점에서 직접적으로 '관련되어 있지' 않을 수도 있는 사회현상들 간의 상호작용도 포함할 수 있다. 사회적 현상들이 서로서로에게 직접적인 영향을 끼치게 되는 것은 그것들이 바로 이 공-현존의 상태에 있기 때문일 것이다.[6]

로컬리티 연구가 모순과 갈등이 존재하는 더 큰 사회구조 속에서 다양한 사회적 관계들과 과정들을 연구하는 작업이라는 정의는 매우 설득력이 있다. 특히 매씨는 영국의 경우를 예로 들면서 로컬리티 연구가 1980년대 초에 부상하게 된 주된 원인이 이 시기에 영국의 전통적 제조산업의 급격한 쇠퇴와 실업률의 급증, 그에 따른 직업구조의 변형과 같은 격변이 있었고, 그 격변이 지리적·공간적 변화에 직접적 영향을 끼친 것과 관련이 있다고 말한다. 즉 영국에서는 1980년대 초에 전통적 제조업 도시들의 몰락과 중공업 지역들의 쇠퇴로 인해 사람들이 전통적 제조업 도시를 떠나 대도시와 교외 지역으로 이주하게 되었고, 특히 전통적 제조업 대신에 최첨단 기술산업과 은행, 금융, 전문서비스 부분이 도시 중심을 차지하게 됨에 따라 남성노동자들의 역할이 줄고 여성 고용인구가 증가하였다. 로컬리티 연구가 중요한 관심사로 떠오른 것은 이와 같은 변화들이 도시공간과 로컬리티에 대한 인식에 중대한 변화를 초래함으로써 사람들이 자신의 일상생활의 주변에서 바로 공간적 변화를 체험하게 된 것이 결정적 계기가 되었다. 사실 이같은 지적은 영국뿐만 아니라 미국이나 한국의 도시들에도 마찬가지로 적용될 수 있다. 미국의 경우 포스트모더니즘 논쟁의 중요한 한 부분이 바로 이런 도시공간의 변화와 관련되어 있었음은 주지의 사실이다. 부산만 하더라도 현재 급격한 공간적 변형과 재구조화가 발생하고

---

6) D. Massey, *ibid.*, pp.138~139.

있다. 1980년대까지만 해도 제조업(31.1%)과 서비스산업(47.4%) 간에 큰 격차가 없었던 데 반해, 2004년에는 제조업이 16%로 줄고 서비스산업의 비율은 거의 70%대에 육박하고 있다.[7] 이러한 산업구조의 변화는 단순히 산업구조의 변화로만 그치는 것이 아니라 도시공간의 급격한 변화로 나타나고 있다. 전통적 제조산업이 도시 외곽으로 빠져나가면서 도시의 중심부에 도시공동화 현상이 나타나는가 하면, 도시 외곽이 새로운 도시 중심으로 부상하기도 한다. 최근 들어 도시 중심부도 새로운 도시재생 계획에 들어가면서 공간적 재구조화는 더욱 급속하게 진행될 예정이다. 이런 상황들은 로컬리티 연구의 부상과 깊은 관련이 있다.

로컬리티 연구에 대한 매씨의 지적에 공감하면서도 그녀가 말하는 로컬리티 연구에는 일부 수정이 필요해 보인다. 그녀의 포스트모더니즘 비판이나 공간지리학자로서의 그녀의 입장이 로컬리티에 대한 다양한 접근에 제약으로 작용하는 측면이 없지 않기 때문이다. 우선 그녀의 주장은 로컬과 로컬리티 연구가 주로 차이와 다양성과 같은 포스트모더니즘적 가치와 연결되어 논의되는 것을 비판하고 사회공간 내에서 일어나는 변화들을 이론적 관점에서 사고하려다보니 자신이 비판한 바 있는 바로 그 대립구도(포스트모더니즘의 '로컬'과 로컬리티 연구의 '로컬')를 반복하는 경향이 있다. 프레드릭 제임슨(Fredric Jameson)이나 데이비드 하비(David Harvey)의 경우, 그들의 주장에는 상당한 이론적 차이가 있지만 두 사람 모두 포스트모더니즘이 자본주의의 정치경제적 변화와 직결되어 있음을 강조했다. 전자가 포스트모더니즘을 자본에 의한 상품화와 사물화가 사회의 곳곳에 침투한 더욱 순수한 형태의 후기자본주의의 문화논리로 간주하고 있다면, 후자는 대

---

7) 부산의 급격한 공간적 변화로 인한 삶의 변화에 대해서는 김용규, 「스펙터클 이론으로 본 부산공간의 변화」, 『오늘의 문예비평』, 68호, 2008 (봄)을 참조.

량생산이라는 규모의 경제를 추구하던 포디즘적 생산체제에서 고도로 전문화되고 소규모적 시장개척과 제품 혁신을 근간으로 한 포스트포디즘적 유연적 생산체제로의 전환이 낳은 문화적 현상으로 보고 있다.8) 두 사람은 포스트모더니즘이 자본주의적 현실의 변화에 대한 인식과 분석을 차단하고 차이와 다양성만을 물신화하는 점에 대해서는 매우 비판적이지만 이 두 가지 현상이 서로 별개가 아님을 강조한다. 사실 포스트모더니즘에서 말하는 '로컬'의 의미와 자본주의적 축적구조와 공간적 재구조화의 과정으로 인해 생겨난 '로컬'의 의미는 서로 별개일 수 없다. 논의의 차원에서 이 둘을 구분할 수는 있지만 영역 자체가 다른 것으로 분리할 경우, 얻는 것보다 잃는 것이 더 많을 수도 있다. 다시 말해, 공간적 재구조화의 과정 못지않게 문화적 현상과 가치들이 로컬리티와 로컬적인 것에 끼치는 영향들을 로컬리티 연구에서 배제할 가능성이 있기 때문이다. 문화적 가치의 영향이 제외됨으로써 정치경제적 변화와 공간적 재구조화 과정, 그리고 문화적 변동 간의 상호작용이 복합적으로 사고되지 못할 경우, 로컬리티 연구가 추구하고자 하는 통합적이고 횡단적인 사고는 제약당하게 되고 또 하나의 전문화된 연구로 전락하고 말 것이다. 근대적인 가치이든 포스트모던적 가치이든, 문화적 가치와 이데올로기는 정치경제적 변화와 공간적 재구조화와 따로 작동하는 것으로 볼 수 없다는 점에서 그러한 관계에 대한 연구는 로컬리티 연구에서 간과될 수 없다. 그러므로 로컬리티에 대한 매씨의 정의는 보다 확장될 필요가 있다. 즉 로컬리티를 "공-현존의 상황 속에서 구체적인 사회관계와 사회과정들로부터 생겨난 구성물"이라고 정의한다면, 거기에는 문화적·이데올로기적 가치들이 추가

---

8) F. Jameson, *Postmodernism or, The Cultural Logic of Late Capitalism*, Durham : Duke University Press, 1991과 D. Harvey, *The Condition of Postmodernity*, Oxford : Basil Blackwell, 1989 참조.

되어 "공-현존의 상황 속에서 구체적인 사회관계들과 사회과정들과 문화적 가치들 간의 상호작용으로부터 생겨난 구성물"로 다시 정의될 필요가 있다.9)

둘째, 로컬리티 연구에서 문화적 가치를 배제하는 것은 결코 가벼운 문제가 될 수 없다. 로컬리티가 모순과 갈등의 공간이라면, 그곳은 레이먼드 윌리엄스(Raymond Williams)가 말한 바 있듯이, 지배적 가치, 부상하는 가치, 잔존하는 가치들이 헤게모니를 장악하기 위해 서로 경쟁하고 경합하는 공간으로 보아야 한다. 이런 관점에서 볼 때, 이 공간에서는 로컬리티에 대한 인식적이고 비판적인 차원의 질문들, 즉 현재 로컬리티에 대한 인식은 누구의 시각에 의해 이루어지고 있는가, 역사적으로 볼 때 그동안 로컬적인 것과 로컬문화는 누구의 관점에서 담론적으로 구성되어 왔는가, 로컬리티의 새로운 구성과 비판적 로컬리티 연구를 위해서 어떤 주체위치가 필요한가 하는 질문들이 제기될 수 있다. 이런 논의들이 로컬리티 연구에서 제외될 경우 로컬리티 연구의 범위와 깊이는 극히 제한적일 수밖에 없다. 특히 이런 논의의 제외는 자신도 인식하지 못한 채 자신의 논의를 보편화하는, 즉 특수한 논의를 보편화하는 유럽중심주의적인 시각에 빠져버릴 가능성 또한 없지 않다. 이런 측면은 로컬리티 연구를 비서구나 제3세계의 담론장으로 옮겨놓을 경우 곧바로 드러난다. 비서구나 제3세계에서의 로컬리티 연구는 사회적 관계와 사회적 과정 간의 상호작용에서 생겨난 구성물이라는 관점에서 탐구될 수도 있지만, 그 내부에는 발전과 진보라는 서구적 근대성의 가치와 그에 근거한 개발주의 이데올로기의 논리가 철저하게 스며들어 있다고 해도 지나친 말이 아니다. 서구적 근대성의 가치와 논리들은 제3세계와 비서구의 문화 속에 마치 식민적 무의식처

---

9) 매씨가 문화적 가치와 철학적 가치를 배제하는 것은 결코 아니다. 하지만 이 글에서의 논의는 그런 부분을 되도록 배제하려는 경향을 보인다.

럼 하나의 이상적 모델로 자리잡고 있다. 따라서 비서구와 주변부에서의 로컬리티 연구에서는 이런 문화적 가치에 대한 철저한 비판과 탐구가 매우 절실하며, 이 비판은 사회적 관계와 사회적 과정의 상호작용에 대한 적절한 인식에도 필수적인 과제가 될 것이다.

실제적으로 로컬리티 연구가 세계적으로 중요한 쟁점으로 등장한 이유 중의 하나는 포스트모더니즘이나 제1세계 내부의 산업구조의 변화와 공간적 재구화의 과정이라는 계기뿐만 아니라, 80년대 이후 서구적 근대성의 한계들을 노출시킨 일련의 역사적 사건들의 출현과 관련이 깊다. 현실사회주의의 붕괴와 전지구적 자본주의의 등장 그리고 동아시아 국가들의 부상과 같은 80년대 이후의 세계적인 변화들은 발전과 진보에 근거한 서구적 근대성 모델의 한계를 드러냈다. 현실사회주의의 붕괴는 현실사회주의 자체가 더욱 냉혹한 근대 이데올로기의 한 형태였음을 드러냈고, 현실사회주의에서 근대 자본주의에 대한 대안을 찾았던 지식인들의 환상을 깨는 계기가 되었다. 동아시아 국가들의 부상은 서구적 근대성에 도전하고 동아시아 내부에서 발전의 가치들을 찾는 계기를 마련했는데, 이런 시도는 근대 자본주의의 이데올로기로부터 벗어나지 못하는 한계를 갖지만 서구적 근대성의 모델을 상대화하고 그것이 유일한 근대성 모델이 아님을 분명하게 했다. 특히 근대적 자본주의가 전지구적 자본주의로 확대되면서 초국적 세계분업구조와 새로운 형태의 근대적/식민적 세계체제가 형성되면서 세계가 진보와 발전으로 나아가는 포스트식민의 세계가 아니라 오히려 ‘강화된 식민주의(intensified colonialism)’[10]를 양산하면서 전세계 곳곳에 새로운 형태의 남북문제를 구조화하고 있다. 그에 따라 중심부 내부에서뿐만 아

---

10) M. Miyoshi, "A Borderless World? From Colonialism to Transnationalism and the Decline of the Nation-State", *Global/Local*, Durham : Duke University Press, 1996, p.97.

니라 주변부에서도 서구적 근대성과 유럽중심주의적 문화가치에 대한 도전들이 본격적으로 제기되고 있다. 이런 변화들은 서구적 근대성이 암암리에 전제하고 있던 발전과 진보의 유럽중심주의적 근대성의 한계를 노정하고 근대성 자체에 대한 발본적 재인식을 촉구하고 있다. 이런 반성들이 비서구와 주변부에서의 로컬리티 연구에 중요한 영향을 끼쳤다고 볼 수 있으며, 포스트모더니즘 또한, 비록 그것이 중심부 내부에서의 근대성에 대한 반성, 즉 '근대성에 대한 유럽중심적인 비판'이라는 한계를 갖지만, 로컬리티 연구와 분리될 수는 없다.

로컬리티 연구가 부상하게 된 또 다른 이유이자 보다 직접적 이유는 이런 일련의 변화들 속에서 자본의 전지구화와 기업의 초국적화가 전통적으로 전지구적 변화와 로컬 영역 사이에 완충적 역할을 담당해온 민족국가의 기능에 중대한 변화를 초래했고, 그 결과 전지구적인 것—민족적인 것—로컬적인 것 간의 관계가 새롭게 구성되고 있기 때문이다. 즉 민족국가의 역할이 쇠퇴하고 그 기능이 변하면서 전지구적인 것과 로컬적인 것이 직접적으로 대면하게 된 것, 그로 인해 전지구적인 것이 로컬 내부에 변화를 초래하는 주요계기로 등장한 것이 로컬리티 연구의 핵심적 근거가 되고 있는 것이다.

본 연구는 로컬리티 연구 자체가 국내에서는 아직 생소한 주제이고 깊이 있는 논의 자체를 찾아보기 힘든 상황이기 때문에 특정 논제를 깊이 있게 논하기보다는 로컬리티 연구의 일반적 가능성을 살펴보고, 비판적 로컬리티 연구의 조건들을 이론적으로 살펴보는 데 목적을 두고자 한다. 이를 위해 다음 장에서는 우선 로컬리티와 로컬문화가 역사적이고 문화적으로 구성되어온 과정을 비판적으로 검토하고, 그 다음으로는 로컬리티 연구가 비판적 의미를 갖기 위해서는 그동안 로컬리티와 로컬문화를 규정지어온 지역학(area studies)에 대한 비판이 필수적인 바 이에 대한 비판을 시도할 것이며, 마지막으로 하나의 시론으로 비판적 로컬리티 연구의 방향을 제안해보고자 한다.

2. 재편과정 속에 있는 로컬과 로컬리티

로컬과 로컬리티 개념은 매씨의 지적처럼 구체적 현실이나 경험적 실체를 곧장 지시하지는 않는다. 지도가 구체적 현실을 반영하거나 가리키는 것이 아니라 지도제작자가 속한 사회와 집단의 현실적 인식과 욕망을 반영하듯이, 로컬리티 개념 또한 구체적 현실을 지칭하는 경험적 용어라기보다도 그 현실 내부의 사회적 관계 및 과정을 둘러싼 제도적·담론적 구성물이라는 이론적 차원에서 사고되어야 할 개념이다.[11] 그렇다면 우리가 주목해야 할 것은 로컬적인 것과 로컬리티가 누구(언표주체)에 의해 어떤 방식(언표전략)으로 로컬리티의 담론들이 생산되는가(언표화), 즉 그것은 어떤 전략에 의해 형성된 담론구성물인가 하는 점이다. 푸코에 따르면 구체적이고 살아있는 현실이란 담론적 구성의 효과(discourse-effect)에 다름 아니다.[12] 이 지적은 현실 자체를 부정하는 것이 아니라 현실의 구체성조차 바로 담론을 통해 구성되고

---

11) 로컬리티와 로컬적인 것이 구체적 현실이나 경험적 실체가 아니라 이론적 개념임을 강조하는 글로는 J. Urry, *Consuming Places*, London & New York : Routledge, 1995, p.71 참조.

12) 이는 푸코의 담론 개념에 근거하는 것이다. 푸코는 담론과 진리의 관계, 특히 언표의 결합구조와 담론의 형성 및 변형을 포괄하는 고문서(archive)를 탐구하는 작업을 고고학이라 불렀다. 고고학은 하나의 담론이 무엇으로 구성되어 있고 어떻게 구성되어 있는가, 그리고 어떻게 특정한 진리(의 효과)를 생산하는가, 그 전략은 무엇인가, 나아가서 특정 담론이 다른 담론들과 서로 어떻게 관계 맺고 있는가 하는 문제를 집중적으로 살펴본다. 여기서 담론이란 '언표들(statements)'들 간의 체계적인 관계, 즉 담론은 언표들을 생산하고 조직하고 분배하는, 일종의 씌어지지 않은 규칙들의 체계로 정의될 수 있다. 이정우, 『담론의 공간』, 서울 : 민음사, 1999 참조.

설명된다는 의미로 해석될 필요가 있다. 담론으로서의 로컬리티가 현실정치의 차원보다 문화정치학의 차원에 속하는 이유는 바로 로컬리티가 특정한 사회적 관계와 과정을 둘러싸고 언표적 주체와 전략들이 복합적으로 얽혀있는 담론적·제도적 장을 통해 구성되기 때문이다.

로컬리티 연구에 대한 반성 또한 이런 인식과 분리할 수 없다. 우선 담론적 차원에서 반성이란 무엇을 뜻하는가? 담론적 차원에서의 반성이란 특정한 현실적 과정과 관계를 두고 언표주체가 자신이 서있는 언표행위의 위치를 비판적으로 성찰하는 작업을 뜻한다. 다시 말해, 현재의 담론에서 언표행위의 주체는 누구인가, 그 주체는 어떻게 언표화의 전략을 전개하고 담론을 생산해왔는가, 그리고 그 주체는 자신의 언표행위에 대하여 얼마나 성찰적인가 등의 질문들을 제기하는 작업을 의미한다. 이를 로컬리티의 담론에 적용해보면, 근대성 속에서 로컬리티 담론의 언표행위는 어떤 식으로 구성되어 왔는가, 그리고 그 구성을 주도해온 언표주체는 누구였는가를 질문해볼 수 있다. 근대 들어 비서구 내지 주변부 로컬리티 담론의 언표주체는 그 로컬리티 담론의 내부보다는 외부에 있었다고 할 수 있다. 그동안 이들 지역에서 로컬리티 담론의 실질적 주체는 로컬 주체와 그들의 가치였다기보다는 계몽과 합리성이라는 서구적 근대성과 그에 근거한 발전론적 모델과 같은 외재적 기준과 척도였던 것이다.[13] 이들 가치들과 모델은 근대성 속의 모든 로컬 지역과 로컬리티 담론들에 강요된 거의 초월적 가치나 다름없었다.

이런 시각은 근대 민족국가를 바라보는 데 중대한 수정을 가하고 있다. 근대사회에서 그런 가치의 직접적 전달자이자 매개체가 민족국가

---

13) 서구의 역사이론이 진보적이든 보수적이든 간에 목적론적 역사주의에 근거할 수밖에 없다는 지적에 대해서는 Robert J.C. Young, *White Mythologies*, London & New York : Routledge, 2004를 참조.

였다는 점에서 로컬과 로컬리티 담론은 일차적으로 민족국가와 민족 담론과 따로 떼어서 인식하기란 거의 불가능하다. 사실 민족국가는 서구 국가이든 비서구 국가이든 서구적 근대성과 그 가치들을 자신의 영토 내에서 실현하고자 했기 때문에 로컬이 서구적 근대성과 그 발전 모델과 직접적으로 대면하게 되는 것은 주로 민족국가를 통해서였다. 그러므로 로컬리티와 로컬문화를 분석하기 위해서는 근대적 이데올로기와 그 실현장치인 민족국가의 역할에 대한 반성이 필요하다.

최근 들어 민족국가와 민족주의의 역할에 대한 연구들이 대거 쏟아지고 있다. 민족국가와 민족 정체성이 자체적인 본질을 구현하기보다는 외부의 특정한 역사적 계기 때문에 구성된 것이라는 '상상적 공동체(imagined community)'로서의 민족 개념에 대한 베네딕트 앤더슨(Benedict Anderson)의 선구적 연구를 필두로, 식민지에서 포스트식민국가로의 전환과정에서 민족 엘리트들이 다양한 하위집단들(subalterns)의 목소리를 억압해가면서 민족국가를 건설해간 과정을 분석한 포스트식민 연구들, 그리고 여성을 민족적 주체에서 배제하거나 이용해온 과정에 대한 포스트식민 페미니즘 연구 등과 같은 새로운 시각처럼 근대 민족국가와 그 이데올로기의 역할에 대한 연구들이 계속 출간됨으로써 민족과 인종, 성, 계급 간의 관계를 새롭게 인식할 수 있는 계기들이 마련되고 있다. 로컬리티와 로컬에 대한 반성도 이런 연구들과의 연장선상에서 제기될 필요가 있다. 민족을 바라보는 문제는 각 민족이 처한 역사적 경험에 따라 다르고 일반화하기 곤란한 측면이 있다. 특히 서구의 민족담론에 대한 논의를 근거로 제3세계나 주변부에서 민족과 민족주의가 수행한 역할과 기능을 일방적으로 판단하는 오류는 피해야 한다. 근대 역사에서 민족의 위상조차 가질 수 없었던 주변부나 제3세계에서 민족국가를 형성하는 것 외에 다른 대안이 없는 경우가 허다했다. 특히 민족국가와 민족주의의 부정적인 성격이나 그 구성적 측면을 지나치게 강조하는 것은 민족과 민족주의가 근대세계에서 가졌던 긍정적이고 진보적인 역할을 무조건 폄하할 가능성이 있다. 그렇다고 하더라도 우리가 급진적인 민족해체론자가 아닌 한, 민족국가와 그 이데올로기가 낳은 결과에 대한 비판과 평가는 향후 민족국가의 건설적 역할을 사고하는 데도 중요한 의미를 가질 수 있다. 민족국가가 근대의 역사적 산물임에도 불구하고 그것이 마치 자연적 실체로 여겨져 회의의 대상이 될 수 없었던 것은 역설적이지만 사후적으로 구성된 민족정체성을 근거로 그 내부의 사람들을 '민족적 주체'로 호명한 이데올로기적 결과라고 할 수 있다. 롤랑 바르트(Roland Barthes)는 코드들의 결합을 은폐하고 자연화하는 과정을 '신화(myth)'로 정의한 바 있는데, 민족은 근대의 다양한 코드들(인종, 역사, 정신, 정체성, 기억 등과 같은 독립적 코드들)의 인위적 결합을 숨기고 자연화한 신화(민족사, 민족정신, 민족정체성)라고 할 수 있다. 근대성 속에 존재한다는 것은 곧 민족적 주체로 존재한다는 것을 의미한다. 이런 닫힌 순환의 틀 밖에서 그 구성의 인위성을 깨달을 수 있는 반성적 공간을 마련하는 것은 민족적 주체에게 쉽지 않은 일이었다. 따라서 민족과 민족국가의 억압적이고 구성적인 기능에 초점을 두는 것은 민족신화와 민족 이데올로기의 환상을 비판하고 민족적 주체형식에 대한 반성을 위해서 필수적이라고 할 수 있다.

민족국가의 통합이 폭력적으로 진행되고 민족주의가 강력하게 작동한 시스템일수록 로컬 및 로컬리티 담론에 대한 인식은 제대로 제기될 수 없었다. 가령 한국의 경우, 박정희 시대와 같이 국민총동원의 시스템을 통해 대중을 '국민화'하는 폭압적 과정이 실시된 곳에서는 로컬이나 로컬리티 문제는 인식은커녕 제기조차 될 수 없었다. 하지만 정도의 차이만 있을 뿐 거의 모든 민족국가에서 로컬과 로컬리티에 대한 통제와 억압은 필수적이었다. 르페브르는 『공간의 생산(*The Production of*

Space)』에서 로컬 공간의 문제를 근대 민족국가의 역할과 관련해서 이해할 만한 주요 단서들을 제시한다. 그는 근대 민족국가는 "하나의 공간, 즉 민족국가의 공간을 생산했다"고 말하면서 그 공간생산의 결정적 조건으로 시장(market)과 국가적 폭력(violence)을 든다.

공간과 관련해서 볼 때, 민족은 두 가지 계기 혹은 조건을 갖는 것으로 볼 수 있다. 첫째, 민족성은 다양한 역사적 시기에 걸쳐 점진적으로 확립된 시장(market)의 존재를 내포한다. 그런 시장은 상업적 관계와 의사소통 네트워크들의 복합적 총합이다. 그 시장은 로컬이나 지역적 시장들을 국가적 시장에 예속시키는 한편 다양한 층위들의 위계질서를 갖는다. 하나의 국가적 시장이 갖는 사회적, 경제적, 정치적 발전의 성격은, 작은 도시가 기존의 농업적이고 시골적이며 봉건적인 토대 위에서 성장한 곳과 비교했을 때 아주 일찍부터 도시가 시골을 지배하게 된 장소에서는 다소 차이가 있다. 하지만 그 결과는 모든 곳에서 거의 동일한 특징을 띠었는데, 중심들(대부분 상업적 중심들뿐만 아니라 종교적 중심이나 '문화적' 중심 등등)의 위계질서와 핵심적 중심—즉 국가적 시장—으로 구성된 중심적 공간(focused space)이 그것이다.14)

시장이 로컬 시장들을 국가적 시장에 예속시키고 시장의 위계질서를, 다시 말해 국가자본(national capital)과 지역들 간의 불균형에 근거한 중심적 공간을 구축한다면, 민족성이 내포하는 두 번째 조건인 폭력은 그런 시장을 유지하고 관리하기 위한 정치권력을 구성한다.

둘째, 민족성은 폭력—봉건적이든, 부르주아적이든, 제국주의적이든, 혹은 어떤 다른 형태이든, 군사적 국가의 폭력—을 함축한다. 즉 그것

---

14) H. Lefebvre, *The Production of Space*, trans. D. Nicholson-Smith, Oxford : Blackwell, 1991, pp.111~112.

은 시장의 법규를 유지하고 촉진하기 위해 시장의 자원이나 생산력의
성장을 통제하고 이용하는 정치권력을 함축한다.[15]

르페브르의 이런 주장은 앤소니 기든스(Anthony Giddens)의 『민족국
가와 폭력(*The Nation-State and Violence*)』에서 보다 확대 발전된 모습으로
나타난다. 기든스는 근대 민족국가는 이전에 존재하던 다양한 폭력의
형태들을 독점하고 그 내부의 영토를 하나로 통합하는 단일한 행정체
제를 구축했다고 주장한다. 즉 민족국가는 교통수단과 통신수단의 발
달을 등에 업고 단일한 행정체제를 구축하기 위해 국가 내부의 인적·
물적 자원들에 대한 자료와 정보를 체계적으로 수집하고 정리하는 한
편, 법질서와 행정력을 동원하여 폭력을 국가 중심으로 일원화했다는
것이다. 여기서 기든스는 근대국가에서는 원시적인 형태의 폭력은 사
라졌지만 푸코가 말한 훈육과 감시체제를 기반으로 한 훨씬 교묘한 국
가의 일상적 폭력형태들이 생겨나게 되었다고 말한다. 이런 주장은 로
컬과 로컬리티를 바라보는 매우 중요한 관점을 제공해준다. 즉 국가는
국가의 재정운영의 통일성을 위해 조세와 금융부문의 자료를 수집하
고 체계화하고, 국내질서를 유지하기 위하여 중앙행정을 총괄하는 구
조를 구축했는데, 이것이 지역을 철저히 중앙의 통제 하에 두게 만들
었다.[16] 제임스 퍼거슨(James Ferguson)과 악힐 굽타(Akhil Gupta)는 이런
민족국가의 통합과정을 공간적 이미지로, 즉 수직성(verticality)과 포위
성(encompassment)으로 설명한다.

수직성은 시민사회, 공동체, 그리고 가족의 '상위(above)'에 존재하는

---

15) H. Lefebvre, *ibid.*, p.112.

16) A. Giddens, *The Nation-State and Violence*, Berkeley & Los Angeles : University of
California Press, 1987, pp.172~191.

제도로서의 국가라는 중심적이고 지배적인 개념을 지칭한다. 그래서 국가계획은 본질적으로 상명하달식(top down)이고 국가의 조치는 '상위로부터' 조작하고 계획하려는 노력인 반면, '일반 사람들'은 '아래'에 있고 땅에 가깝고 더 진정하고 더 '뿌리깊다'는 점에서 국가와 대조적이다. 두 번째 이미지는 포위성의 이미지이다. 여기서 국가(개념적으로 민족과 통합된다)는 가족과 지역공동체에서 시작하여 민족국가의 체계와 더불어 완성되는, 계속적으로 넓어져가는 원환들의 계열 내에 위치한다. 이는 단계(scale), 즉 작은 로컬리티(locality)는 넓은 지역(region)에 의해 포위되고, 큰 지역은 민족국가에 의해 포위되며, 민족국가는 국제공동체에 의해 포위되는 단계들에 대한 깊은 이해를 담고 있다. 이 두 가지 메타포가 결합 작동하여 상위에 정착되자 로컬리티, 지역, 공동체를 포함하는 국가에 대한 당연한 공간적·단계적 이미지를 생산하게 된다.17)

"어떠한 로컬의 사회적·경제적 구조도 더 넓은 국가적이고 국제적인 공간적 노동분화 내에서의 연속적인 역할들이 결합된 복합적 결과"18)이듯이, 로컬리티와 로컬문화에 대한 연구 역시 그런 복합적 결과로서 생산된다. 하지만 문화 영역은 좀 더 복잡할 수 있다. 문화적 과정의 시간과 사회경제적 과정의 시간은 서로 중첩되어 있지만 서로 다른 시간성들을 갖기 때문이다―이 시간성들을 동일한 것으로 보는 것은 경제에 의해 모든 시간들이 결정된다고 보는 경제주의적이고 환원주의적 입장이다. 문화적 시간은 경제적 시간에 의해 제약되지만 정치와 경제의 시간이 끝난 뒤에도 지속되는 경향이 있을 뿐만 아니라

---

17) J. Ferguson & A. Gupta, "Spatializing States : Toward an Ethnography of Neoliberal Governmentality", ed. Jonathan X. Inda, *Anthropologies of Modernity*, Oxford : Blackwell, 2005, p.106.
18) J. Urry, *ibid.*, p.70.

간혹 의식의 차원을 넘어 무의식 속으로 내면화되어 하나의 아비투스
로 결정화되는 경향이 있다. 무엇보다도 근대 민족국가 내부에서 민족
주의와 민족문화는 대부분 지배적·중심적 문화이기 때문에 그것들이
로컬문화와 맺는 관계는 보다 복잡한 메커니즘에 따라 형성되는 경향
이 있다. 우선 민족주의와 민족문화는 "그 자체 근대화의 산물로서 자
신의 영역 내에 있는 로컬사회들을 동질화하고 그런 로컬적 만남들과
그 만남들이 함축하는 '이질성'을 억압"하는 기능을 담당한다. 베네딕
트 앤더슨이 말하는 '상상된 공동체'로서의 민족이란 모든 지역적 시
간과 이질적 시간들을 동질화하는, 즉 발터 벤야민(Walter Benjamin)이
말하는 '동질적이고 공허한' 시간을 전제로 한다.[19] 이 시간 속에는 로
컬의 시간과 기억은 민족적 시간 속으로 통합될 뿐 아니라 민족적 시
간의 일부로 기억될 뿐이다. 민족을 상상하는 데 신문이나 소설 같은
인쇄자본주의가 결정적 기여를 했다는 앤더슨의 지적을 바꿔 말하면,
그것은 민족문화의 시간이 로컬 시간을 동질화하고 로컬문화를 흡
수·통합했음을 의미하는 것이다. 하지만 앤더슨을 비롯하여 최근의
민족주의 이론이 제대로 살피지 못하는 것은 '동질화에 근거한 로컬리
티와 로컬문화의 통합'에만 집중하다보니 로컬문화가 그 과정에서 독
특하게 재배치되는 현상에는 주목하지 않는 경향이 있는 점이다. 근대
민족문화가 민족 내부의 중심적·지배적 문화임을 감안할 때, 로컬리
티와 로컬문화가 근대적 민족문화 속으로 동질화되고 통합된다는 것
은 로컬문화의 소멸이 아니라 그것의 새로운 재배치를 의미한다. 다시
말해, 중심과 주변의 이분법적 논리에 따라 로컬리티와 로컬문화 중에
대부분의 문화가 주변부 문화로 구성됨으로써 '주변'으로 귀속되거나
'시골'로 정형화된다.[20] 민족문화로의 통합이 문제인 것은 바로 후자의

---

19) B. Anderson, *Imagined Communities : Reflections on the Origin and Spread of Nationalism*, London : Verso, 1991, p.24.

과정이 제대로 인식되지 않는 점이다. 근대 민족국가들이 서구적 근대성의 개발 모델에 근거한다면, 근대문화 속에서 로컬리티와 로컬문화는 그러한 모델에 근거한 식민화의 전략이 전개되고 중심의 논리가 내면화되는 일차적 공간이 된다. 그 결과 로컬문화와 로컬리티 내에는 중심과 주변, 도시와 시골, 문명과 미개와 같은 가치들의 이분법이 지속적으로 재생산된다.

> 모든 문화 체계에서 중심-주변 간의 관계는 상부-하부 관계라는 보충적인 가치론적 특징을 획득한다. 따라서 기호학적 유형의 체계는 역동성의 측면에서 항상 상부-하부, 가치 있는 것-가치 없는 것, 존재하는 것-존재하지 않는 것, 기술될 수 있는 것-기술될 가치가 없는 것 등의 교체 현상을 동반하게 된다.[21]

로컬리티와 로컬문화는 근대성 속에서 '주변성'—중심의 주변화 전략에 의해 구성된 주변성에서 로컬리티의 비판적 의미를 즉각적으로 추론하는 것은 주의가 필요하며, 중심의 주변화 전략에 의해 구성된 주변성과 로컬리티가 자신의 주변성을 비판적으로 인식하고 구성해낸 주변화의 전략은 구분될 필요가 있다—을 마치 영원한 낙인처럼 자신의 체제 속에 각인할 수밖에 없다. 그러므로 로컬은 "진보에서 낙오된 후진성의 장, 도시와 산업적 자본주의 문명의 역동성과는 대립적인 시골적 정체성의 장, 보편적 과학적 합리성에 대립되는 특수주의적 문화

---

20) 스튜어트 홀은 영국민족성의 구성과정을 이와 비슷한 논리로 정식화한다. Stuart Hall, "The Local and the Global : Globalization and Ethnicity", ed. Anthony D. King, *Culture, Globalization and the World-System*, Minneapolis : University of Minnesota Press, 1997, p.23.

21) 유리 로트만, 김수환 옮김, 『기호계 : 문화연구와 문화기호학』, 서울 : 문학과 지성사, 2008, 198쪽.

의 영역, 마지막으로 정치적 근대성의 형식인 민족국가의 완전한 실현의 장애"[22]로 인식된다. 즉 로컬리티는 근대성 속에서 중심과의 대칭적 관계 속에 놓이게 되면서 항상 중심에 미달하는 주변으로 폄하되는 것이다. 그 결과 '인간은 태어나면 서울로 보낸다'는 말이 상징하듯이 이념적으로도 "문명과 발전을 정치적·사회적·문화적 동질화와 동일시하고 일반성과 보편성을 위하여 로컬의 억압을 정당화하는 역사적 의식"이 민족적 주체의 무의식 속에 심어지게 된다.

이런 시각에서 볼 때, 오늘날 로컬리티와 로컬문화를 강조하는 것 자체는, 그것이 중심부의 지배논리를 거부하고 민족문화의 이념적 억압과 논리를 비판적으로 반성하기 위한 것이라는 점에서 중요한 의의가 있다. 로컬 사람들에게는 로컬 현실에서의 삶(현실)과 그 현실에 대한 담론적 논리(이론)가 철저히 분리된 채 따로 작동해왔다. 그러므로 로컬 사회 내부에는 로컬 현실과 로컬리티에 대한 담론 간의 모순과 분열이 태생적으로 자리잡고 있다. 로컬의 진보적 지식인들조차 로컬 현실의 왜곡된 삶을 바로잡기보다 중심부 문화를 지향하는, 즉 주변과 중심 간의 왜곡된 구조와 로컬의 소외된 삶을 재생산하는 경향을 보인다. 그러므로 '로컬'을 '지방'으로 번역하는 데는 주의가 필요하다. '로컬'을 '지방'으로 번역할 때 자신도 모른 채 그런 분열을 수용하고, 나아가 중심에 의해 구성된 주변성의 논리를 받아들일 수 있기 때문이다. 그런 의미에서 로컬리티를 강조하는 것은 로컬의 지식인들에게 지역적 삶과 로컬리티 담론 간의 분열을 바로 잡고자 하는 실천적 행위라고 할 수 있다.

그러다보니 로컬리티와 주변성의 가치들이 곧바로 진보적이고 비판적인 가치와 동일시되는 경향이 생겨난다. 로컬 자본이 중심부 자본이

---

22) A. Dirlik, "The Global in the Local", eds. R. Wilson & W. Dissanayake, *Global/Local*, Durham : Duke University Press, 1996, p.23.

나 전지구적 자본에 대항한다고 해서 무조건 진보적이라고 평가할 수 없듯이, 로컬리티와 주변성 그 자체를 진보적이고 급진적인 가치와 동질적인 것으로 취급하는 것은 문제가 있다. 일반적으로 차이의 정치학(the politics of difference)을 강조하는 포스트모더니즘이나 포스트식민주의의 이론가들은 로컬리티와 주변성을 상황과 맥락에 따라 다양한 의미를 갖는 개념이라기보다는 그 자체 비판적이고 전복적인 가치로 간주하려는 경향이 있다. 로컬 현실이 중심에 의한 통합과 배제의 대상이고 로컬 주체들의 분열된 의식이 무의식 속에까지 정착될 때, 로컬리티와 로컬문화의 자율성을 강조하는 것은 분명 긍정적인 의미를 갖는다. 하지만 로컬리티와 주변성이 로컬 주체들에 의해 중심의 논리를 비판하기 위한 가치로 구성되기 이전에 항상-이미(always already) 긍정적이고 진보적인 가치인지는 의문이다. 왜냐하면 근대 민족국가 하에서 로컬리티가 가질 수밖에 없는 질곡으로서의 주변성과 이들이 강조하는 비판적이고 진보적인 가치로 구성된 주변성 간의 구분이 불분명하기 때문이다. 앞서도 지적했듯이 로컬 현실보다 로컬리티 담론과 그 변화의 구조를 집중적으로 분석하는 한편, 로컬리티와 로컬적인 것만을 따로 분리하여 적극적 가치로 격상시키기보다는 로컬리티 담론 속에서 로컬리티의 모순적 변화와 배치의 구조를 탐구하는 작업이 훨씬 더 생산적이다. 사실 로컬리티의 관점에서 볼 때, 근대 민족국가의 논리가 중심과 주변 간의 차별적 대립을 통해 작동한다고 할 때 그 논리는 로컬과 로컬리티 내부에서 훨씬 더 격렬하게 되풀이될 수도 있다. 그러므로 우리가 질문해야 할 것은 오늘날 로컬리티를 주장하는 숱한 논리들 내에 모순적이고 상충적인 갈등들이 존재하고 있지 않은지, 그리고 단일하고 동질적인 로컬적 주체가 존재하는 것이 아니라 이질적이고 다양한 로컬적 '주체들'이 존재하는 것이 아닌지, 나아가 그 중 특정 주체들이 자신들의 이익을 위해 다른 주체들을 배제한 채 로컬을 새로운 방식으로 전유하고 있지 않은지 하는 점이다. 이런 질문은 로컬리티를 비판적 가치로 구성하기에 앞서 로컬리티에 대한 비판적 분석이 선행되어야 하는 이유를 잘 보여준다. 비판적 분석만이 로컬리티와 로컬 내부의 주체들에게 자신들의 주체적 언표위치를 돌려줄 수 있다. 역설적인 것은 중심의 주변화 전략에 의해 구성된 주변성에는 로컬주체의 언표위치가 존재하지 않는다는 사실이다. 그 주변성의 지배적인 언표위치는 결국 중심의 지배논리의 목소리이다. 가장 급진적인 민중운동에서조차 지역운동들은 중앙의 지배운동의 논리 속으로 통합되거나 그 논리를 통해 대리적으로 기억되고 있다. 바로 이 때문에 굳이 중심의 주변화 전략에 의해 구성된 주변성과 자신의 언표위치를 정확히 인식하는 비판적 주변화의 전략은 구분될 필요가 있다.

특히 로컬리티와 주변성을 곧장 긍정적 가치로 간주할 수 없는 것은 오늘날 로컬리티 담론을 규정하는 새로운 계기들이 등장하고 있기 때문이다. 로컬리티 개념이 국가와 민족문화의 주변화 전략의 논리에 맞서 비판적이고 주체적인 인식을 확보하기도 전에 로컬은 민족국가보다 훨씬 더 추상적인 힘 앞에, 그동안의 중심보다 더 유연하고 복합적인 권력과 대면해야 할 처지에 놓여있다. 자본의 전지구화와 기업의 초국적화가 그것이다. 오늘날 자본의 전지구화는 로컬과 로컬리티에 영향을 끼치는 데 있어 민족국가를 넘어서는 결정적 요인으로 등장하고 있다. 따라서 자본의 전지구화와 더불어 로컬 문화와 로컬리티를 둘러싼 담론적·제도적 장의 구조가 급격히 변하고 있다.

자본의 전지구화나 문화의 세계화를 주장하는 이론가들이 이구동성으로 말하는 사실 중의 하나는 전지구적 자본주의 하에서 민족국가의 역할이 약화되거나 그 기능의 조정이 발생하고 있다는 것이다. 일부 논자들이 오늘날의 민족주의와 인종주의의 과도한 폭력형태를 지적하면서 민족국가의 기능이 약화될 것이라는 예상은 환상이라고 비판하지만, 이런 주장은 민족국가의 약화가 갖는 실질적 의미를 오해한 데서 비롯한다. 민족국가가 더 폭력적으로 변해가거나 더 배타적인 민족성에 의존하는 것은 민족국가와 민족주의의 강화가 아니라 민족국가의 약화를 알리는 징후들이다. 민족국가가 점차 폭력적인 형태를 띠어 간다는 것은 대중에 대한 설득과 동의에 근거한 민족국가의 통합적인 기능이 약화되고 있음을 방증하는 것이고, 편협한 민족주의가 강화된다는 것은 대중들이 자본의 전지구화에 대한 반발로서 보다 폐쇄적이고 무기력한 근본주의적 이념에 매달리고 있음을 보여주는 징후에 지나지 않는다.

마사오 미요시(Masao Miyoshi)는 국가를 초월하는 초국적 기업의 지배가 이미 민족국가의 차원을 뛰어넘어, 그리고 민족문화에 아랑곳 하지 않으면서 독자적 문화를 형성해가고 있다고 주장한다. 그는 "기원국가로부터의 분리의 정도"에 따라서 다국적 기업과 초국적 기업을 구분하는데, 그에 따르면 다국적 기업(multinational corporation)이 다양한 나라들에서 활동하지만 핵심본부는 한 나라에 두고 있고, 핵심인력은 대부분 기원 국가의 국적을 가진 사람들로 구성되어 있으며, 비록 약화되고 있지만 기업적 충성심도 여전히 기원국가에 두고 있는 데 반해, 초국적 기업(transnational corporation)은 기원국가로부터 이탈하여 유동적이면서 이익이 있는 곳이라면 어디든 정착하고 어떠한 국가도 이용하려고 든다. 미요시는 오늘날 다국적 기업들은 국가장치(특히 군부)에 계속해서 의지함에도 불구하고 탈국적화와 초국적화를 통해 초국적 기업으로의 변신을 모색하고 있다고 주장한다.[23] 특히 놀라운 사실은 1986년 세계은행과 유엔자료에 따르면 120개국 중에서 64개 국가가 국민총생산량이 10억 달러 미만인 데 반해, 68개의 초국적 기업들의

---

23) M. Miyoshi, *ibid.*, pp.86~87.

연간 매출액이 10억 달러를 넘어섰고 세계의 가장 큰 100대 경제단위 중에서 50개 이상이 초국적 기업이라는 점이다.24) 나아가서 미요시는 이런 초국적 기업의 지배가 낳는 초국적 문화의 특징으로 다섯 가지를 예로 든다. 그것들을 정리하자면, 첫째, 초국적 기업의 존재가치는 최대의 이윤을 남기는 것이기 때문에 사람들의 복지는 안중에도 없는 점, 둘째, 민족문화로부터 벗어나 오락과 관광을 비롯한 강력한 소비주의에 근거한 새로운 초국적 계급문화가 형성되고 있는 점, 셋째, 시골에서 도시로, 도시에서 도시로, 한 국가에서 또 다른 국가로의 노동자들의 이주로 전지구적 인구통계학에 지각변동이 발생하고 있으며, 특히 이들 중 다수가 초국적 계급들과 달리 적절한 급료와 복지혜택을 전혀 받지 못한 채 대도시의 빈민으로 전락하고 있는 점, 넷째, 초국적 기업의 이동에 따라 국가가 속수무책일 정도로 로컬지역의 생태계가 파괴되고 있는 점, 마지막으로 대학문화가 초국적 기업문화에 대한 비판자가 아니라 오히려 협력자로 전락하고 있는 점이다.25) 이런 주장은 자본의 전지구화로 독자적인 초국적 계급문화가 형성되고 있으며 이들의 영향력은 이미 민족국가의 차원을 넘어서고 있음을 잘 보여준다.

이러한 전지구적 자본주의가 하나의 강력한 흐름을 형성할 때, 민족국가의 기능과 그 변화를 냉정히 인식하고 현재의 상황 속에서 그 기능을 어떻게 진보적 방향으로 전유할 것인지를 고민하지 않는다면, 민족국가의 기능에 대한 강화냐 약화냐 하는 논쟁은 무의미하다. 그런 논쟁 자체는 달보다 달을 가리키는 손가락을 비판하듯이, 전지구적 자본주의가 작동하는 방식과 그 의미를 간과할 수도 있는 것이다. 오늘날 민족국가의 기능은 초국적 경제조직과 기업문화뿐 아니라 국제적인 정치기구가 주도하는 권력관계 속으로 보다 실질적으로 통합되어

---

24) M. Miyoshi, *ibid.*, pp.88~89.
25) M. Miyoshi, *ibid.*, pp.93~96.

가고 있으며 그런 관계 속에서 새롭게 배치되고 있는 중이다. 그 결과 민족국가의 운신의 폭은 줄어들고 있고, 민족국가의 기능은 초국적 통치성(transnational governmentality)26)의 한 단위로 재조정되고 있는 것이다.

로컬리티의 관점에서 보면, 이런 현상은 그동안 로컬지역이 로컬문화와 로컬리티를 규정해왔던 민족국가의 지배논리(흡수와 배제의 주변화 논리)를 넘어서 전지구적 자본주의의 지배논리(새로운 형태의 차이와 통합의 주변화 논리) 속으로 재편되어가는 과정에 있음을 보여준다. 로컬리티와 주변성 그 자체를 긍정적이고 대안적인 가치로 평가하는 것이 근대 민족국가에서 로컬리티가 가질 수밖에 없었던 주변성과 혼동되는 경향이 있듯이, 오늘날 로컬리티를 지나치게 강조하기 어려운 것은 로컬리티 개념이 "전지구적으로 사고하고 지역적으로 행동하라"는 전지구적 지역주의를 표방하는 초국적 자본주의의 문화논리 속으로 흡수될 가능성이 농후하기 때문이다. 다시 말해, 민족국가가 지역을 국민화하였다면(지역의 국민화), 이제 초국적 자본은 지역을 지구화하려고 하는 것(지역의 지구화)이다.

이런 상황 속에서 로컬과 로컬리티의 담론은 이전보다 훨씬 더 격렬한 모순과 갈등의 장이 되고 있다. 아리프 딜릭(Arif Dirlik)에 따르면 로컬적인 것은 하나의 가능성이자 동시에 곤경의 장소이다. 로컬리티가 곤경인 이유는 그것의 가능성을 과도하게 강조할 경우 전지구적 자본이 로컬지역을 파편화하면서 그것을 자본 이윤의 대상으로 삼으려고 한다는 사실을 간과할 수 있기 때문이다. 오히려 전지구적 자본주의의 관점에서 볼 때, "로컬은 해방의 장이 아니라 조작의 장이다. 그것은 사람들이 자신들로부터 해방되어(다시 말해 자신들의 정체성을 박탈당

---

26) J. Ferguson & A. Gupta, *ibid.*, p.114.

한 채) 자본의 전지구적 문화 속으로(그에 따라 재구성된 정체성과 함께) 동질화되어 가는 장이다." 오늘날 이런 현실을 주도하는 것은 초국적 자본이고, 초국적 통치성의 한 단위로서의 민족국가이며, 그들의 지배논리가 지역의 전지구화 전략, 즉 전지구적 지역주의인 것이다. 전지구적 지역주의는 세계경제에 작용하는 동질화와 파편화의 동시적 작용을 포착하여 생산기지는 "민족 이하의 지역으로 로컬화하는 한편, 그 관리는 초국적 통제와 감독"27)의 시스템을 구축하는 데 기여하고자 한다.

이제까지 논의에서 우리는 로컬과 로컬리티가 특정한 가치로서 평가되기 이전에 동시대 사회의 다양한 모순들과 가치들이 갈등하고 경쟁하는 실천적·담론적 장임을 보여주었다. 더욱이 오늘날의 로컬은 근대적이고 민족적인 사고 속에서 이해되던 로컬리티 담론과 시각으로 이해하기에는 그 차원이 상당히 달라지고 있다. 포스트모더니즘과 포스트식민주의의 논리에 따라 로컬리티와 주변성 자체를 긍정적 가치로 간주하는 것은 주로 민족국가와 로컬 간의 관계라는 관점, 특히 식민과 제국 간의 문화적·정치적 억압관계가 포스트식민 시대에도 민족국가와 하위집단, 그리고 민족국가와 지역 사이의 관계에 어떤 식으로 재생산되는가를 고찰함으로써 얻은 성과라고 할 수 있지만, 전지구적 자본주의의 지배와 문화의 전지구화의 문제로 넘어오면 로컬리티와 주변성을 강조하는 포스트모더니즘과 포스트식민주의의 일부 논리는 한계를 갖게 된다. 차이와 타자성을 강조하는 포스트식민주의의 입장은 차이와 타자성이 처한 달라진 상황의 지반을 감안하지 않을 경우, 전지구적 지역주의 전략의 일환이 되거나 전지구적 자본의 논리 속으로 통합될 가능성 또한 없지 않다.28)

---

27) A. Dirlik, *ibid.*, p.31.

28) M. Hardt & A. Negri, *Empire*, Cambridge : Harvard University Press, 2000, p.138.

3. 지역학을 넘어 비판적 로컬리티 연구로

중심의 주변화 전략에 의해 구성된 주변성(분열된 주변성)과 로컬의 주체적 언표행위와 실천을 통해 중심의 지배논리를 해체하고자 하는 주변화의 전략(비판적 주변성)은 구분될 필요가 있다. 전자가 유럽중심주의적 보편주의와 그에 근거한 근대화의 논리에 의해 침윤된 주변성이라면, 후자는 자신의 삶의 주체적 원리 위에 언표위치를 설정하고 중심과 초월의 논리를 해체하면서 다른 로컬문화들과의 수평적 연대를 모색하는 트랜스로컬(translocal)의 전략을 염두에 둔 것이다. 이런 주변성의 전략은 단순히 인식의 전환을 통해서만 획득되는 것이 아니라 "어떤 다른 혹은 제국주의적 시선에 의해 결정되지 않으면서 자기 자신에 대한 재현의 형식을 되찾으려는 주변의 투쟁들"[29]을 통해 획득된다. 홀은 이런 주변성과 로컬에 의한 도전이 이미 전개되고 있음을 역설한다.

역설적이게도 우리 세계에서 주변성은 강력한 공간이 되었다. 그것은 취약한 권력의 공간이라고 하더라도 어쨌든 권력의 공간이다. 나는 현대예술에서 창조적으로 등장하는 것에 관심을 갖고 있는 그 어떤 사람도 그것이 주변의 언어와 관련되어 있다는 사실을 알게 될 것이라고 말하고 싶다.

지금까지 문화적 재현의 주요형식들로부터 배제됨으로써 자신을 탈중심화되고 하위주체적인 존재로만 위치지을 수밖에 없었던 새로운 주체, 새로운 젠더, 새로운 인종성, 새로운 지역, 새로운 공동체가 투쟁을 통해, 가끔 아주 주변화된 방식이지만 처음으로 자신을 대변할 수 있는 수단을 확보하고 있다. 우리 사회의 권력의 담론들, 지배체제의 담론들은 확실히 주변적인 것과 로컬적인 것의 탈중심적인 문화적 힘

---

29) S. Hall, *ibid.*, p.34.

에 의해 위협받고 있다.[30]

이런 투쟁은 여전히 진행 중인 과정이다. 비판적 로컬리티 연구는 이런 투쟁을 통해 기존의 로컬리티 담론을 해체하고 비판하는 작업에서 많은 시사점을 얻을 수 있다. 우선 비판적 로컬리티 연구의 우선적 과제는 그동안 로컬을 지배하고 구성해온 지배담론인 지역학(area studies)의 인식틀을 비판하는 것이다. 물론 지역학 담론에서 말하는 지역(area)과 로컬리티 담론에서 말하는 로컬(local)은 동일하지 않다. 지역학에서 말하는 '지역'은 '로컬'을 포함한 더 넓은 지역, 즉 로컬을 비롯하여 일본, 중국, 한국 같은 국민국가나 동아시아와 같은 국가간 체제까지를 포괄하는 경향이 있다. 하지만 로컬리티 연구를 위해서는 지역학에 대한 비판이 필수적으로 요구되는바, 그것은 로컬을 바라보는 지역학의 특유한 관점과 그것이 전제하고 있는 유럽중심적 논리 때문이다.

지역학은 2차 세계대전 이후 냉전체제 하에서 미 행정부와 사회과학계, 그리고 기업계의 요구가 결합하여 만들어진 산물이다. 세계체제가 냉전으로 급속하게 재편되던 시기에 자본주의를 대표하던 미국은 자신을 중심으로 국가 간의 경제적·정치적·문화적 관계를 통제하고, 이미 공산주의 정권이 들어선 지역을 잘 파악하며, 특히 일부 지역들이 공산화되는 것을 막기 위해 그 지역 사정을 알아야 할 필요성을 강하게 느끼고 있었다.[31] 이 과정에서 미국 사회과학계는 미국 밖의 지역들에 대한 정보 부족을 시급히 해결해야 할 숙제로 인식하게 되었다. 따라서 지역학의 과제는 미 정부와 국방부, 그리고 기업계에 관련

---

30) S. Hall, *ibid.*, p.34.

31) I. Wallerstein, 「의도하지 않은 결과 : 냉전시대의 지역연구」, 정연복 옮김, 『냉전과 대학』, 서울 : 당대, 2001, 138쪽.

지역에 대한 긴요한 정보를 제공하는 것이었고, 바로 이것 때문에 지역학은 중요한 학문분야로 급부상할 수 있었다.32) 사회과학자 모겐쏘(H. Morgenthau)는 당시 지역학의 부상 이유를 다음과 같이 설명한다. "장래성 있는 정부관료의 훈련이라는 동기부여는 접어두더라도, 지역학은 흔히 세계사에서 미국의 지배적인 위치에 대한 인식에 의해 동기 유발되었고, 이 같은 인식은 미국이 적 내지 우방으로 다루어야 할 세계에 대한 지식을 필연적으로 요구한다. 이런 고도의 실용주의는 전세계 모든 지역에 관한 모든 사실을 배우고자 하는 갈망을 불러일으킨다."33)

여기서 우리가 주목할 것은 주변부 국가들에 대한 지배와 통제를 위해 지역 정보를 획득하고자 한 지역학이 어떤 가치와 방법론에 근거하고 있는가 하는 점이다. 지역학은 다른 지역과 문화에 대한 보다 구체적이고 실용적인 이해를 위해 지역 현실에 대한 분석적이고 과학적인 이해를 지향하기도 했지만, 그 이면에는 지배와 통제를 전제하고 있었기 때문에 서양, 특히 미국의 우월성에 대한 이데올로기적 가치를 확산시키는 데 적극 기여했다. 후자의 경향이 훨씬 강력했는데 그것은 냉전 구도 속에서 우위를 차지하고자 했기 때문이다.

우선 지역학의 근본 모델로는 이상적 모델로서의 미국을 선전하고 전시하고자 했기 때문에 근대화 모델과 그에 근거한 발전 담론이 압도적으로 우세했다. 당시 미국으로서는 혁명과 개혁을 통한 사회건설이라는 사회주의적 모델과 경쟁해야 했기 때문에 자신의 모델에 적합한 모델과 전시사례들이 절실히 필요했다. 이런 요구에 따라 지역학은 진화론적 적응과 발전이라는 사회발전론적 개념을 손질해서 근대화론과

---

32) H. Harootunian, *History's Disquiet*, 윤영실·서정은 옮김, 『역사의 요동』, 서울 : 휴머니스트, 2006, 90쪽.

33) I. Wallerstein, *ibid.*, p.148.

개발 모델을 구축하였는데, 이 모델은 "선진자본주의 국가의 경제성장을 보여주는 동시에 후발 주자들에게는 성장을 위한 지침을 제공하는"[34] 이중적 기능을 수행했다. 주변부 국가들은 이 모델을 따를 경우 자본주의의 발전뿐 아니라 민주주의의 발전을 이룩할 수 있을 것이라는 환상을 품을 수 있었다. 라몽 그로스포구엘(Ramon Grosfoguel)은 발전론적 이데올로기가 미국 주도의 세계질서의 구축 과정에서 주변부 국가에 대한 서양의 헤게모니를 강화하기 위한 상징적/물질적 전략의 일부였다고 주장한다.

미국은 개발주의적 모델을 지향하는 상징 자본을 획득하기 위해 자신에게 도전하는 주변지역이나 종족집단에 맞서 특정 주변지역이나 민족 집단을 전시함으로써 냉전 동안 전지구적인 상징적/이데올로기적 전략을 전개했다. 이 전략들은 상부구조적이거나 현상적인 것이 아니다. 오히려 그것은 물질적이면서 동시에 전지구적인 정치적·경제적 과정을 구성한다. '상징 자본'의 전략은 채권이나 원조프로그램과 같이 직접적인 이익과 무관한 형식의 자본 투자를 필요로 하기 때문에 많은 비용이 든다는 사실에도 불구하고 그것이 종국적으로는 경제적 이익으로 전환될 것이라고 생각했다. 가령, 이른바 동남아시아의 기적은 그러한 전지구적/문화적 전략 없이는 설명될 수 없었다.……대개는 몇 십 년 동안 성공을 경험하다 실패하고 말았다. 하지만 그것들은 제3세계 민중들에 대해 발전주의적 프로그램을 지향하는 이데올로기적인 헤게모니의 생산에 결정적 역할을 수행했다. 개발주의적 이데올로기는 '서양'의 헤게모니에서 결정적인 구성요소이며 자본주의적 세계체제는 소수의 성공적인 주변부의 사례들을 개발해냄으로써 신뢰성을 획득했다. 이것은 동의를 획득하고 '서양'의 '우월성'을 입증하는 문명적·문화적 전략이었던 것이다.[35]

---

34) H. Harootunian, *ibid*., p.95.

이 주장을 통해 알 수 있듯이, 근대화 모델과 발전주의적 이데올로기는 지역학의 근간을 형성했을 뿐만 아니라 서구의 헤게모니 하에서 세계체제를 중심과 주변의 논리로 편성하고 주변에 새로운 형태의 '식민성(coloniality)'을 각인시키는 전략이었다. 그러므로 발전주의 모델 내에는 이미 강력한 유럽중심주의적 논리가 작동하고 있다. 근대화와 발전주의 모델 내에서 서양은 항상-이미 목적지에 도달한 이상태로 존재하는 데 반해, 주변은 그에 미달하는 위치로 환원된다. 즉 주변은 서양의 거울에 비춰진 결여와 미완으로만 존재하는 것이다. 이는 에드워드 사이드(Edward Said)가 말한 동양에 대한 서양의 이미지로서의 오리엔탈리즘의 구조를 그대로 재생산한다. 『오리엔탈리즘』의 마지막 장에서 사이드는 미국의 중동지역학이 얼마나 오리엔탈리즘에 물들어있는가를 통렬하게 비판한 바 있다. 그는 중동과 이슬람은 항상 '발전의 안티테제'[36]로만 존재하고 "서양적 관점에 근거한 자기해석을 통해서만 근대화에 도달"[37]할 수 있는 처지에 놓여있다고 주장한다.

오리엔탈리즘의 중심적 도그마가 오늘날 가장 순수한 형태로 존재하는 것은 무엇보다도 아랍과 이슬람 연구라고 할 수 있다. 그 도그마를 요약해 보자. 첫째, 합리적으로 발전해온, 인도적이고 우월한 서양과, 탈선적이고 정체되어 있으며 열등한 동양 사이에 절대적·체계적인 차이가 있다고 하는 도그마이다. 둘째, 동양에 대한 추상 개념, 특히 '고전적' 동양문명을 표상하는 여러 문헌에 근거한 관념이, 현대 동양의 여러 현실로부터 직접 나오는 증거보다도 언제나 더욱 바람직한 것이라는 도그마이다. 셋째, 동양은 영원히 획일적이고 자기를 정의할 수

---

35) R. Grosfoguel, *Colonial Subjects : Puerto Ricans in a Global Perspective*, Berkeley : University of California Press, 2003, p.3.

36) E. Said, *Orientalism*, 박홍규 옮김, 『오리엔탈리즘』, 서울 : 교보문고, 2007, 526쪽.

37) E. Said, *ibid.*, p.510.

없다고 하는 것, 따라서 서양의 관점에서 동양을 서술하기 위해서는 고도로 일반적이고 체계적인 어휘가 불가결하며, 학문적으로 '객관적'이라는 주장이 생겨나게 된다. 넷째, 동양이 본질적으로 두려운 것이라고 하는 것 또는 통제되어야 한다는 것과 같은 사고방식이다. 이러한 사고방식은 이상할 정도로 현대의 중동에 관한 아카데믹한 연구와 정부의 연구에서 아무런 저항 없이 유지되어왔다.[38]

사이드의 『오리엔탈리즘』은 동양에 대한 서양의 담론들이 모두 '오리엔탈리즘'의 변주들임을 보여주는 데 그 목적이 있다. 그는 오리엔탈리즘의 변주들이 어떤 공통점을 갖는지에 대해서만 관심이 있을 뿐 그 변주들이 어떤 차이를 갖는지에 대해서는 무관심한 편이다. 위의 주장 또한 미국의 중동지역학에서 오리엔탈리즘이 반복되고 있음을 잘 지적하고 있다. 하지만 지역학의 개발주의 이데올로기는 전통적 오리엔탈리즘과는 다른 방식으로 기능한다. 어떤 점에서는 훨씬 더 교묘하고 세련된 논리로 움직인다. 사실 미국의 지역학은 전통적 오리엔탈리즘 연구를 대체하면서 등장했다. 지역학의 개발주의 이데올로기는 오리엔탈리즘처럼 왜곡해야 할 동양을 전제하지 않는다. 그것은 서양 자체의 발달된 근대화와 발전의 스펙터클을 전시함으로써 서양에 의해 왜곡될 동양의 이미지 없이도 보편성을 확보할 수 있다. 즉 지역학은 보편적·과학적 진리로서의 서양 자체의 물질적 이미지에 근거한다. 서양만이 해방과 발전의 근대성을 성취했고 발전과 진보의 개발 패러다임을 이룩했다는 것이다. 따라서 지역학의 개발이데올로기에는 보편적이고 과학적인 진리로서의 서양적 근대성이 핵심이념으로 전제되어 있다고 할 수 있다.

이러한 이념은 지역학의 방법론에도 그대로 침투되어 있다. 지역학

---

38) E. Said, *ibid.*, pp.514~515.

은 국가 간 경쟁에서 개발의 모범사례를 보여주기 위해 연구대상을 주로 국가단위로 축소했고, 특히 정책결정, 국익에 대한 봉사, 계약연구의 요구에 따라 애초 지역학 출범 당시 약속했던 전체적이고 통합적인 방식보다는 편협하고 전문화된 연구로 변해갔다. 특히 지역학에서 현장조사(fieldwork)가 중요한 방법론으로 활용되었다. 하루투니언에 따르면 현장조사의 이면에는 장소(place)를 현장(field)으로 탈바꿈시키는 서양중심주의가 자리하고 있다.

나는 프랑스, 이탈리아, 영국 등은 공부나 연구를 위해 가야 하는 나라로 생각되는 반면, 일본, 아시아, 아프리카는 단순히 현장으로, 다시 말해, 관찰과 기록, 때로는 개입을 위해 가야 하는 장소로 간주된다는 사실을 알게 되었다. 현장에 대한 이런 인식은 서구인들의 식민지적 무의식과 이 지역들이 맺고 있는 뿌리 깊은 관계를 보여준다. 즉 서구인들의 식민지적 무의식은 여전히 이 지역들을 관찰하고 표상될 필요가 있는 '원주민'들이 살고 있는 공간으로 파악하는 것이다. 현장과 국가 간의 이런 구분은 원주민과 우리 서구인들 사이에 물리적인 의미에서든 수사적인 의미에서든 거리가 존재하며, 또한 근대와 전근대를 가르는 다양한 시간성이 존재함을 시사한다. 학생시절 우리가 '현장'에서 시간을 보내도록 권고 받은 것은 현재라는 시간을 살아가고 있는 우리로 하여금 다른 시간성에 속해있는 사회를 관찰하도록 하기 위해서였다. 물론 우리가 살고 있는 '현재'란 시계로 표현되는 '근대적' 시간이며 이에 기초한 서구적 현재일 뿐이지만 말이다.[39]

하루투니언은 이 글에서 서구적 근대성, 개발 모델, 그리고 현장조사가 얼마나 긴밀하게 연결되어 있는지를 잘 지적하고 있다. 특히 이 지적은 비판적 로컬리티 연구의 진정한 가능성이 어디에 있어야 하는

---

39) H. Harootunian, *ibid.*, p.104.

지를 분명하게 보여준다. 즉 비판적 로컬리티 연구의 출발점은 현장조
사, 개발 이데올로기, 서구적 근대성 속에 스며들어 있는 서양중심주의
에 대한 비판이다. 우선 비판적 로컬리티 연구를 구축하기 위해서는
로컬과 로컬리티의 모든 차이와 이질성을 말소하고 그것들을 중심과
주변의 이분법으로 나누는 개발주의 이데올로기와의 단절이 필수적이
다. 개발주의 이데올로기의 폐단은 발전과 가난, 진보와 정체, 선과 악
에 대한 근대 유럽중심적 정의들을 보편화함으로써 서구자본주의에
의한 지배를 정당화하는 데 있다. 박정희 시대 전국의 마을들을 획일
적인 방식으로 개조하고자 했던 새마을 운동처럼 개발 이데올로기는
개별적 장소성을 말소하고 '일반적 공간'을 창조함으로써 민족국가로
하여금 로컬과 장소를 효과적으로 지배할 수 있게 해주었다. 즉 개발
이데올로기는 로컬리티의 고유한 장소성을 지우고 그것들을 추상적이
고 획일적인 공간으로 만듦으로써 국가의 행정적·관료적 지배를 수
월하게 만드는 기능을 한 것이다.[40]

아리프 딜릭은 이런 개발주의 이데올로기에 대항하기 위한 전략으
로 장소(place)와 장소기반적(place-based) 문화의 창조를 제안한다. 그는
개발주의 이데올로기와 전지구적 자본주의가 위로부터 장소와 로컬을
'민족화'하거나 '전지구화'하고 있다면, 이제 아래로부터 민족과 전지
구를 '장소화'하기 위한 다양한 전략들을 창조할 필요가 있다고 주장
한다. 여기서 장소란 사람들이 자신의 삶의 공간을 주체적으로 형성해
가는 실천적 행위와 떨어질 수 없는 개념이다. 딜릭은 장소에 기반한
로컬리티의 전략에는 "지역학의 '인식적 지도'와 지역학이 전제하는
공간적 형식들과 단절할 뿐만 아니라 동시대 헤게모니적인 전지구주

---

40) A. Dirlik, "Place-Based Imagination : Globalism and the Politics of Place", eds. R.
Prazniak & a. Dirlik, *Places and Politics in an Age of Globalization*, Lanham : Rowman
& Littlefield Publishers, p.30.

의에 대항하는 대항적 지도그리기(countermapping)를 전제로 하는 정치적·지적 아젠다"[41]가 필수적이라고 말한다. 딜릭의 장소기반적 문화는 개발주의를 비판하고 로컬문화의 주체적 전략을 구상하는 데 매우 시사적이다.

개발주의 이데올로기에 대항하는 구체적 전략뿐 아니라 지역학의 이념적 근간인 서구적 근대성에 대한 비판 역시 비판적 로컬리티 연구의 과제 중의 하나이다. '서구적 근대성'이란 초월적인 종교나 신앙에 의존하는 미성숙한 구질서의 정신과 관습에서 탈피하여 발전과 진보의 근대세계로 나아가는 데 근간이 되는 계몽과 합리성의 성숙한 정신을 뜻한다. 특히 이런 정신은 역사의 보편성과 진리를 대변하는 것으로 간주된다. 문제는 이런 정신의 획득이 유럽에서만 가능하다는 사실과, 바로 이 서구적 근대성 때문에 서양은 세계체제를 지배하고 통치할 수 있었다는 사실이다. 다시 말해, 문제는 서구적 근대성이 서양이 세계체제를 지배하게 된 결정적 이념으로 거론되고 있는 점이다. 칸트, 헤겔, 마르크스, 베버와 같은 서양 이론가들은 모두 서구적 근대성을 역사(History) 자체와 동일시했고, 비서구의 국가들이 서양처럼 발전하기 위해서는 역사, 즉 서구적 근대성의 도입이 필수적임을 강조했다. 헤겔은 아프리카에는 역사가 없다고 주장했고, 마르크스는 영국 제국주의에 비판적이긴 했지만 인도를 서구 역사의 진화론적 서사 속으로 편입시킴으로써 미래의 계급투쟁을 위한 조건을 창출했기 때문에 영국이 인도를 식민화한 것은 최선이었다고 말했다.[42] 서구적 근대성의 논리 이면에는 유럽만이 보편적 역사(Universal History)를 대변한다는 생각이 전제되어 있는 것이다.

비판적 로컬리티 연구는 바로 이런 유럽중심주의적 근대성에 대한

---

41) A. Dirlik, *ibid*., p.35.
42) Robert J.C. Young, *ibid*., p.33.

비판에서 출발할 필요가 있다. 최근 우리 학계에서도 이런 비판작업이 본격적으로 제기되고 있지만 라틴아메리카 철학자 엔리크 뒤셀(Enrique Dussel)의 견해는 매우 시사적이다. 뒤셀은 서구적 근대성이 하나의 신화에 불과하다고 주장하고 자신의 독특한 역사적·철학적 시각을 통해 서구적 헤게모니와 서구적 근대성을 상대화하는 작업에 전념한다. 그의 핵심주장은 유럽에 발전과 패권을 가져다 준 원인이 서구적 근대성이라는 통념을 뒤집어 유럽이 아메리카를 식민화하고 착취한 결과가 바로 서구적 근대성이었다는 것이다. 뒤셀은 유럽이 세계체제에서 헤게모니를 갖게 된 것은 서구적 근대성 때문이 아니라 유럽 밖에 존재하는 타자들을 착취하고 식민화하였기 때문임을 강조하고 아메리카의 식민화와 착취를 서구적 근대성의 어두운 이면으로 규정한다. 이를 입증하기 위해 뒤셀은 월러스틴의 세계체제론을 다시 읽는다. 그는 근대 세계체제의 등장을 16세기로 잡는 월러스틴의 입장을 비판하면서 서양이 세계체제의 주변부에서 중심부로 등장한 것은 18세기 프랑스혁명 이후임을 강조한다. 즉 16세기에서 18세기까지 서양은 세계체제의 중심이 아니라 여전히 주변이었을 뿐이었다는 것이다. 뒤셀에 따르면 18세기 이전 "유럽의 '첫 번째 근대성'—히스패닉적이고 인문주의적이고 금전적이고 매뉴팩처적이고 상인적인 근대성—의 시기는 대서양에 대한 패권과 함께 전개되었지만 여전히 세계체제의 지정학적 중심은 아니었다."[43] 영국과 프랑스 중심의 두 번째 유럽의 근대성은 프랑스혁명과 산업혁명과 더불어 시작되었으며 이 무렵이 되어서야 비로소 동양의 헤게모니는 쇠퇴하고 유럽의 헤게모니가 형성되었다는 것이다. 뒤셀은 "유럽의 헤게모니는 500년이 아니라 단지 200년밖에 되지 않았다"[44]고 단언한다. 그는 이러한 유럽의 헤게모니 역시 유럽

---

43) E. Dussel, "World-System and 'Trans'-Modernity", *Nepantla : Views from South*, Duke University Press, 3 : 2, 2002, p.228.

자체의 내재적 발전에 의한 것이라기보다는 동아시아 시장, 특히 중국과 힌두스탄의 쇠퇴로 생긴 '공백'에 대한 유럽의 발 빠른 대응 때문에 생긴 것임을 강조한다. 여기서 뒤셀이 강조하고자 하는 것은 서구적 근대성이 이런 과정을 낳은 원인이 아니라 바로 이런 과정의 산물이라는 점이다. 이렇게 볼 때, 서구적 근대성은 유럽 헤게모니의 원인이 아니라 근대적/식민적 세계체제의 산물이며 이 체계를 은폐하는 신화에 다름아니게 된다.

이에 대한 대안으로 뒤셀은 포스트모더니티보다 트랜스모더니티(transmodernity) 개념을 제안한다. 그가 볼 때, 포스트모더니티에서 '포스트'는 근대적 이성에 대한 넘어서기일 뿐 유럽을 넘어서는 것은 아니다. 즉 "포스트모더니티는 인류가 '전지구화'에 걸쳐 근대화할 때만 포스트모던 유럽이나 미국과 똑같은 '문화적 상황'에 도달할 수 있음을 전제하기 때문에 유럽중심주의를 제거할 수 없다"[45]는 것이다. 결국 근대화의 극복이라고 하더라도 근대화를 필연적으로 전제할 수밖에 없는 포스트모더니티는 근대적/식민적 체제에 의해 배제된 문화들의 창조적 역할을 상상할 수가 없다. 이에 반해 '트랜스모더니티'는 유럽 근대성이 배제했고 포스트모더니티에 의해서도 상상될 수 없는 복수문화성(multiculturality)에 대한 긍정이다. 다시 말해, 트랜스모더니티는 서양적 근대성과는 다른 '타자적'이고 '외재적인' 장소에서 생성되는 복수문화들을 가로지르는 횡단근대성인 것이다. 여기서 '트랜스'가 갖는 의미는 "근대성에 의해 '무의미하고' '의미없고' '야만적인' 것으로, 그리고 '비문화'로, 미지의 불투명한 타자성으로 배제되고 부정되고 무시되면서 동시에 '야만적'이고 문명화되지 못하고 저발전적이며 열등한 것으로 평가된 것을 발판으로 삼는 도약"[46]을 의미한다. 뒤셀

---

44) E. Dussel, *ibid.*, p.230.

45) E. Dussel, *ibid.*, p.233.

의 이론에서 눈여겨 볼 바는 트랜스모더니티에서 트랜스의 대상에 서구적 근대성이 이룩한 성과 또한 포함된다는 점이다. 그는 서구적 근대성이 낳은 기술혁명의 성과는 인정하되 그것이 초래한 반생태적이고 유럽중심적 측면은 포기해야 함을 강조한다.

뒤셀은 미래 문화의 가능성 또한 바로 트랜스모더니티에 있음을 역설한다.

> 트랜스모더니티는 식량(보편화하기 가장 어려운 것 중의 하나)조차 자본 속으로 포섭하는 상품 천국('보편적' 상품들의 제국) 하에서 초국적 자본주의 시장이 억압하려고 한 엄청난 문화적·인간적 풍부함의 출현을 가능하게 한다. 미래의 '트랜스' 모더니티는 복수문화적이고, 다재다능하고, 잡종적이고, 탈식민적이고, 다원적이고, 관용적이며, 민주적이다(뿐만 아니라 유럽국가의 근대 자유민주주의를 넘어선다). 그것은 수천 년의 찬란한 전통을 갖고 있고 외재성과 이질적 정체성들을 존중한다. 인류의 대다수는 일상적이고 각성된 지평 속에서 문화들을 보유하고, (전지구성의 요소들을 혁신하고 포함함으로써) 재조직하고, 창조적으로 개발한다. 이런 복수문화들은 참여자들의 진정하고 특별한 삶의 평가적 '공통감각'을 예각화하고, 전지구화의 배타적 과정을 반박한다. 바로 이런 과정 때문에 전지구화의 과정은 부지불식간에 '트랜스' 모더니티로 나아가게 된다. 이것은 엄청난 다수의 인류들의 의식으로, 그리고 그들의 배제된 역사적 무의식으로의 복귀인 것이다.[47]

뒤셀의 트랜스모더니티 개념은 지역학의 논리를 비판할 뿐만 아니라 전지구적 자본의 논리에 의해 배제되고 억압된 다양한 가치들을 복원하고자 하는 비판적 로컬리티 연구에 시사하는바가 적지 않다. 그것

---

46) E. Dussel, *ibid.*, p.234.
47) E. Dussel, *ibid.*, p.236.

은 항상 로컬의 외부에 존재하면서 로컬을 통제하고 부정해온 서구적 근대성과 개발주의 모델의 횡포를 비판하는 한편, 로컬리티와 주변성을 새롭게 구성할 수 있는 로컬문화, 나아가 트랜스로컬 문화의 새로운 가능성을 사고하는 데 중요한 시사점들을 제공해준다.

4. 결론 : 비판적 로컬리티 연구의 방향들

이상에서 로컬리티, 로컬문화, 로컬적인 것이 우리 시대의 문화연구의 중요한 개념으로 등장한 이유, 초민족화의 시대에 로컬과 로컬리티 개념이 새롭게 재편되는 과정, 마지막으로 비판적 로컬리티 연구를 위한 전제로서 지역학에 대한 비판을 살펴보았다. 이런 검토는 비판적 로컬리티 연구가 나아갈 방향을 결정하는 가능성의 조건들을 설명하는 것이고 이 조건들의 탐색을 통해 로컬리티 연구의 방향성도 예측해 볼 수 있을 것이다.

우선 현 상황 하에서 로컬리티 연구는 비판적(비판적 연구)이고 종합적(수평적 차원에서의 학제간 연구)이고 입체적(수직적 차원에서의 다차원적인 연구)이며 대안적(통합과 차이, 그리고 중심과 주변의 이분법적 대립을 뛰어넘는 통합적이고 생태론적 로컬리티 담론의 구축)인 특징들을 가질 수 있을 것 같다.

우선, 로컬리티 연구가 비판적 연구이어야 하는 이유는 로컬리티가 제도적·담론적 구성물인 한, 로컬리티 연구는 비판적 연구일 수밖에 없다. 즉 로컬리티 담론을 둘러싼 제도적 경계가 민족국가에서 전지구적 차원으로 확장되고 있으며 로컬리티를 지배하는 조건 역시 그에 따라 새롭게 재편되는 현실에 대한 인식이 필요하고, 또 다른 한편에서는 담론적 차원에서 그동안 로컬리티 담론의 지배논리들을 구성해온 언표주체, 언표행위 그리고 언표전략에 대한 담론적 탐구 자체가 필요하다는 것은 로컬리티 연구가 근본적으로 비판적 연구일 수밖에 없음을 보여준다. 특히 전지구적 자본주의와 문화의 세계화는 연대의 차원이든 담론적 인식의 차원이든, 로컬리티 담론이 로컬 연구(local studies)에서 트랜스로컬 연구(translocal studies)로 나아갈 수밖에 없음을 보여준다. 특히 로컬적 사유가 특수의 차원에 머물지 않으면서, 근대적 사고가 강요한 초월적 보편성도 허용하지 않는, 트랜스모던적인 수평적 연대의 차원을 사고하기 위해서도 로컬리티 연구는 트랜스로컬·트랜스모던 연구로 이동해 가야 할 것이다.

둘째, 비판적 로컬리티 연구는 수평적·수직적 차원에서 학제 간 연구가 되어야 한다. 로컬리티의 변화와 그 문화적·의식적 구조의 변화가 긴밀히 연결되어 있음을 염두에 둘 때, 로컬리티에 대한 인식은 경제적이거나 정치적이거나 문화적인 분과학문의 차원에서만 접근하는 것은 한계를 가질 수밖에 없다. 오히려 그동안 로컬리티 담론을 결정해온 사회적 과정들 뿐 아니라 문화적 지배구조와 그 무의식적 구조에 대한 탐색은 다양한 학문간 연계를 필요로 하며(로컬리티의 정신적 역학과 아비투스를 탐구하는 정신분석학도 포함), 단순히 학제 간 병렬적 연구의 차원을 넘어 경제적, 정치적, 문화적, 의식적 차원의 입체성을 확보하는 작업이 필요하다.

마지막으로 비판적 로컬리티 연구는 대안적 연구여야 한다. 그동안 로컬리티 담론을 결정해온 요인들이 로컬 내부에서 자생적으로 성장했다기보다는 외부의 힘들(민족국가와 전지구적 자본)에 의해 통제되어왔고 로컬리티 담론뿐 아니라 지역적 삶조차 중심과 주변, 문명과 미개, 선과 악, 총체성과 파편화 등의 이분법적 논리들에 의해 식민화되어왔다. 이런 구조에서 벗어날 수 있는 비판적 로컬리티 담론은 그 과정에서 억압된 다양한 트랜스모던적 가치들을 복원하고 이를 발판으로 미래의 문화적 담론을 구축해야 할 것이다. 다양한 로컬 운동들(중앙에 의해 지배되고 억압된 지역운동사의 새로운 구성), 로컬 지향적 운동들(제국의 논리에 대항하는 다중적 운동들), 로컬리티에 기반한 트랜스모던적인 사고 및 새로운 사회운동들, 나아가서 중심과 주변, 문명과 야만, 동질성과 이질성 등을 뛰어넘을 수 있는 생태론적 대안 담론의 구축이 필요하다. 여기서 생태론적인 사고란 서구적 근대성과 전 지구적 자본주의 속에서 고착화된 이분법적 지배논리들을 해체하고 로컬리티 속에서 지역사람들의 삶(언표주체)이 주체가 되는 담론의 구축, 나아가 인간과 자연의 생태론적 공존이 로컬리티에도 필수적이라는 인식을 갖는 것을 말한다.

Ⅳ. 글로벌 시대의 로컬리티 인문학

이 창 남

1. 로컬리티 인문학의 개념과 과제

일종의 열려있는 학문적 실험으로서 인문학적 로컬, 로컬리티 연구는 일정한 가설적인 존재규정과 당위규정을 필요로 한다. 이를 위해서는 다양한 방향의 접근이 가능하겠지만 본고에서는 특히 글로벌화라는 시대적 현안과 관련하여 로컬리티 인문학의 개념과 실천적 과제들을 숙고해 보고자 한다. 이 작업은 물론 기존의 지역연구 및 지역과 관련된 인문학적 성찰들을 토대로 수행되어야 한다. 동시에 글로벌화를 통해서 변화하는 로컬과 로컬리티에 대한 인식의 전환을 인문학적 차원에서 반영해야할 과제도 안고 있다.

따라서 우선 전지구화의 흐름과 관련하여 시의성이 있는 로컬, 로컬리티의 개념 규정을 위해 고려해야할 측면들을 고찰하고(2장), 이어서 로컬리즘의 실천적 이데올로기적 측면을 검토할 것이다(3장). 궁극적으로 로컬리티 인문학은 다양한 로컬과 로컬인들의 가치 복원을 목표로 하는 바, 이를 위해 쟁점이 되는 상호 타자성의 인정과 수용의 문제를 끝으로 숙고하면서 논의를 마무리 할 것이다. 논의의 과정에서 필자는 국내외 여러 이론가들 가운데 특히 탈식민주의 이론가 G. C. 스피박의 논점을 중점적으로 고려할 것이다. 이는 그의 탈식민주의 이론이 글로벌화와 연동된 로컬의 문제를 숙고하는 데에 시사하는 점이 많다고 판단되기 때문이다.

2. 글로벌화와 로컬, 로컬리티의 개념

오늘날 로컬이라는 개념은 글로벌이라는 개념과 대비적인 개념으로 주로 사용된다. 여기서 글로벌한 추세는 일종의 전지구화의 과정이라고 할 수 있는데, 이는 맥루한의 '지구촌'이라는 말이 함축하고 있듯이 지구적인 것이 하나의 생활세계로 통합되는 과정이다. 원래 글로벌화는 '시민권의 전지구적 확산'이라는 긍정적 의미로 학술적으로 사용되었으나, 오늘날에는 국적없는 자본, 기술 매체의 발달, 다문화 사회의 도래 등 다양한 양상으로 발현되고 있다. 글로벌화의 동인은 무엇보다도 여러 곳에서 지적되고 있듯이 "기술적 진보에 따른 세계의 축소"와 그에 근거하는 기술적 사회적 과정으로 "하나의 세계사회를 구축"[1]하는 데로 귀결되는 과정이다.

이는 기술, 자본, 문화 등의 측면에서 다양한 변화를 수반하고 있다. 그럴 것이 경제적으로 글로벌화를 대변하는 브레튼-우즈 체제[2]는 국경의 경계를 넘는 경제공동체를 구축하고 있고, 교통과 통신 기술의 혁명적 발전은 곧바로 다양한 문화를 안방에서 접촉하게 되는 기회를 확대시키며, 그에 따른 문화적 교섭과 충돌은 이제 특정한 이민자들의

---

1) Joachim Ritter und Karlfried Grunder(hrsg.), *Historisches Wörterbuch der Philosophie*, Bd. 3 G-H, S. 675.
2) 2차 세계대전 이후 미국 브레튼-우즈에서 이루어진 회의에서 세계무역기구 (WTO), 세계은행, 국제 통화기금 (IMF) 등의 기관이 만들어졌고, 이 기관들은 글로벌 자본주의 질서를 주도하고 있다. (Virider S. Kalra, Raminder Kaur and John Hutnyk, *Diaspora & Hybridity*, p.49 참조)

경험이 아니라 일상의 경험으로 변화하고 있기 때문이다. 그에 따라 사회적 준거틀이 되어왔던 국민국가의 영토, 인종, 언어의 경계도 서서히 약화되고, 동시에 파편적 로컬들이 단위적 통일체로서의 국민국가를 대신하여 부상하고 있다.[3]

이러한 초국가적 현상과 로컬리즘의 부상에 따라 로컬을 글로벌한 문맥과 더불어 새롭게 고찰할 필요성이 제기 된다. 강화되는 전지구화와 로컬리즘의 부상을 역사적 문맥에서 두 가지 국면으로 파악하는 페더스톤에 따르면 1880년과 1920년 사이 강력한 글로벌화가 이루어지면서 동시에 향수적인 로컬리즘과 국가주의가 나타난다. 이어서 1960년 이후에는 다문화적 포스트모더니즘과 더불어 다양한 문화적 인종적 정체성에 대한 새로운 질문이 제기되면서 과거와는 또 다른 차원에서 전지구화가 이루어지고, 그에 따른 대응으로 차이와 다양성을 주창하는 로컬리즘이 동시에 부상한다.[4]

로컬, 로컬리티에 대한 시각은 이와 같이 글로벌화의 역사적 과정과 밀접히 연계되어있을 뿐만 아니라 모던, 포스트모던 등과 같은 정신사적 흐름과도 분리해서 생각할 수 없는 것으로 간주되고 있다. 최근에는 심지어 소위 모던과 포스트모던을 통해서 글로벌화를 바라볼 것이 아니라, 글로벌화 과정의 일환으로 모던과 포스트모던적 경향을 바라볼 수 있다는 주장도 제기되고 있다.[5] 이러한 시각에서 볼 때, 로컬, 로컬리티에 대한 인문학적 접근은 상당히 복합적이고 중층적인 문제군을 포함하고 있다고 할 수 있다. 이러한 문제군들을 수렴하여 로컬리

---

3) Rob Wilson and Wimal Dissanayake, "ntroduction", in : *Global/ Local*, Duke University Press, 1996, p.3.

4) 글로벌화의 국면과 로컬리즘의 관계에 대해서는 Mike Featherstone, *Undoing Culture*, London, 2000, p.95 참조.

5) *Ibid.*, p.83.

티 인문학의 자양으로 삼기 위해서는 전통적인 의미의 지역, 지방으로
서의 로컬 개념을 일부 재고하고, 보완할 필요가 있겠다.

우선 개념적 측면에서 글로벌은 로컬의 대타적 개념이다. 로컬을 자
체적으로 규정하는 절대 규모와 절대 인구수가 존재하지 않고, 로컬을
단위규모나 인구수로 규정하려는 모든 시도는 잠정적이고 임의적일
수밖에 없다. 반면 로컬을 글로벌의 대타적인 개념으로 이해할 때, 로
컬과 로컬리티의 의미는 다소 가변적이지만 중층적인 함의를 확보하
게 된다.

가령 글로벌화의 과정을 염두에 두면 근대적인 여러 국가와 민족은
로컬적인 것으로 규정될 수도 있다.[6] 말하자면 로컬은 어떤 관계적 상
황 속에 놓이는가에 따라 가변적으로 사용될 수 있는 말이다. 이는 로
컬의 특성이나 로컬의 공동체의식을 지칭하는 로컬리티의 경우도 마
찬가지다. 예를 들어 근현대인들은 국가와 민족을 당연한 통일체로 생
각해왔을지도 모른다. 그러나 1982년 당시 포클랜드 전쟁에 승리한 직
후 대처 수상은 연설에서 "우리는 오늘밤 하나의 국민이다"[7]고 말했
다. 이 말은 한 국가가 다른 국가에 대해 거둔 승리를 자축하는 말이지
만, 동시에 특정한 단위공동체의 대타적 활동이 없는 가운데 국가의

---

6) 국가단위를 로컬로 설정할 수 있는가 하는 문제에 대해서는 학자들 사이에서
   이견이 있다. 페더스톤은 글로벌과의 관계 속에서 국가를 로컬로 설정하기도
   한다. (Mike Featherstone, "Localism, Globalism, Cultural Identity" in : *Global/ Local*,
   Rob Wilson and Wimal Dissanayake (Editors), Duke University Press 1996). 다른 한
   편 글로벌화와 더불어 부상하는 로컬리즘은 근대적 국민국가 단위의 영토적
   인종적 경계를 토대로 하는 내셔널리즘과 변별적으로 사용되기도 한다. (Rob
   Wilson and Wimal Dissanayake, "introduction" in : *Global/ Local*, Duke University
   Press 1996)

7) "We are one nation tonight"(Mike Featherstone, "Localism, Globalism, Cultural
   Identity", p.56).

국민들이 서로 늘 한 민족으로 하나의 국가의 시민으로 의식하지 않는다는 사실을 드러내고 있기도 하다. 늘 특정 국가의 국민으로 혹은 특정 로컬의 로컬인으로 스스로를 의식하고 사는 사람은 거의 없는 것이다.

국가의식, 민족의식은 그 공동체 전체를 대표하는 어떤 특정한 행위와 연관되어 상기된다. 말하자면 특정한 공동체의 의식은 늘 대타적인 의식으로서 자리하는 것이지, 그 자체로 존재하지 않는다는 것이다. 또한 특정 지역의 지역성도 늘 인구에 회자 되지만 타지역의 지역성과 대비적인 의미에서 설정되며, 이 또한 시대적 조건과 상황에 따라 변화한다. 따라서 로컬과 로컬리티를 그 자체로 이미 존재하는 어떤 것으로 규정하려고 시도는 늘 난점에 봉착한다. 그럴 것이 로컬은 늘 "무엇과 대비적인 의미에서 로컬"이기 때문이다. 로컬리티를 대타적인 의식과 관련하여 동적인 개념으로 규정해야할 필요는 여기에서 비롯된다. 로컬리티를 늘 그에 반하는 혹은 그와 경계지어지는 어떤 것과 관련하여 규정해야하는 이유는 로컬과 글로벌의 변증법적 관계 속에서도 나타난다.

오늘날 전지구적 언어인 영어도 셰익스피어 이전의 유럽에서는 로컬언어였다. 한국인들이 한국어를 학술언어로 사용하기 시작한 것도 그리 오래된 일은 아닐 것이다. 이러한 주변의 언어들이 근대적 민족의식과 국가의식이 자리 잡으면서 점차 중심의 언어로 자리잡아 간다. 역사적 주변은 중심이 되고, 중심은 주변화된다. 오늘날 영어가 글로벌 언어가 되고, 프랑스어 독일어가 유럽의 주요 언어에 해당되는 것은 로컬과 글로벌, 중심과 주변의 이러한 대타적 변증법 속에서 비롯된다. 따라서 로컬과 로컬리티에 대한 규정은 형식논리적인 실체규정처럼 "무언가 있는 것"에 대한 규정이라기보다는 "역동적인 과정 자체"에 대한 규정이 될 필요가 있다. 역사적으로 로컬은 글로벌화 되었고, 글로벌은 로컬화 되었다. 마치 유럽의 고대를 지배했던 그리스와 로마가 로컬로 되돌아 간 것처럼 역사적으로 로컬과 글로벌은 끊임없이 역사적 흐름 속에서 생성되는 힘의 역학과 더불어 자리바꿈 한다.

공시적인 측면에서 생각해보면 로컬은 중층적인 개념이기도 하다. 전지구를 기준으로 보면 개별 국가들과 민족들은 일종의 로컬적 단위들이다. 그러나 국가를 기준으로 한다면, 하나의 국가 속에 여러 지방들을 또 다른 로컬을 형성하고 있다. 이는 마치 단위세포 속에 또 다른 단위세포가 그리고 그 안에 더 작은 단위세포가 자리하고 있는 것과 같다. 그와 같이 국가라는 단위 속에는 수많은 로컬적 의식이 존재하고, 지구촌 속에는 개별 국가와 민족이라는 또 다른 크기의 로컬적 단위가 병존한다. 이러한 로컬의 로컬의 로컬은 로컬리티 개념이 갖는 중층성을 드러낸다. 로컬 대 글로벌/ 로컬 대 로컬의 대타성과 로컬의 로컬의 로컬의 중층성을 토대로 로컬을 일종의 관계적 개념으로 이해할 수 있다. 이와 같이 로컬을 관계적 개념으로 규정함으로써 소위 실체로서의 로컬이라는 형식논리적인 개념을 넘어서서, 오늘날 글로벌한 흐름과 관련하여 로컬, 로컬리티의 역동적이고 풍부한 함의에 보다 현실적이고 용이한 접근이 가능해질 것이다.

로컬의 추상명사형인 로컬리티는 로컬적인 속성이라고 할 때, 로컬리티는 이러한 상대적이고 대타적인 의식, 지역의식, 시대의식, 문화의식 등을 포괄할 수 있다. 로컬은 우선 지역적이며 장소적인 개념이라고 할지라도 그 지역과 장소를 묶는 공통의 의식과 사회적 계급적 틀은 로컬리티 개념에 필수불가결한 조건이다. 로컬의 사전적 의미도 로컬이 지닌 장소적 의미와 정신적, 사회적 의미를 모두 포함하고 있다. 로컬의 어원을 살펴보자면 동사형인 라틴어 로코(loco)[8]는 1) 세우다,

---

8) 로코 (loco)는 1인칭 동사형으로 주어인 "나"를 포함하는 말이다. 말 그대로 번역하자면 "나는……세운다(놓는다, 설정한다)"가 된다.

놓다, 설정하다, 2) 병사들을 배치하다, 3) 이자를 취하다 등의 의미군을 거느리고 있다. 로코(loco)의 명사형 로쿠스(locus)는 장소, 지점, 입장, 집, 토지, 풍경, 계급, 출신, 가능성, 상황9) 등을 의미한다. 이처럼 로컬은 실물적 장소의 의미(장소, 토지), 정신적 의미(입장), 사회적 의미(계급)를 동시에 내포하고 있다.

　지역과 장소 혹은 정신적 입장의 유대적 의식이 없이 그냥 거기 있는 장소와 공간은 인문학적으로는 거의 무의미하다. 따라서 특정 지역과 장소를 묶는 공동체의식, 그리고 그와 관련된 정신적 태도와 입장 등은 로컬리티를 파악하기 위한 주요계기이며, 언어, 문화, 관습, 제도 등은 이러한 것의 토대가 된다. 로컬리티 연구는 따라서 물리적 지역과 지역성의 의미에 머물 수 없는 이유는 여기서 비롯된다. 지도를 그리기 위해서 지역을 연구하는 것도 아니고, 건물을 올리기 위해 건축물을 연구하는 것도 아니라면, 지역, 도시, 건축물 등의 연구에서 물리적 공간의 성격을 고찰하는 것보다는 도시가 담고 있는 이야기, 건축물이 내장하고 있는 역사적 사회적 알레고리를 드러내는 것이 인문학적 접근에 있어서 관건이다. 특정 지역과 도시의 지역적 성격이나, 건축물의 조형적 구조는 그러한 이야기와 알레고리의 일부가 될 수 있지만, 그러한 일차 자료에서부터 그 대상들이 역사적, 사회문화적 문맥 속에서 함축하고 있는 의미론으로 나아가야 하는 것이다. 이를 바탕으로 물리적 대상인 지역, 도시, 건축물 등이 담고 있는 내러티브와 알레고리를 재구성할 때, 그것이 곧 로컬리티의 담론 구성에 기여하는 일이 되는 것이다.

　이러한 방향의 연구에서는 이미 고무적인 학제적 융합이 이루어지고 있다. 80~90년대 이후 기호학적인 공간 연구가 본격적으로 시작되

---

9) Erich Pertsch, *Langenscheid Lateinisch-Deutsch Handwörterbuch*, Berlin-München-Wien-Zürich-New York 1994, S. 368 참조.

고 있고,[10] 이는 물적인 공간에 대한 인문 사회학적 연구의 장을 열고 있다.[11] 여기서는 "외부의 대상을 기록하는 것보다는, 특정한 사회문화적 의미체계 속에서 그 대상의 사회적, 정치적 문화적 의미"를 독해해 내는 것이 관건이다. 전통적인 지역 혹은 지리 연구가 견지해온 "객관성의 보증자로서 무매개적 관찰의 가능성"[12]에 대한 맹목적 믿음은 극복되고, 그 매개 인자인 언어, 문화 등 대상에 의미를 부여하는 사회문화적 문맥에 대한 숙고를 가능하게 한다. 가령 "지도는 실재를 기록하는 만큼이나 그것을 창조하거나 조작한다"[13]는 주장처럼 지역, 도시 등의 로컬적 공간들은 그 사회문화적 컨텍스트에 대한 고려 없이 제대로 독해될 수 없다. "저자가 서술되는 것 바깥에 서 있다거나 저자의 입장이 외부적이고 초월적이라고는 더 이상 주장할 수 없는 것이다."[14] 말하자면 공간의 해석자나 지도 제작자가 서 있는 컨텍스트는 그의 해석과 제작에 직접적인 영향을 끼친다. 이는 특정 로컬에 대한 해석과도 무관하지 않다.

글로벌화는 오늘날 로컬의 컨텍스트가 되고, 로컬은 글로벌의 텍스트로 존재한다. 로컬과 로컬리티 연구의 현재성을 확보하기 위해서는 그것이 지닌 다의적 의미와 글로벌한 컨텍스트를 필수적으로 고려해야하는 당위성이 여기서 비롯된다. 물론 오늘날 글로벌화와 로컬의 관

---

10) 가령 소자(Soja)는 벤야민의 연구대상이었던 19세기의 대도시 파리를 모더니티의 환유(metonym)로, 로스앤젤레스를 포스트모더니티의 환유로 파악하고 있다(Mike Crang and Nigel Thrift, *Thinking space*, London and New york, 2000, p.13 참조).

11) James S. Duncan, *The city as Text : The politics of landscape interpretation in the kandyan kingdom*, New York, 2004, pp.11~24.

12) "the possibility of unmediated observation as a guarantee of objectivity", *ibid.*, p.11.

13) Simon Ryan, "Inscribing the Emptiness", p.116(박주식, 「제국의 지도 그리기」, 『탈식민주의 이론과 쟁점』, 서울 : 문학과 지성사, 2005, 264쪽에서 재인용).

14) Mike Crang and Nigel Thrift, *Thinking space*, London and New York, 2000, p.3.

계는 해석학적인 통일성을 구현하는 조화로운 그림으로 나타나지는 않는다. 그것은 오히려 다양한 파편적 로컬들의 충돌과 이합집산, 그리고 그 조합적 전체로서 글로벌화의 복합적이고 중층적인 이미지로 드러날 것이다. 마치 버긴의 다음과 같은 표현처럼 말이다.

> (세계는 : 필자) 원거리 이미지의 영원히 운동하는 글로벌 꼴라쥬, 컨텍스트에서 찢어져 나와 단편들로 구성된 글로벌 꼴라쥬, 그 단편들의 톱니 같은 경계들은 이웃들과 끊임없는 치명적 춤 속에서 나아가고 물러서며, 그 중첩된 시간들은 폭력적으로 부딪히고, 분리된다. 단지 다시금 충돌하기 위하여.15)

글로벌한 세계는 다양한 로컬들의 중층적 조합이다. 그리고 그러한 로컬들의 로컬리티는 물리적 의미의 지역성만으로는 접근할 수 없는 복합적 함의로 구성되고 있다. 로컬이 일반적으로 지역을 뜻하고, 로컬리티가 지역성으로 이해되기 때문에 로컬리티 연구는 당연히 지역학인 것처럼 생각하는 경향이 있다. 기존의 지역학이 로컬리티 인문학을 위한 주요한 기반인 것은 사실이다. 그러나 지역학도 그 자체로 고유한 학문영역이라기 보다는 특정 지역을 대상으로 정치학, 역사학, 문화학 등의 방법론을 동원하여 연구를 수행하는 다학문적 영역이며, 오늘날에는 특히 전지구화 되는 시대의 변화추세 및 학제적 상호협력의 필요성이 대두함에 따라 변화를 모색하고 있다.16)

---

15) "teleimagistic global collage, forever in movement······composed of fragments ripped from their contexts, their serrated boundaries advancing and receding in an unending deadly dance with their neighbors, their imbricated times violently clashing, diverging —only to collide again"(*ibid.*, p.3).

16) 이 점에 대해서는 한국 외국어대학교 지역학연구회 편, 『지역학연구의 과제와 방법』, 책갈피, 2000. 그리고 박광섭, 『국제 지역학 입문』, 대경출판사,

특히 인문학으로서의 로컬, 로컬리티에 대한 시의성 있는 연구를 위해서는 전통 지역학의 지역, 장소 개념들의 논리적 한계를 극복할 필요가 있으며, 기존의 지역연구들이 갖는 지향적 관심과 변별성도 필요하다. 지역연구는 나라마다 서로 다른 전통이 있는 것은 틀림없지만, 가령 미국의 지역학 연구는 스피박에 따르면 냉전의 산물이었다.[17] 물론 모든 지역연구가 군사적 목적을 가진 것도 아니고, 오늘날 지역연구가 그러한 목적을 가질 이유도 없지만 잠시 1950년 무렵 과거 미국의 지역학 패러다임이 생성된 정황은 9·11 테러 이후 새롭게 부상하는 지역학에 대한 요청과 연계되어 있으므로 현재적인 숙고의 여지가 없지 않다.

전쟁의 요구에 대응하기 위해 다양한 학문의 학자들은 행정관료와 정책 입안자들에게 충고를 한다는 차원에서 지식을 짜내지 않을 수 없었다. 또한 전쟁으로 외국에 파견할 훈련받은 인력이 필요해졌다.……이런 군대 특수훈련 프로그램과 민정 훈련학교에서 대다수의 교수들이 처음에는 학문적 내용 보다는 주로 지역에 관한 교과목을 가르쳤다. 그리고 많은 학생들이 실제로 외국 지역과 그 지역 언어를 공부하기 시작했다.[18]

2001 등을 참고.

17) G. C. Spivak, *Death of a Discipline*, New York, 2003, p.3, 문학이론연구회 역, 『경계선 넘기』, 인간사랑, 2008, 38~39쪽 참조(아래에서는 한국어판과 영어판을 병기해서 인용하고, 필요한 경우에 한하여 한국어판 번역을 부분적으로 수정하여 인용한다). 지역학과 냉전 체제의 미국과의 관련성에 대해서 스피박은 후기 식민주의 이성비판에서도 지적하고 있다(G. C. Spivak, *A Critique of Postcolonial Reason*, Harvard University Press, 1999, p.359). 또 브루스 커밍스도 「연구영역의 전이, 냉전기와 탈냉전기의 지역연구와 국제연구」(김홍중 역, 『지역연구의 역사와 이론』, 문화과학사, 1999, 261~317쪽)에서 전후 미국내의 지역학과 국제학의 전개 양상을 그러한 맥락에서 정리하고, 근래의 동향에 대해서도 많은 시사점들을 던지고 있다.

1989년 베를린 장벽이 무너지고, 냉전체제가 종식되면서 지역학은 변화를 모색하고 있지만,[19] 9 · 11 테러 이후 미국에서는 다시금 과거와 같은 방향성이 도래하고 있다. 또한 글로벌화의 추세에 따른 국내 지역학 학과 편제는 국내에서 다국적 기업의 지역활동 전문가 양성 기관의 성격을 띠고 있는 것이 현실이다. 로컬과 로컬리티에 대한 인문학적 연구는 이러한 정치적, 경제적 목적과 일정한 변별성을 견지할 필요가 있다. 그러면서도 동시에 글로벌한 문제에 대응할 수 있는 적극적인 패러다임으로서의 기능도 견지할 수 있어야만 할 것이다.

스피박은 지역연구와 초지역적 문화연구를 결합하는 의미의 학문을 오늘날 시의성이 있는 과제로 제시하고 있는데,[20] 이는 로컬과 로컬리티의 인문학적 연구를 위해 숙고해볼 여지가 많아 보인다. 그러한 제안의 배경을 이루는 것은 우선 글로벌 시대의 신식민주의의 양상이 더 이상 영토적인 것을 준거틀로 삼고 있지 않다는 관점이다. "18세기 말에 시작된 자본주의적 영토 식민주의와 제국주의는 신식민주의가 시작된 1940년대 중반에 끝났다고 가정된다."[21]

---

18) "To meet the demands of war, scholars of diverse disciplines were forced to pool their knowledge in frantic attempts to advise administrators and policy makers……The war also showed the need for trained personnel for most foreign areas……In these Army Specialized Training Programs and Civil Affairs Training Schools many professors had their first experience with curricula organized by area rather than by discipline, and many students made a real beginning in the study of foreign areas and in their languages"(Introduction to the "national conference on the study of world areas", Spivak, *Death of a Discipline*, p.7에서 재인용).

19) 냉전구도에 의해 얼룩진 미국 지역학과 그와 유사한 문제를 지닌 한국 지역학에 대해서는 한국 외국어대학교 지역학연구회편, 『지역학연구의 과제와 방법』, 책갈피, 2000, 17~23쪽 참조.

20) Spivak, *Death of a Discipline*, pp.8~9, p.75, 문학이론연구회 옮김, 『경계선 넘기』, 42~43쪽과 147쪽 참조.

21) Spivak, *A Critique of Postcolonial Reason*, p.359.

영토적 차원을 멀찍이 초월하는 오늘날 전지구화는 로컬과 로컬리티의 의미규정도 변화시킨다. 로컬리티는 물적으로 테두리 지어진 어떤 물리적 땅의 속성만이 아니라 그 지역의 구성원들이 견지하고 있는 삶과 의식의 공통적 속성인데, 이러한 삶의 양태와 의식은 전지구화의 추세에 따라 필연적으로 변화할 수밖에 없는 것이다. 또한 교통과 통신 기술의 발전은 전통 지역학의 방법론과 학문적 패러다임의 변화를 요구하고 있다. 이러한 새로워진 문제상황 속에서 지역학과 로컬리티 인문학의 관계설정을 위해 다음 폴크먼의 지적은 숙고할 만 해 보인다.

> 최근에 이룬 발전들로 인해 지역학 자체의 가정들이 도전을 받고 있다. 예를 들면 지역 간의 이동이 관심의 대상이 되자 세계를 자족적인 인식 가능한 "지역"으로 나눌 수 있는지 의심스러워졌다. 인구이동, 이산, 노동이동, 세계적 자본과 미디어 운동, 문화적 순환과 혼종의 과정으로 인해 지역 정체성과 지역 구성을 좀 더 섬세하고 민감하게 읽어 낼 필요가 있다.[22]

지역 경계가 모호해지고, 지역경계간의 이동과 통신이 급증하면서 '지역'이라는 것이 로컬리티를 대변할 수 있는 단위적 기준이 될 수 있는지 우리는 숙고하지 않을 수 없게 된다. 그렇다고 해서 지역이라는 단위를 전적으로 무시하고 로컬리티를 논하자는 것은 아니다. 다만 일

---

22) "Recent developments have challenged some of the premises of area studies itself. The notion, for example, that the world can be divided into knowable, selfcontained 'areas' has come into question as more attention has been paid to movements between areas. Demographic shifts, diasporas, labor migrations, the movements of global capital and media, and processes of cultural circulation and hybridization have encouraged a more subtle and sensitive reading of areas' identity and composition"(Toby Volkman, Spivak, *Death of a Discipline*, pp.2~3에서 재인용).

례를 들자면 대전과 서울의 거리가 통근 거리로 좁혀지면서 지역성에 기초한 양 지역의 로컬리티는 사실상 의미를 상실해가고 있다는 것이다. 새로운 사회문화적 조건이 만들어내는 로컬리티의 변화를 고려하면 한국의 로컬, 로컬리티의 지형도는 결코 전통적 지역 경계를 토대로 그려질 수 없을 것이다. 오늘날 로컬의 단위 규정을 위해서 필요한 경계가 지리적 경계보다는 사회, 문화, 기술적 조건 속에서 그려질 수 있는 경계라면, 이 경계들에 대한 성찰을 위해서 로컬리티 인문학은 지역연구와 초지역적인 문화연구를 접목하는 방향에서 구상될 필요가 있겠다.

글로벌화 과정 속에 탈색되는 지역성은 로컬리티 인문학의 전망을 어둡게 할 것인가? 우리가 과거의 지역성에 고착된 로컬리티 개념에서 벗어나 현재성을 고려하여 그 개념의 함의를 역동적으로 규정한다면 오늘날 기술적 변혁을 통해 이루어지는 사회문화적 변화는 로컬리티 인문학의 미래를 어둡게 하기보다는 오히려 풍요로운 연구 가능성을 열어놓을 것이다. 가령 전지구화의 이면에 대한 다음과 같은 지적은 인문학적인 로컬, 로컬리티 연구가 무엇을 숙고해야할지 많은 시사점을 던진다.

세계화가 지구 곳곳에서 느껴지고 네팔의 한 마을에도 위성 안테나가 설치되어 있기는 하지만 역은 결코 성립되지 않는다. 주변 국가의 세세한 일상적인 문화현상과 고유한 문화는 위성을 쏘아올린 국가에는 전달되지 않는다.[23]

---

23) "In spite of the fact that the effects of globalization can be felt all over the world, that there are satellite dishes in Nepalese villages, the opposite is never true. The everyday cultural detail, condition and effect of sedimented cultural idiom, does not come up into satellite country."(Spivak, *Death of a Discipline*, p.16, 문학이론연구회 역, 『경계선 넘기』, 52쪽 참조).

여기서 전지구화 및 첨단기술과 관련하여 숙고되는 네팔이라는 로컬은 더욱 극적으로 로컬화되고 있음이 드러난다. 말하자면 네팔이라는 로컬을 로컬화하는 현재적 요인은 그 지역 자체의 지역성보다는 글로벌한 정보기술의 일방향적 구조이다. 소위 서발턴 문화의 '제한적 침투성(restricted permeablity)'은 문화 상호간의 위계와 편견을 불식시키지 못하는 한계로 작동한다. "글로벌 문화의 제한적 투과성을 야기하는 중요한 기반적 문제는 세계의 서발턴 문화의 방대한 이질성들 사이 그리고 그 안에서 소통의 결여이다."24) 이러한 소통의 결여는 소통하려는 의지의 결여에서 비롯되는 것이 아니라, 기술, 언어, 사회, 문화적 불평등 요인들로 인해 발생한다. 이와 같은 기제들은 특정 지대를 문화적으로 고립무원의 특정한 경계지로 만드는 것이다. 특히 언어적으로 영어와 일부 서구 언어들을 매개하지 않으면 로컬문화의 전지구적인 소통이 불가능한 것이 현실이다. 바로 언어들의 경계 역시 로컬과 전지구의 문화적 위계와 불균형을 드러낸다. 더 나아가 인구와 인종에 따른 경계들은 사회문화적 문제들을 지리적 경계보다 더욱 선명하게 드러낸다.

이는 글로벌화가 만들어내는 문화적 정치적 고립무원의 섬들인 로컬의 문제와 관련하여 상당히 시의성이 있는 인문학적 과제를 내포하고 있지만, 지리적 지역성과 물리적 장소성에 국한된 로컬, 로컬리티의 의미론적 틀 속에서 그러한 경계는 제대로 포착되기 어려운 난점을 갖는다. 따라서 오늘날 역동적으로 생성되고 소멸되는 로컬, 로컬리티의 경계의 역학을 문화적, 경제적 불균등이라는 시대사적 문제와 연동시켜 연구하기 위해서도 소위 지역성이나 장소성을 사회적, 시대적 의미

---

24) "An important infrastructural problem of the restricted permeability of global culture is the lack of communication within and among the immense heterogeneity of the subaltern cultures of the world."(Spivak, *Death of a Discipline*, p.16).

를 투사하는 개념으로 재고할 필요가 있는 것이다.

특히 오늘날 기술적 수준을 고려하면 경우에 따라서는 지역이나 장소가 전혀 관련되지 않는 로컬적 의식들도 등장하는 점은 로컬, 로컬리티 개념의 한계와 연구대상 설정에서 쉽지 않은 난점이 된다. 소위 글로벌한 차원에서 전개되는 기술적인 변혁이 가져온 탈장소적 공간들이 그것이다. 가령 인터넷 상에서 지배 담론과 더불어 다양한 로컬적 의식들이 표출되는 장이 형성되는 현상과 같은 예를 들 수 있다. 그리고 방송이나 미디어를 염두에 둘 때 지배적 방송과 미디어와 더불어 나타나는 소규모 출력의 라디오 방송, 인터넷 방송들을 염두에 둘 수 있는 것이다. 그리고 영화를 예로 들 때 특정 지역의 영화라는 의미에서 로컬적 영화를 탐구하기 보다는 범세계적 상업영화들에 저항적인 색채의 독립영화, 전문영화 등이 글로벌한 추세에 대타적인 로컬적인 영화로 등장한다.

그러나 로컬이 지역성에 국한되는 범주 안에서 설정될 때 이러한 탈장소적이고, 탈영토적인 가상공간 속에서 이루어지는 글로벌과 로컬의 갈등과 대립은 오늘날 그 중요성을 더해가고 있지만, 사실상 로컬리티 연구 속에서 수용하기 어려운 난점이 된다.

하지만 소위 '탈영토화되는 문화들(deterritorialized cultures)'[25]이 확산되는 현상을 마주하면서 그러한 문화와 의식이 야기하는 지역의 변화를 성찰하는 작업은 풍요로운 연구의 장이 될 것이다. 이러한 탈장소성이 지배하는 장소성, 유목적 정체성과 같은 글로벌 시대의 역설적 상황들은 지역학과 초지역적 문화, 기술, 정치이론의 접목을 통해서 비로소 접근이 가능해질 것이다. 로컬, 로컬리티 연구이자 동시에 인문학을 지향하는 로컬리티 인문학은 태생적으로 학제적인 방법론을 구축

---

25) Mike Featherstone, "Localism, Globalism, Cultural Identity", p.61.

해야할 과제를 안고 있으며, 이러한 과제는 글로벌한 시대의 변화가 요구하는 과제이기도 하다.

3. 로컬리티 인문학의 실천

앞서 주로 로컬과 로컬리티 개념을 실물적 존재로서의 땅과 그 속성이라는 아주 오래된 관념에 근거해서 정의하기 보다는 글로벌한 시대에 새로운 사회적 문화적 로컬의 경계들을 만들고 있는 기술적, 문화적, 사회적 조건을 고려하여 역동적으로 정의할 필요가 있다는 점에 대해 논하였다. 일견 당연해 보이는 이야기일지도 모르지만, 지역과 장소가 배타적인 기준으로 작동할 때, 오늘날의 로컬 연구는 사회적 변화에 부응할 수 없는 난점을 드러낸다는 사실은 간과할 수 없다. 로컬, 로컬리티 연구가 안고 있는 과제는 이러한 학문적 대상의 개념 규정을 넘어서서 실천적 측면에서도 존재한다.

아래에서는 그러한 실천적 쟁점에 주목할 것이다. 특히 글로벌 자본주의의 변화된 양상과 로컬리즘의 이데올로기적 문제들을 점검하고, 유럽중심적 담론들에 대한 서구 자체의 비판이론들을 수용할 가능성을 검토하며, 결론적으로 다양한 로컬들 및 학제들 간의 상호타자성을 인정하면서 연대할 수 있는 계기들을 점검해 보는 것을 골자로 로컬리티 인문학의 실천적 과제들을 정리해 보고자 한다.

"비록 낯선 외관을 띠고 있기는 하지만, 우리 시대는 탈식민주의의 시대가 아니라 강화된 식민주의의 시대이다."[26] 미요시의 이러한 지적은 신식민주의(neo-colonialism)가 과거의 영토적 의미의 식민주의와는

---

26) Massao Miyoshi, "Borderless World?", *Global/Local*, Rob Wilson & Wimal Dissanayake (Editors), Duke University Press, 1996, p.97.

달리 '새로운', 그러므로 '낯선 외관(unfamiliar guise)'을 띠고 있지만, 여전히 식민주의적 의식과 제도가 작동하고 있다는 의미이다.

오늘날 로컬의 의미가 부상하는 것도 더 이상 국가의 영토적 경계를 토대로 작동하지 않는 새로운 식민주의적 글로벌 자본주의의 영향도 없지 않지만,27) 바로 그러한 로컬을 인문학적 차원에서 연구하는 로컬리티 연구의 실천적 과제로서 글로벌 자본주의에 대한 저항적 측면을 생각해 볼 수 있을 것이다. 그러나 그 '저항'의 방향성은 다양하며, 종종 그러한 저항으로서 로컬리즘은 시대착오적인 보수주의 담론이나 전통주의적 담론으로 나타나기도 한다.

스피박은 "식민주의에 맞서고 또 넘어서려는 탈식민주의는 아직도 단순한 민족주의에 사로잡혀 있다"28)고 비판한다. 전지구화의 과정 속에서 저항적 토대로서 '민족주의'와 '국가주의'는 긍정적으로 이해될 수도 있다. 그럴 것이 유럽에서는 근대 민족과 국가의 이념이 명백히 일종의 인종적, 사회적 차별의 기제로 작동해왔지만, 과거 영토적 식민화의 과정 속에서 민족과 국가를 상실했던 동아시아 국가들의 경우에는 '민족'과 '국가'가 이미 전통적 의미의 식민주의에 대한 저항적 지점으로 작동했기 때문이다.

글로벌 시대의 민족문제는 국내에서도 뜨거운 논쟁의 대상이 되고 있으며, 소위 과거 청산이 충분히 이루어지지 않은 상태에서 '탈민족적 관점'을 논하는 것은 시기상조일지도 모른다. 또 그러한 초국가적, 초민족적 관점은 전지구화에 무비판적으로 동조하는 것처럼 보일 수도 있다. 하지만 거꾸로 전지구화되는 신식민주의의 낯선 외관에 대응하기 위한 전략적 지점으로서 전통적 '민족'과 '국가'가 현재적 시점에

---

27) Rob Wilson and Wimal Dissanayake, "introduction", p.2.

28) "Postcolonialism remained caught in mere nationalism over against colonialism"(Spivak, *Death of a Discipline*, p.81).

서 적절한 준거지점이 될 수 있을지 숙고해볼 여지가 없지 않다.[29] 그
럴 것이 국가는 더 철저히 초국가적 세계현상에 적응하려고 노력하고
있고, 민족주의는 다양한 갈래의 방향성을 지니고 있지만, 구식민주의
시대의 문제의식을 넘어서야할 뿐만 아니라, 민족이라는 범주를 초역
사화하고 신화화하는 위험을 내장하고 있기도 하기 때문이다.[30]

  국가와 민족의 하부단위로서 로컬은 이러한 부정적 의미의 민족주
의나 국가주의의 폐해를 겪는 장소이기도 하다. 바로 그 때문에 이를
극복할 수 있는 담론을 입안할 수 있는 유리한 입지를 확보하고 있다.
그러나 다른 한편 로컬리즘 속에도 그러한 부정적 의미의 민족주의와
국가주의의 연장선상에 있는 지역주의의 이데올로기가 없지 않다. 로
컬리즘 속에도 지역 이기주의나 보수주의로 회귀할 위험이 없지 않다
고 한다면, 로컬리티에 대한 인문학 담론이 이러한 보수화를 피할 수
있는 가능성은 한편으로 로컬에 강요된 국가주의적 폐해를 극복하고,
다른 한편으로 그와 동시에 로컬리즘 자체에 이데올로기적으로 각인
된 보수적 향토성과 지역주의의 지양하는 방향에서 모색될 수 있을 것
이다. 그러한 모색의 일환으로 로컬리티 인문학이 타자 지향적인 저항
적 담론이 되는 방향을 생각해 볼 수 있다. 저항을 위해 자기에게로 회
귀하기 보다는 글로벌한 시대에 로컬화되고 있는 세계화의 타자들을

---

29) 박종성은 저항적 민족주의를 제안하고 있다(박종성, 『탈식민주의에 대한 성찰』,
   살림, 82~83쪽 참조). 하지만 여기서도 '민족' 패러다임이 글로벌한 신식민지
   시대에 적절한 저항의 준거점인가 라는 문제에 대해서는 충분한 논증이 없다.
30) 임지현은 『민족주의는 반역이다』에서 "민족주의 사학이 민족적 형식을 강조
   한 나머지 민족을 초역사적인 자연적 실재로 부당 전제함으로써, 역사 연구
   의 인식론적 가치를 훼손시키고 역사학을 신화의 영역으로 끌고갔다"(9쪽)고
   지적하고, "혁명을 추동했던 서양의 시민적 민족주의 혹은 식민지의 저항 민
   족주의가 지녔던 혁명적 역동성을 견지하면서……더 이상 체재를 옹호하는
   권력과 이데올로기가 아니라, 건설을 기약하는 반역의 이데올로기로 재 창조
   되어야 한다"(8쪽)고 주장한다.

지향하는 실험적 담론으로 로컬리티 인문학의 방향성을 정립하는 것이다.

여기서 '타자 지향적'이라는 것은 한편으로는 제국주의적 시각에 대한 저항적 시각으로서 식민화의 과정 속에서 타인종과 민족을 타자화하면서 열등화하는 방식으로 타자를 구성하는 식민의식을 벗겨내는 작업으로 정의할 수 있다. 다른 한편으로 국민국가의 틀 속에서 소위 지역의 로컬들의 다양성을 파기하고, 중앙 중심적으로 불평등과 불균형을 야기했던 방향에 대한 비판적 작업으로 설정할 수 있다. 이 두 가지는 경우에 따라 층위상의 편차가 있을 수도 있으나 근원적인 차원에서는 일방향적으로 강요된 근대적 전체성의 이데올로기를 극복한다는 점에서는 일정한 공통분모를 갖는다.

로컬적 타자에 식민적 의식과 열패감을 강요했던 근대적 중심화의 논리를 극복하고, 로컬리티 인문학은 그 타자를 재구성하는 작업을 수행해야 할 것이다. 이러한 타자 지향성을 통해서 다소 역설적인 표현이지만 '글로벌한 로컬'을 생각해 볼 수 있다. 요컨대 한국 사회와 한국 자본주의에 대해 일정한 거리를 가지고 비판적 자세를 견지할 수 있으며, 제3세계의 로컬들 말하자면 국제적 로컬들을 고려할 수 있다. 그것은 국가들이나 국가단위와는 다른 규모의 로컬들이 구성하는 조합적 연대이다. 이러한 타자 지향성 속에 전지구화를 추동했던 서구에 대한 서구 자체의 비판적 담론들과 연대할 수 있는 계기들도 도출될 수 있다.

오늘날 유럽중심주의에 대한 비판의 목소리는 높지만 간혹 동양의 지식인들이 유럽 지식인들만큼 철저하게 유럽적인 제국주의적 의식을 비판하고 있는가 하는 점은 여전히 의문스럽다. 물론 감정적으로 식민지 경험을 했던 민족들은 더욱 깊은 피압박의 경험을 가지고 있지만, 유럽의 식민주의적 의식을 내파하기 위해서는 종종 그들의 정교한 이론들을 간파해야하고, 그런 점에서 보다 체계적인 유럽중심주의에 대한 비판은 오히려 유럽 지식인들에 의해 이루어지는 역설도 부인하기 어렵다. 로컬리티 인문학이 전지구화 및 국가중심주의 체제하에서 타자화된 로컬들의 복권을 지향하고, 사상과 실천의 측면에서 국제적인 연대를 꾀한다면, 바로 서구에 대한 서구 자체의 체계적 비판의 전통과 일정한 접점을 모색하는 것은 생산적인 작업이 될 것이다.

서구의 근대성에 대한 서구 자체의 비판은 의외로 극단적이다. '강철 새장(iron cage)'(막스 베버), '기만의 연관(Verblendungszusammenhang)'(아도르노)은 바로 근대의 도구적 합리성이 지배하는 문화와 사회에 대한 비판적 표현이다. 이는 곧바로 사상적으로는 합목적적 전체성, 총체성에 대한 비판이며, 정치적으로는 전체주의 국가와 사회, 더 나아가 전체주의적 세계에 대한 비판이다. 베버, 아도르노 등의 비판은 우선 근대적 자본주의 정신에 대한 비판으로서 "같지 않은 것을 같게 만드는", 예를 들자면 교환가치가 사용가치를 대신하는 기만적 체계를 구축하는 근대 자본주의 사회와 비합리적 합리성(도구적인 성격의 합리성을 척도로 같지 않은 것을 같게 만들기 때문에 이러한 합리성은 비합리적이다)에 대한 비판이다. 실제로 20세기 초 유럽에 전체주의 국가들이 등장하면서, 막스 베버의 비판적 전통은 예언적 설득력을 확보한다.

"세계화는 모든 곳에 동일한 교환체계를 강요하는 것이다."[31]라는 스피박의 테제가 보여주듯 오늘날 탈식민주의 담론은 이러한 서구의 전체성 문화와 관련된 자기 비판적 전통을 계승하고 있다. 비판이론(마르크스적 전통과 아도르노, 호르크하이머, 마르쿠제, 벤야민의 계몽비판)은 마르크스적 전통과 니체적 전통을 결합하면서 전체주의화되어가던 근대 시민적 자본주의를 비판했고, 해체론(데리다와 폴 드 만)은

---

31) "Globalization is the imposition of the same system of exchange everywhere"(Spivak, *Death of a Discipline*, p.72, 문학이론연구회 옮김, 『경계선 넘기』, 142쪽).

소쉬르와 야콥슨의 구조주의 기호학을 계승하면서 철학적으로 승화하여 종래의 근대적 사상 담론의 토대가 되어왔던 근대적 의미의 주체, 국가, 역사 등의 이론적 근거들을 내파했다.

우리의 관심은 물론 이러한 서구적 비판의 지적 전통과 대안들이 어떻게 로컬, 로컬리티에 대한 인문학적 연구와 실천적으로 연계될 수 있는가 하는 점이다. 그 방향은 앞서 거론한바 타자 지향적인 측면에서 고려될 수 있다. 타자는 소위 전체성의 이념의 주변부에 해당된다. 우선 개념적으로 전체성(총체성)의 철학적 의미는 이성의 이념이다. 신, (보편적) 인간성, 세계의 이념으로서 더 이상 그보다 더 큰 것이 존재하지 않는 것이 바로 전체성이다. 이 전체성은 그 자체로 개체적인 것으로 현상하지 못하므로 이념적으로만 이야기 될 수 있다. 말하자면 전체성의 자리에는 작위적 은유들이 들어서며, 특정한 것을 전체의 자리에 올려놓는 소위 작위적인 대체(substitution)가 이루어진다. 전체성의 철학적 의미는 무해해 보이지만, 사회정치적 문맥에서는 타자성을 배제하는 원리로서 심대한 문제를 야기하는 것도 그러한 작위적 대체 가능성 때문이다.32) 말하자면 특정한 그룹이나 지역성, 인종을 전체성의 이념의 작위적으로 올려놓음으로써 그 안에 포함되지 못하는 타자는 일종의 '비존재(Nicht-Sein)'가 되며, 완전히 배제되는 것이다. 18세기 서구 인간의 이념 속에는 여자와 외국인이 포함되지 않았던 것은 이러한 예 가운데 하나이다.33)

사상적으로 전체성은 모든 개별자들을 포괄하는 원리이지만, 이 원

---

32) 폴 드 만은『독서의 알레고리』11장에서 '모두를 위해 투표하면서 자신만을 생각하는' 경우를 통해 소위 '전체'를 개인으로 대체(substitution)하는 예를 루소의 사회계약론을 통해 보여준다. Paul de Man, *Allegories of Reading*, p.269.

33) 『독서의 알레고리』와『미학적 이데올로기』에서 전통 미학의 숭고 개념에 대한 폴 드 만의 비판을 수용하면서, 스피박은『후기식민주의 이성비판』에서 탈식민주의적 관점에서 칸트의 숭고에 대한 보충적 비판을 수행하고 있다.

리가 특정한 유럽중심적이고, 백인중심적 원리로 작동하면서 그에 포함되지 않는 지역과 인종에 대한 차별적 원리로, 심지어는 타인종에 대한 폭력적 원리로 작동하는 것이다. 서구에서는 이러한 전체성에 대한 비판이 가열차게 수행되었고, 그 비판은 사회정치적 전체성뿐만 아니라 철학적 전체성 개념에도 이데올로기적 의혹을 드리우고 있다. 더 나아가서 해체론과 탈식민주의 이론에서도 서구의 철학적 범주들이 자기중심적 범주들이라는 사실을 꾸준히 지적하고, 오늘날 거기서 배제되는 타자적 인종, 국가, 지역, 문화를 새로운 지식 담론 속에 포섭하고자 노력하고 있다.

로컬리티 인문학은 바로 그러한 타자의 여러 다른 이름 가운데 하나인 로컬을 기반으로 하는 만큼 서구의 전체성에 대한 현재의 자기비판적 관점과 접목될 수 있는 가능성은 풍부하다. 로컬과 로컬 사람들은 그러한 전체성에 포획되지 못한, 그리고 바로 그 때문에 전체성의 불완전성에 문제를 제기할 수 있는 위상을 확보할 수 있다. 근대에 강요된 전체성을 염두에 두면 여기서 배제되는 타자들은 소위 로컬적 존재들이라고 해도 과언이 아니다. 그렇다고 해서 소수자나 하위주체 등이 곧바로 로컬이라는 의미는 아니다. 하지만 어떤 정치적 경제적 권력관계의 역학 속에 소수자와 하위주체의 차별화의 논리가 작동하고, 이 논리는 내재적으로 로컬이 당면하는 소외의 문제는 크게 다르지 않다. 따라서 로컬과 소수성, 하위주체의 관계는 우선 거시적 근대화와 글로벌화의 차별적 논리 속에서 간파되어야 하며, 동시에 그것이 로컬 속에 구체적으로 나타나는 현상에 주목해야할 것이다. 이러한 복합적 연구대상에 부합하는 특정 로컬의 단위나 규모가 국가나 지방의 정치적 제도적 단위와 일치하지 않는 경우가 많다. 그러므로 근대적 단위로서의 국가, 지방 보다는 다른 의미에서 보다 유동적인 의미에서 로컬의 영역적 기준을 설정하고, 글로벌의 전체성을 구성하는 정치, 사회, 문화, 경제적 헤게모니의 그늘에 서 있는 소수자나 하위 주체 문제를 바로 그 특정 로컬과 관련하여 거론하는 것이 로컬, 로컬리티 연구의 잠재적인 방향이 될 수 있을 것이다.

여기서 동시에 간과할 수 없는 것은 전지구화를 추동하는 글로벌 자본주의는 전통적 국가 경계를 희석시키면서, 로컬을 새로운 산포적인 전략적 단위로 설정하고 있기도 하며,[34] 그런 점에서 로컬이나 로컬적 의식이 그 자체로 부정적 의미의 전체성에 저항적이기 보다는 오히려 글로벌화의 알리바이이자 글로벌화의 기제로 작동할 수도 있다는 점이다. 그러한 의미에서 로컬과 로컬리티 연구는 엄밀한 자기반성이 필요하며, 이를 통해서만 진정한 의미에서 오늘날 부정적 전체성으로 등장하고 있는 신식민주의적 글로벌화와 국가중심적 근대성의 폐해에 맞설 수 있는 지점이 될 수 있는 것이다.

글로벌화는 모든 것을 균질화하는 전체성의 근대적 유산을 물려받고 있다. 소위 모든 역사를 보편사적으로 통합하는, 말하자면 서구적 역사를 보편사로 이해하는 관점은 서구 역사를 보편 역사로 바꿔치는 대체의 이데올로기적 기만에서 비롯된다. 이러한 기만의 이데올로기를 벗겨내는 작업은 비판이론과 해체론에서 이미 수행되어 왔고, 이들은 역사 자체를 균열과 억압의 과정으로, 혹은 다수의 역사들(Geschichten)을 단수의 역사(Geschichte)로 만드는 억압의 과정으로 보면서 소위 승리자들의 전리품을 모아두는 방식의 박물관 역사를 비판하고, 억압된 역사의 복원을 요청하면서 글로벌화 속에 내장된 이데올로기에 저항

---

34) 1990년 코카콜라 회사의 표어는 이런 점을 잘 보여준다. "우리는 다국적이 아니라 다지역적이다(we are not mulinational, we are multilocal)"(Wilson, Rob/ Dissanayake, Wimal, "introduction", p.2). 또한 "글로벌하게 생각하고 로컬하게 행위하라(Think globally, act locally)"(Arif Dirlik, "Global in the Local", *Global/ Local*, Duke University Press, 1996, p.31)는 슬로건도 그런 류에 해당된다.

하고 있다.[35] 이러한 저항은 세계사의 문제뿐만 아니라 국가나 민족의 역사의 그늘 속에 파묻힌 소위 로컬의 역사들을 복원하는 데에 좋은 타산지석이 될 수 있다.

이와 같이 자본, 역사, 문화, 사회 등에 걸쳐 이루어지는 총체성, 전체성에 대한 서구 자체의 자기비판 전통 속에는 동아시아적 의미에서 심화할 수 있는 많은 계기들이 있다. 이 계기들을 흡수하여 로컬리티 인문학의 자양으로 삼기 위해서는 전지구화의 문제와 더불어 부상하는 로컬의 문제들을 사상적, 현상적으로 천착하면서 다층적인 로컬, 로컬리티의 함의를 도출해야할 것이다. 아울러 서구의 자기비판적 전통을 흡수하는 작업은 서구적 부정적인 근대성의 패러다임 속에 침윤된 비서구 세계의 로컬들의 억압된 타자성을 구제하는 데에도 필수적인 작업이 될 것이다.

4. 상호타자성과 인문학으로서의 로컬, 로컬리티 연구

전통 인문학이 표방해온 전체성과 완전성의 이념은 몇 차례 세계대전을 겪으면서 무력한 모습을 드러낼 뿐만 아니라, 타자성을 배제하는 원리로 반성되고 있다. 오늘날 글로벌화의 과정 속에도 정치, 경제, 사회, 문화적인 차원에서 이러한 문제가 계속 나타나고 있다. 로컬리티 인문학은 따라서 한편 전통 인문학을 반성적으로 쇄신하고, 다른 한편 전지구화 속에서 이루어지는 부정적인 양상들을 극복하는 가운데 인문학으로서 로컬, 로컬리티 연구의 지평을 열어갈 수 있을 것이다. 특히 오늘날 인문학의 패러다임으로 자리를 잡고 있는 탈근대 탈식민적

---

35) 이에 대해서는 拙稿, 「역사의 천사-발터 벤야민의 역사와 탈역사 개념에 대하여」, 『문학과 사회』 69집, 2005, 229, 243쪽을 참고할 수 있다.

담론이 제기하는 차이의 정치학은 세계와 인간에 대한 근대적 믿음에 대한 이데올로기적인 의혹을 제기하며, 그동안 타자화되어 왔던 인간, 인종, 성 등의 이해에 접근함으로써 일견 로컬리티 인문학의 지향적 방향성에서 많은 참조지점을 제시하고 있다. 끝으로 스피박이 거론하는 치안판사와 야만인 여인 사이의 관계를[36] 로컬리티 인문학의 로컬 연구에 응용하여 잠시 숙고하면서 우리의 논의를 마무리하고자 한다.

로컬리티 인문학의 시선이 탐색하는 제국주의의 수혜자이자 피식민 주체를 돕고자 하는 치안판사의 시선이고, 그 앞에 타자로서 이름조차 알려지지 않은 야만인 여인처럼 로컬과 로컬인들이 놓여있다고 가정해 보자. 치안판사에 의해서 의미의 그물망은 계속 던져진다. 그러나 여인은 쉽게 포착되지 않는다. 그녀의 몸을 사용하면서도 판사는 그녀를 이해하는데 한계가 있다. 심지어 야만인 원주민들을 도우려고 치안판사가 노력하다가 결국 자신도 감옥에 들어간다. 그리고 그 자신도 알 수 없는 존재가 되기도 한다. 치안판사 자신이 오리무중이 되는 상황은 야만인 여인의 시선에서도 쉽게 읽어낼 수 없다. 야만인 여인과 치안판사의 의미론적 교환이 이루어지면서 그들이 지닌 의미 자체가 불확실해지는 것이다.

이 관계는 제국의 시선과 피식민적 시선 사이의 관계뿐만 아니라 학제적 문제에도 통용된다. 로컬리티 인문학의 두 축이면서, 서로 방법론적으로 이질적이면서 협동이 필요한 지역학과 문화학이 그것이다. 타자를 수용한다는 것은 자신을 동시에 타자화하는 작업이기도 하기 때문에 그 안에 내포된 자기 상실의 체험을 수용하기는 쉽지 않다. 그럼에도 불구하고 타자를 수용하지 못할 경우에는 늘 반복되는 일반론을

---

36) 스피박이 거론하는 치안판사와 야만인 여인의 이야기는 쿳시(Coetzee)의 소설 『야만인을 기다리며(*Waiting for the Barbarians*)』에 등장한다(Spivak, *Death of a Discipline*, pp.20~23, 문학이론연구회 옮김, 『경계선 넘기』, 58~62쪽 참조).

다시 되풀이 하거나, 기존의 방법론으로 회귀할 뿐이다.

이런 상황에서 글로벌과 로컬 혹은 지역학과 문화학 사이의 관계는 마치 치안판사 X와 야만인 여인 Y 사이의 풀 수 없는 방정식처럼 해답이 없는 모색의 과정일 수 있다. 이 방정식 속에는 때로 낯설고 두렵기도 한 상호 타자성이 내재하고 있기 때문이다. 그러한 의미에서 글로벌과 로컬을 성찰하고, 지역학과 문화학의 학제적 협동을 로컬리티 인문학의 방법론적 토대로 고려해볼 때, 로컬리티 인문학은 로컬 연구에서 그리고 학제적 접점의 모색에서 해답이 없는 무궁한 질문의 과정 자체가 될 수도 있다.

그러나 중요한 것은 이러한 과정 자체일지도 모른다. 자기만의 시선으로 상대를 규정하려는 자기중심적 논리에서 벗어나기 위해서 그러한 과정은 불가피한 것이다. 이를 인정할 때 그 질문의 과정은 다양한 로컬과 로컬인, 다양한 학제적 방법론들 사이의 열린 방정식이 될 수도 있는 것이다. 말하자면 바로 그 낯설고 두려운 타자성을 포섭하려는 노력 속에서, 혹은 스스로를 그 타자성의 자리에 놓는 실험 속에서만이 비로소 글로벌 자본주의가 강제하는 동일성 논리의 그늘 속에서 폐기되고 묻혀 왔던 로컬의 가치들은 새로운 다양성의 모습으로 복원될 것을 기대할 수 있을 것이기 때문이다.

> 얼굴 없는 학생들 뒤에 전 세계의 타자의 시선이 놓여있으며, 학생들의 두려움을 제거하는 것은 힘든 과업이다. 그렇지 않다면 과연 그 누가 다양성의 이름으로 마침내 '휴머니즘'의 '인간'의 자리로 접근해 갈 수 있단 말인가?[37]

---

37) "This is the effortful task : to displace the fear of our faceless students, behind whom are the eyes of the global others. Otherwise, who crawls into the place of the 'human' of 'humanism' at the end of the days even in the name of diversity ?"(Spivak, *Death*

of a Discipline, p.23, 문학이론연구회 옮김,『경계선 넘기』, 63쪽). 스피박은 비교
문학과 지역연구 상호간의 학제적 연구에서의 낯설음뿐만 아니라 의미의 미
결정성이 갖는 낯설음과 두려움의 일반경험과 관련하여 이러한 문제를 제기
한다. 그리고 '우리'라는 집합성의 문제로 나아간다. 필자는 스피박의 모델을
차이와 연대의 정치학을 목표로 하는 인문학으로서의 로컬, 로컬리티 연구의
한 메타포로 차용한다.

V. 문화연구와 로컬리티
실천과 소통의 지역인문학 모색

장 희 권

1. 뉴패러다임으로서의 전지구화

　지난 1980년대를 기준으로 급격하게 변화한 세계의 환경은 우리들에게 이전과는 완전히 다른 사고와 대응방식을 요구하고 있다. 소비에트 연방을 위시해 동유럽의 현실사회주의 국가들이 연이어 몰락하자, 미국은 유일 초강대국으로서 초국가적 지위를 획득하게 된다. 미국의 패권주의는 국가의 경계를 자유롭게 넘나드는 초국적 자본가들에게 유리하도록 국지적인 정치 분쟁들을 물리적으로 혹은 이데올로기적으로 해결함으로써 정치 영역에서 세계화(Globalisation)를 가속화시켰다. 1970년대 말 영국의 대처 정부와 1980년대 미국 레이건 정부는 신보수주의 정책의 기조 하에 시장의 자유경쟁을 유도하였다. 자유주의적인 시장경제는 약육강식의 원리에 따른 경쟁체제 속에 자본의 축적 및 최대 이윤의 창출을 최상의 가치로 여기는 자본의 세계화로 이어진다. 초국적 금융자본이 더욱 팽창하고 외국 기업들 간의 인수합병이 용이해지며 무역보다는 투자를 통한 수익을 노리는 식의 공격적인 자본 이동은 정치 환경의 변화가 뒷받침되었기에 가능하였다.

　세계화 담론이 문화에 적용된 것이 이른바 '글로벌 문화'이다. 정치,

경제의 패권주의처럼 글로벌 문화는, 사이드(E. Said)가『문화와 제국주의』에서 지적했듯이, 결국 초강대국이 자국의 이데올로기를 생산, 전파하는 수단으로 기능할 것이다. 세계화 담론에서 '글로벌 스탠더드(global standard)'가 자주 강조되고 있다. 세계가 이제 하나의 지구촌[1]이고, 이 안에서 함께 살아가기 위해선 세계적으로 통용되는 하나의 표준이 필요함을 뜻하는 말이다. 이 말에는 모두가 평등하고, 상호이해 속에 다원성, 복합문화주의가 전제되어 있는 듯하다. '글로벌 스탠더드'는 한 국가가 글로벌 경쟁시대에서 살아남기 위해 취할 수 있는 선택사항이 아니라, 생존의 절대 조건으로 인식되고 있다. 신자유주의가 가져온 세계화의 흐름에서는 단지 산업기술만의 국제표준이 아니라, 한 국가의 기업이나 시민들의 문화, 법, 제도, 라이프스타일 등도 글로벌 스탠더드를 요구받고 있다. 내가 속한 사회와 환경, 그리고 개인 주체로서의 내 생각과 행동들이 곧 세계적인 레벨로 업그레이드 되는 것 같아 '글로벌'이 주는 어감은 일단 고무적이다. 그러나 이 말의 방점은 아무래도 '스탠더드'에 있다. '스탠더드' 앞에서 개인 주체는 그만 설 자리를 잃고 만다. 한 개인이, 한 지역이, 한 국가가 지니는 독특함과 다양성은 국제 표준화를 위해 소멸되어야만 한다. 자본과 기술을 앞세운 힘센 문화가 약한 문화를 흡수하는 식의 표준화를 글로벌 문화로 이해할 때 로컬문화는 존재의 근거를 잃는다.

그런데, 문화영역에서 벌어지는 세계화는 정치·경제 영역의 세계화와는 차원이 매우 다르다. 우선 글로벌 문화에서는 생산 주체와 수용

---

1) 맥루한(M. McLuhan)이『구텐베르크의 은하계(*The Gutenberg Galaxy*)』(1962)에서 '지구촌(global village)'이라는 말을 처음 썼을 때, 그는 인터넷 같은 정보망을 통해 세계가 마치 한 마을처럼 사람들이 세계 각처의 사람들과 자유롭게 접촉하게 될 것으로 보았다. 맥루한은 집단의 정체성을 위해 개성이 소멸될 수 있다고 경고함으로써, '지구촌'을 부정적 맥락에서 사용하였다.

자의 구분은 물론이고, 중심과 주변, 지배와 피지배 관계가 모호하다. 국적이 불분명한 라이프스타일이나 월드뮤직, 퓨전음식 등이 잡종교배를 통해 혼종성을 띠고, 이것이 다시 한번 국지성으로 변형되고 윤색되는 과정을 거침으로써 글로벌 문화는 문화제국주의가 아닌 '글로컬 문화(glocal culture)'가 된다.[2] 아르준 아파두라이(A. Appadurai)가 오늘날에는 문화가 전지구적으로 미국화와 같은 동질화와 지역 현지에서 다양성을 갖는 이질화를 오가며 긴밀하게 상호작용하고 있어 문화를 더 이상 현존하는 중심-주변 모델들의 용어로는 설명할 수 없는, 복합적이고 중층적이며 이동배치(displacement)[3]되는 질서로 간주하는 것 역시 같은 맥락이다.[4]

아파두라이가 이동배치(탈구)를 예로 들며 로컬문화들이 전지구적 압박을 벗어날 수 있고, 개인이 국민국가의 간섭과 포획으로부터 벗어나는 공간형성이 가능하다고 낙관론을 펼치지만, 비판적 탈식민주의자인 아리프 딜릭(A. Dirlik)은 그보다는 신중한 입장을 취한다. 딜릭은 로컬이 해방과 조작이 동시에 발생하는 이중적 장소임을 강조한다. 로컬 차원에서 진행되는 문화의 이동배치가 오히려 글로벌 문화자본의 유연한 침투와 축적을 가능케 하고, 글로벌 자본주의의 부상과 함께 비판적 로컬리즘도 부상해 저항과 해방의 기능을 한다고 함으로써 로컬리티의 잠재력과 역동성에 대해서도 반쯤은 그 가능성을 열어두고 있다. 이들과 달리 스튜어트 홀(S. Hall)은 바로 포스트모던 시대의 전지구화 현상 속에서 근대성의 산물인 국민국가의 틀이 약화되고, 포스트모던적 다양성이란 구호 아래 여러 특정 공간들의 정체성이 파괴될수

---

2) 이동연, 『아시아 문화연구를 상상하기』, 2006, 28쪽.

3) 'displacement'에 대해서는 '재배치', '장소이탈', '이동배치', '탈구' 등 여러 가지로 번역이 되고 있으나, 본 글에서는 '이동배치'로 쓰겠다.

4) 아르준 아파두라이, 『고삐 풀린 현대성』, 2004, 60~61쪽 참조.

록, 또 익명성과 몰개성화가 진행될수록 로컬은 세계화에 대한 대항마로서 더더욱 중요하게 부각될 수밖에 없음을 역설한다. 홀은 로컬을 능동적이고 주체적인 생성공간으로 격상시키며, 전지구화가 야기한 문제점과 모순들을 중심이 아닌 로컬의 관점에서 해결해나갈 수 있다고 본다.

> 로컬로 돌아가는 것은 종종 전지구화에 대한 대답이다.……그 중간 지대에 작은 틈새에 해당하는 약간의 영역들이 존재한다. 좁은 틈새 공간이지만, 그 안에서 내가 일할 수 있다.……역설적이게도 우리 세계에서는 주변부가 강한 힘을 지닌 공간이 되었다. 그것은 비록 미약한 힘을 지닌 공간이지만 힘의 공간임은 분명하다.[5]

홀이 주변부(marginality) 및 주변부의 언어에 중앙에 결여된 창조적인 잠재성이 내재되어 있다고 보는 중요한 근거 중의 하나는 그곳에 발화하는 다양한 사람들, 종족(ethnic)들이 살아 숨쉬고 있기 때문이다. 로컬이 말살될 수 없고, 또 고정되어 머무를 수 없는 중요한 까닭이 바로 여기에 있다.

한편, 문화연구는 사회적, 정치적 맥락과 유리된 별도의 실체로서 문화를 연구하는 게 아니라 문화를 둘러싼 정치사회적 맥락을 분석한다. 문화실천(cultural practices)과 권력의 관계 속에서 권력관계를 노출시키고, 이 관계들이 문화실천에 어떤 영향을 미치는지를 검토하는 것이다.[6] 어느 특정 로컬의 문화를 논할 때, 우리는 그곳의 역사와 지리, 사상, 구성원들을 고려하는데, 이 구성요소들은 서로 독립된 채 존재하

---

5) Stuart Hall, *The Local and the Global : Globalization and Ethnicity*, pp.33~34 참조.
6) Ziauddin Sardar/Borin V. Loon, *Introducing Cultural Studies*, Oxford, 1999(정정호, 「인문학의 미래와 '문화연구'의 가능성」, 2006, 324쪽에서 재인용).

는 것이 아니라, 마치 상품과 인구가 이동하듯이 상호 침투하며 밀접한 관계성을 맺는다. 로컬문화의 경계를 어디로 보느냐는 쉽지가 않아 보인다. 중앙과 대비되는 관계에서 보면 분명 중심(내부)-지역(외부)라는 경계가 존재하지만, 어느 기준으로 구획되는가에 따라 내부-외부, 중심-주변이 유동적이고, 또 내부 역시 더 큰 단위의 중심에서 보면 다시 외부가 되어버리는 식으로 중심/반(半)주변부/주변부의 관계는 모호하다.

본 글은 문화연구와 로컬 및 로컬리티의 관계를 파악하고자 한다. 문화연구가 태생적으로 실천을 지향하는 학문임을 천명한 것처럼, 문화연구와 로컬리티는 로컬이라는 현장에서 일어나는 복잡하고 다층적인 제 문화현상들을 함께 관찰하며, 글로벌(global), 권역(region), 로컬(local)이 서로 교차하는 복합성과 중첩성을 인정하는 가운데, 로컬 및 로컬리티(locality)를 부각시킴으로써 중앙과 지역의 분절성을 회복하고 나아가 소통의 차원까지 끌어올려보자는 실천적인 지역인문학을 표방한다. 기존의 문학연구 방법만으로는 글로벌화된 지구촌에서 서로 얽히고설킨 채 합종연횡하는 문화현상을 읽어내지 못할 뿐만 아니라, 하위주체(subaltern), 소수자, 젠더, 페미니즘, 디아스포라, 다문화 등의 사회의 제(諸) 관계성들을 읽어내기에는 역부족이다. 문화연구와 로컬리티의 관계를 고찰하려는 시도는 이런 문제의식에서 글로벌 문화가 갖는 이중적 현상을 직시하고, 그 속에서 로컬과 로컬문화가 어느 정도의 역동성과 자기 정체성을 관철시키고 있는지, 나아가 로컬의 나아갈 길을 모색한다.

2. 문화로의 전환, 새롭게 떠오른 관계들, 문화연구

문화의 전면배치

우리 사회에서는 언젠가부터 '문화', '문화적 마인드', '문화시민', 스크린쿼터와 관련한 '문화주권'과 '문화전쟁', 영화산업의 부흥에 따른 '영상문화', '문화콘텐츠', 지역의 경쟁력 강화를 위한 '지역(로컬)문화' 등 문화와 관련된 용어들을 방송과 같은 언론매체에서 흔히 접하게 되었고, '문화○○학회', '○○문화학회'처럼 문화라는 단어를 합성한 각종 학회들이 많이 생겨났다. 현재 인문학에 조금이라도 걸쳐 있는 연구 영역에서 '문화'라는 용어를 쓰지 않는 경우는 없다고 할 정도로 이제 '문화'는 마치 전가의 보도(寶刀)처럼 모든 현상과 문제들을 포착하거나 일시에 해결해 주는 핵심어가 되었다. 그런데, 여기서 말하는 문화는 기존의 문학연구에서 말하곤 했던 문화와는 제법 다른 개념이다. 본 글에서 논의하게 될, 문화실천을 지향하는 문화연구(Cultural Studies)의 관점에서 다루려는 문화를 문화학(Kulturwissenschaft)이나 문화이론, 그밖에 고전적인 의미의 문화 및 문학 개념과 구분할 필요가 있다.

예전에 말했던 문화는 주로 '전통이라는 맥락 속에서 인문주의적이고 관념적인 공통의 그 무언가'를 지칭하는 개념에 더 가까웠고, 고급문화를 뜻하는 교양(Bildung)의 다른 표현이기도 했다. 물론 그 '문화'조차도 상이하게 이해되었다. 문화는 역사, 종교, 인종적 배경에 따라 달리 이해되고, 또 영국과 호주, 미국처럼 같은 언어권이라 할지라도 문화를 달리 바라본다. 독일이나 프랑스가 보는 문화가 앵글로색슨 국가들과 동일하지는 않다. 미국의 학자들이 이해하는 문화는 프랑스의 문화개념인 '보편적 문화개념'과는 일치하지 않는다. 프랑스인이 생각하는 문화는 상징적이다. 문화라는 것은 개인에 앞서 먼저 존재하는 그 무엇으로서, 개인으로 하여금 프랑스인이 되게 하고 또 프랑스인이라는 큰 공동체에 속하게 만든다. 프랑스인은 문화와 관련해 언어에 우월한 지위를 부여하고, 프랑스 정신을 중시한다. 이에 반해 미국인들에게 문화는 개별적인 영역이다. 그들에게 있어 문화는 어떤 선험적인 문화에 구속되지 않은 개인들이 각각 겪는 경험 속에서 생겨난다. 미국은 다양한 인종이 섞인 국가로 중세, 근대를 지나며 굳혀진 미국의 정신이라는 게 애당초 없었기 때문이다. 이런 관점에서 미국식의 복합문화가 가능하다. 다시 말해 미국인들에게 문화란 인종, 성별, 성 정체성 등이 함께 섞인 채, 의식적으로 동일화된 과정이다.

독일어권에서 문화연구를 대하는 입장은 프랑스와는 또 다르다. 1990년대 중반 무렵까지도 독일에서는 문화연구에 대한 입문서조차도 드물었다. 그렇다고 독일이 문화에 대해 무심한 것은 전혀 아니다. 지난 2000년도 독일 매스컴에서 가장 많이 오르내린 '올해의 단어'는 단연코 '문화'였다고 『프랑크푸르터 룬드샤우(*Frankfurter Rundschau*)』지는 발표한 적이 있다.[7]

> 가는 곳마다 항상 문화 얘기뿐이다. 어느 단체나 모임에 가서 강연이나 기념축사를 들을 때, 그 주제가 학술적인 것이든 예술에 관한 것이든, 혹은 교통이나 산업에 관한 것이든, 학교 문제나 사회개혁을 말하는 자리든, 어디서나 문화를 말한다. 도무지 끝이 없다.[8]

위 인용문은 무려 120년 전에 씌어진 글이다. 문화 및 문화학의 오

---

7) Peter Körter, Klammergriff. Wort des Jahres : 'Kultur', in *Frankfurter Rundschau* 272 (22. Nov. 2000).

8) Robert von Nostitz-Rieneck, *Das Problem der Cultur*, Freiburg, 1888(Britta Herrmann, Cultural Studies in Deutschland : Chancen und Probleme transnationaler Theorie-Importe für die (deutsche) Literaturwissenschaft, S. 37 재인용).

랜 역사를 가지고 있는 독일에서는 19세기 초반 훔볼트(W. v. Humboldt)가 대학은 문학, 역사, 사회, 철학, 사회사 등을 함께 연구하는 전인교육(全人敎育)의 장이 되어야 한다고 제창했을 때의 그것이 곧 문화학의 정신이라고 본다. 독일에서는 그밖에 '경험적 문화학(empirische Kulturwissenschaft)'이란 용어가 있다. 이는 민속학(Volkskunde)의 현대적인 표현인데, 굳이 이런 용어를 쓰게 된 데는 나치에 의해 비틀어진 전통과 단절하고 새로운 민속학으로 거듭날 것을 다짐하는 의지가 배어있다. 민속학이 종족(ethnic), 민족(nation), 풍습(customs)을 함께 연구하는 문화인류학으로 혹은 문화연구로 발전할 수 있었지만,—노베르트 엘리아스(N. Elias)의 『문명화과정(Prozeß der Zivilisation)』(1939)처럼—독일의 민속학은 나치시대를 거치면서 민족주의를 강조하였고, 결과적으로 이념의 도구로 전락하여 버렸다.[9] 유럽중심주의가 당연시되던 시절, 문화는 곧 유럽이고 유럽은 곧 문화라는 견해가 지배적이었다. 폴 발레리(P. Valéry)는 유럽의 정신이 진보, 과학, 예술, 문화 등 인간의 보편적인 꿈들을 실현시켰다고 보았다.[10] 이와 같이 오랜 전통을 지닌 유럽적 문화에 대해, 미국식 영어의 영향을 받은 인류학자나 사회학자들이 한 사회의 가치관, 표현양식, 사고방식, 생활방식 전체를 뜻하는 말로 '문화'라는 단어를 쉽게 사용하기 시작하였다.

레이먼드 윌리엄스(R. Williams)는 『오랜 혁명(The long Revolution)』(1961)에서 문화를 세 영역으로 분류하였다.[11] 첫째, 이상적/관념적 범주로서

---

9) 하르트무트 뵈메/페터 마투섹/로타 밀러, 손동현/이상엽 譯, 『문화학이란 무엇인가』, 2004, 36~38쪽.

10) 이미 데리다에 이르면 '유럽이 아닌 것, 유럽이 아니었던 것, 앞으로도 유럽일 수 없는 것', 즉 타자성을 인식하고 그것을 수용하고 통합시켜야 함을 역설하게 된다(앙투안 콩파뇽, 「문화, 유럽의 공통된 언어」, 405쪽).

11) Raymond Williams, *The long Revolution*, 1961, pp.57~58(정정호, 「인문학의 미래와 '문화연구'의 가능성」, 311쪽 재인용).

문화를 어떤 절대적, 보편적 가치를 따르는 인간의 완벽성의 상태 또는 과정이라고 보는 것이다. 이는 고전적 의미로서 교양인이 지니는 인문주의적 가치관이 이에 해당된다. 두 번째, 기록적 범주이다. 문화를 인간의 사상과 경험이 세부적으로 다양하게 기록된 지적 상상적인 작업체로 보는 견해다. 세 번째는 사회적 범주이다. 문화는 예술과 학문에서 뿐 아니라, 제도권과 일상적 행위에서 어떤 의미와 가치들을 표현하는 특정한 삶의 방식을 설명하는 것이다. 근자에 활발히 논의되는, 그리고 문화연구의 입장에서 보고자 하는 문화는 세 번째 범주인 문화사회학에 가깝다.

문화운동 진영의 사람들은 문화가 변하고 있는 문화예술 생산방식을 제대로 반영하지 못하는 까닭이 전통적인 예술개념과 장르론에 매몰되어 있기 때문이라며, 공간과 환경, 여성 등으로 문화운동의 외연을 확장시킬 것을 강조하고 있다.[12] 기존의 문학연구나 문화는 문학예술 작품의 심미성을 관찰하는데 치중한 나머지, 텍스트 혹은 예술작품의 생산과 소비 과정이 자본과 권력구조에 어떤 영향을 받는지에 대한 고민은 상대적으로 소홀했다. 주어진 예술작품에 해석을 가하고 그것의 심미적 가치(Ästhetische Werte)를 평가하는 방식에선 계급투쟁, 인종차별, 성차별에 대한 저항 등 반체제적인 사상들이 충분히 관찰되지 못하고, 또 기존의 제도와 권력관계들이 무비판적으로 수용될 가능성이 높다. 앤소니 이스트호프(A. Easthope)의 『문학연구에서 문화연구로 (*Literary into Cultural Studies*)』(1991)는 이런 맥락에서 심미성으로 대변되는 문학, 예술의 가치가 현실을 변화시키는 데 별다른 역할을 수행하지 못한 데 대한 자기비판이다. 1990년대 초부터 우리 사회에 꾸준히 소개된 서구의 문화이론들 역시 우리 현실과 동떨어진 내용들을 나열

---

12) 이성욱, 「문화운동은 바뀌어야 한다」, 『문화과학』 13호, 1997년 겨울호, 95쪽.

하거나 한국 사회가 갖는 구체성과 역사성을 제대로 반영하지 못하는, 그래서 결과적으로 학문적 '식민성'에 그친 경우가 많았다는 자성의 목소리도 제기되었으며,[13] 이를 바꿔보고자 문화연구에 관심을 돌리게 되었다.

문화연구와 로컬

문화연구의 시초가 1930년대 독일의 '프랑크푸르트 학파(Frankfurter Schule)'라는 데는 크게 이의가 없어 보인다. 1924년 프랑크푸르트 대학 부설 <사회문제연구소>에서 시작된 이 학파는 대중매체의 정치·경제학이라든가, 텍스트의 문화적 연구, 독자의 수용 관계 등을 연구함으로써 후기 산업사회에서 대중문화가 대중에게 끼치는 사회적, 이데올로기적 영향을 연구하였다. '문화산업(Kulturindustrie)'이라는 주요 키워드는 이 맥락에서 생겨났다. 다만 '프랑크푸르트 학파'는 문화를 저급문화와 고급문화라는 이분법적 사고로 이해하였고, 서구중심적 사고를 깨지 못했으며 경제적 관계에서 기인한 모순들의 분석에 소홀했다는 한계가 있다.

본격적 문화연구(Cultural Studies)는 1960년대 영국에서 리처드 호가트(R. Hoggat)나 레이먼드 윌리엄스 등이 중심이 되어 학문이 사회변화에 능동적으로 대처하지 못한데 대한 자기반성에서 비롯되었다. 이들은 매튜 아놀드나 T. S. 엘리엇, I. A. 리처드, F. R. 리비스 등으로 대표되던 영국 문학비평의 전통을 계승 확장하되, 특히 문화에 대한 민주적 사고를 새롭게 강조하였다. 이른바 '고급문화' 대신 영국 사회 내부의 문화적인 다양성, 예컨대 인권운동, 평화운동, 소수자 권리보호, 페미니즘 운동, 하위문화, 대중문화, 종족성, 환경생태 등을 주목하였다.

---

13) 권경우, 『신자유주의 시대의 문화운동』, 2007, 93쪽.

이와 같은 시각 변화는 무엇보다도 제2차 세계대전 이후 영국의 사회
적 구조가 급변한 데서 기인했다. 사회적으로는 복지정책이 확대되고,
노동자계급이 시민계층으로 진입하게 되었고, 정치면에서는 노동당
(Labour Party) 정부가 몇 차례 집권을 하고 대영제국의 몰락이 가속화
되었다. 그리고 문화적으로는 교육기회의 균등이 이루어지고, 성큼 다
가온 '다문화 사회'를 사회적으로 어떻게 수용할까 하는 문제들이 놓
여 있었다. 영국의 문화연구는 영국의 사회, 정치, 문화적 요인들이 상
호작용한 결과이고, 문헌연구에 치중하는 기존의 문학비평으로는 위와
같은 현상들을 포착하는 실천학문을 진행할 수 없다는 위기감의 발로
이다.

영국 문화연구의 발전과 이것이 하나의 제도로서 뿌리를 내리게끔
결정적 영향을 끼친 연구로는 호가트의『읽고 쓰는 능력의 유용성(*The
Use of Literarcy*)』(1957), 윌리엄스의 『문화와 사회(*Culture and Society
1780-1850*)』(1958),『오랜 혁명(*The long Revolution*)』(1961) 그리고 E. P. 톰
슨의『영국 노동계급의 형성(*The Making of English Working Class*)』(1963)을
손꼽는데, 이들 저서들은 전후 영국 사회의 변화를 새롭게 이해하고자
노력하였다. 이와 더불어 1964년에 호가트가 버밍엄대학에 설립한
<현대문화연구센터(Centre for Contemporary Cultural Studies)>는 이론과
경험을 기반으로 구체적인 사회 문제들을 연구함으로써 역시 문화연
구의 발전에 초석을 다졌다. <현대문화연구센터>는 호가트가 초대 소
장으로 있던 기간에는 문학사회학 및 문화사회학적인 현상에 집중하
였다면, 스튜어트 홀이 제2대 소장으로 재임한 기간(1968~79)에는 미
디어이론 및 이데올로기 이론, 대중문화, 노동자문화, 청소년 하위문화
(subculture), 페미니즘 문제들로 관심의 폭을 넓혀갔고, 특히 종족(ethnic)
의 정치학, 인종차별주의에 대한 저항, 문화정치학 등 종족성을 집중
부각시켰다. 그의 재임 10년의 기간은 영국 문화연구의 이론적 기반이

탄탄히 다져진 시기였다.

영국 문화연구에 영향을 끼친 이론들은 다양하다. 레이먼드 윌리엄스가 『마르크스주의와 문학』(1977)에서 견지한 문화유물론(Cultural Materialism)[14]의 관점은 문화사회학의 초석을 놓았고, 소쉬르, 레비-스트로스, 롤랑 바르트로 이어지는 프랑스의 구조주의 연구와, 루카치, 알튀세르, 그람시 계보의 마르크시즘 연구, 그리고 1960년대 말과 70년대 초 영어권에 처음 소개된—대부분 『신좌파(New Left Review)』지(誌)에 실림—'프랑크푸르트 학파'의 주요 연구물들은 영국의 문화연구를 가능케 한—패트릭 브랜틀링거의 표현을 빌면 영문학을 '풍비박산'나게 한[15]—중요 전제 조건들이었다. 여러 학문들이 문화연구의 발전에 영향을 준 것에서 알 수 있듯이, 문화연구는 처음부터 학문 간 경계를 무시하였다. 성격이 다른 학문들이 혼합 해체되고, 정치, 경제, 사회적 관점들이 문화현상의 분석을 위해 서로 녹아듦으로써 기존의 학제간 체제가 무력화되었다.

문화는 각 나라마다 자신만의 독특함을 띤다. 이 문화를 향유하고 이해하는 방식이 다르듯이 그 연구방법에서도 자기의 방식을 가지는 것이다. 결국 문화연구자가 어느 문화권에 속해 있는가에 따라 문화연구의 비중과 시각이 달라지고 또 그래야 마땅할 것이다. 문화연구는 애초 영국 사회의 특수한 맥락에서 나온 것이며, 영연방 국가인 호주에서조차 '영국적 과거/아시아적 미래'라는 구호 아래 호주가 처한 지역적 특수성과 토착민들의 고유문화(aboriginal culture), 아시아 이민자들로 인한 복합문화주의 등이 반영된, 그로 인해 영국 문화연구와 제법 다른 '호주 문화연구'를[16] 수행하고 있다. 미국 역시 마찬가지다. '미국

---

14) 문화유물론에 관해서는 송승철, 「문화유물론 : 맑스주의와 탈구조주의의 갈등」, 2001, 219~238쪽 참조.
15) 패트릭 브랜틀링거, 김용규/전봉철/정병언 譯, 『영미문화연구』, 2000, 67쪽.

문화연구’는 원래 영국 문화연구의 핵심이었던 정치성과 현실 비판성을 탈색시켜버리고 대중성을 중시함으로써 하나의 유행하는 학문으로 전락할 위험이 있다.17) 상황이 이럴진대 전혀 다른 언어, 문화권인 한국이 영국 사회의 고유 맥락에서 비롯된 방법들을 그대로 따라하거나 적용하려는 것은 의미가 없다. 단지, 그 문화연구의 발단과 배경, 그 방법론에서 우리가 얻을 것이 있다면 우리 방식대로 취할 것이다. 호주가 주체적이고 자신들에게 맞는 문화연구를 만들어갔듯이 우리도 한국이 처한 상황에 맞는 문화연구를 만들어가야 할 것이다. 우리 사회에서 문화연구가 관심을 끈 것은 아무래도 1990년대의 신보수주의 정치와 신자유주의 시장경제라는 환경과 무관치 않다. 1970~80년대만해도 문화운동은 정치변혁을 위한 사회운동의 일부였다. 이때의 문화는 정치, 경제, 사회의 제 현상을 아우르는 총체적인 현상이라기보다는 전통적으로 문학에 대해 지녔던 관념에 가깝다. 즉 문화를 시문학(Poesie)을 중심으로 그보다는 조금 더 확장된 의미로 보았다.

로컬의 문화연구를 지향하는 우리에게 리처드 존슨의 글18)은 우리가 로컬에서 무엇을 살펴야 하는가를 분명하게 제시해준다. 그는 “문화적 과정들은 사회관계, 특히 계급관계와 계급구성, 성별분리와 사회관계의 인종적 구조화, 종속의 형태로서 연령차에서 비롯되는 억압과

---

16) 호주문화연구에 대한 상세한 설명은 정정호, 「인문학의 미래와 ‘문화연구’의 가능성」, 329~333쪽.

17) 미국 문화연구는 다민족국가에서 비롯된 복합문화주의(multiculturalism)가 특징이다. 또 미국 문화연구는 특히 탈정전화(decanonization)를 강조하는데, 여기에는 유럽 문화가 종래에 누렸던 헤게모니를 거부하고 문학사를 재편하고자 하는 동기도 있지 않을까? 또 미국은 ‘대중문화(mass-culture)’를 중시한다. 대중문화는 ‘글로벌 문화’의 얼굴을 하고, 로컬문화와 민족문화의 다양성을 획일화시키고 있다.

18) Richard Johnson, *What is Cultural Studies Anyway? Social Text : Theory/Culture/Ideology*, p.39(정정호, 「인문학의 미래와 ‘문화연구’의 가능성」, 321쪽 재인용).

밀접한 관계를 맺는다"고 말한다. 이는 문화연구의 대상을 말한 것으로, 문화연구가 젠더, 페미니즘, 종족성 및 피지배층에 대해 관심을 기울여야 함을 의미한다. 둘째로, "문화는 권력과 관련이 있고, 개인과 사회집단은 그들이 필요한 것을 정의하고 인식하기 위해 능력의 불균형을 만들어낸다"고 하였다. 이는 문화연구의 목표로 간주해도 될 듯하다. 문화의 생산과 소비 체제 속에 이미 권력관계가 내재되었고, 이 불균형 관계를 깨트리는 게 곧 문화연구의 목표이다. 셋째로, "문화는 사회적 차이와 투쟁의 장이다"고 기술하고 있다. 이는 문화연구의 현장성을 말한다. 문화연구가 단지 학문적인 담론에 머무른다거나 심지어 제도권의 권력과 결탁해서는 안 되고, 정치적으로 실천하고 저항하는 학문임을 천명하고 있다. 스튜어트 홀은 이론 작업의 최전방에 배치되어 싸우고 실천하며, 자신의 사상과 지적 작업들을 전문지식인 계급들로부터 배제된 일반인들에게 전달하는 책무를 떠맡은 지식인을 "유기적 지식인(organic intellectual)"(안토니오 그람시)이라 규정했다. 이론의 최전방이라 함은 학술대회장이 아니라 이론이 실제 현실과 만나는 곳, 즉 현장이다. 현장에서 실현되는 이론, 현장성을 담은 연구가 되기 위해서는 현장의 실제 거주인들, 다시 말해 로컬인들의 행동범위와 특성을 파악하되, 그 접근 시각이 지배자의 담론이 아닌, 로컬인이 주체가 되는 관점이어야 할 것이다. 그러기 위해서는 서발턴 연구 (subaltern studies)와 같은 탈식민주의적인 시각의 도움을 받을 수도 있다. 인도의 역사가들이 중심이 된 서발턴 연구가 서구중심담론인 민족주의나 마르크스주의가 포착하지 못한 인도 기층 농민들의 의식을 역사발전의 중요한 추동력으로 밝혀낸 것처럼,[19] 로컬에서 역동성과 새

---

19) 1982년에 인도의 역사학자들을 중심으로 결성된 서발턴 연구는 라나지뜨 구하(R. Guha), 빠르따 짜테르지(P. Chatterjee), 갼 쁘라까시(G. Prakash), 가야뜨리 스피박(G. Spivak) 등이 주요 구성원이다. 서발턴 연구는 식민지 시기 인도에

로운 가능성을 모색해 볼 수 있지 않겠는가?

　문화연구는 중심-주변의 고착과 그 차이가 심화된 사회구조 속에서 사는 인간의 삶이 왜곡되는 상황을 개선시키고자 하는 의지를 지니고 접근하기 때문에, 중심 대(對) 주변이라는 배제와 차이의 원리가 현장, 즉 로컬에 존재하는 구체적인 현상들인 로컬인의 의식구조, 로컬문화, 로컬의 정치·경제, 로컬의 혼종성 등에 어떤 영향을 끼치고 있는지를 관찰한다. 문화연구는 권력관계의 불평등으로 인해 현장에서 생겨나는 문화적인 온갖 '차이들'에 간섭하는 것이다. 지역민/로컬인의 일상을 문제 삼기 때문에 지역민의 삶을 직접적으로 규정하는 제도와 법, 정책 등 문화를 형성하는 물질적이고 구체적인 조건들 역시 포함한다. 문화연구가 로컬의 문화행정, 문화정책, 문화예산 배분 실태 등에 관심을 기울이는 것도 이 때문이다.[20] 이것이 한국적 맥락을 반영한 로컬리티의 문화연구가 아닐까? 로컬리티에 대한 문화연구는 궁극적으로는 로컬인의 보다 나은 삶을 앞당기는 것을 목표로 한다는 점에서 희망을 퍼트리는 일이다. 한낱 메타이론적 관념과 추상성에 머무르는 막연한 희망이 아니라, 진보적인 미래를 위해 로컬의 실제 현실의 개선

　　서 식민권력과 토착 지배세력에 저항한 농민 봉기를 전근대적이고 후진적인 농민의식으로 혹은 전(前)정치적 운동으로 폄하한 민족주의 역사학이나 마르크스주의 역사학에 반발해, 거기에는 농민들의 의식이 중요하게 작용했음을 강조하였다. 인도의 농민봉기는 기층민들의 종족의식, 종교의식, 영토의식, 카스트 의식 등이 결합하여 작동했기 때문에 가능했다고 봄으로써, '하위주체(subaltern)'에 대한 폭넓은 연구를 이끌어냈다.

20) 문화연구가 지닌 정치성 및 현장성을 말한다. 강내희는 페미니즘이 이론적 층위로서의 페미니즘, 연구 및 교육실천으로서의 여성연구, 사회운동으로서의 여성해방과 같이 세 층위를(Ellen Rooney의 견해) 갖는 것처럼, 문화연구 역시 대학의 지식생산 역할을 하는 문화연구, 이론적 층위로서의 문화이론, 사회실천운동으로서의 문화운동 세 단계로 구분한다(강내희, 『한국의 문화변동과 문화정치』, 2003, 206쪽 참조).

을 추구한다는 점에서 에른스트 블로흐(E. Bloch)의 말처럼 '낮꿈 (Tagtraum)'[21]을 퍼트리는 일이다. 문화는 이제 소수 기득권층만이 고를 수 있는 선택옵션이 아니라, 누구나가 향유할 수 있는 권리이다. 그러기에 문화행위 및 문화운동에 참여하는 지역민의 주체행위는 곧 지역문화의 정체성을 가늠하는 척도가 된다.

3. 세계(화) 속의 로컬, 그리고 로컬리티

세계(화)와 로컬

오늘날 전지구화된 세계에서 국가의 정체성이란 모호한 개념이 되어버렸다. 국가와 민족, 민족문화는 어차피 타고난 것이 아니라, 근대의 국민국가 형성기에 역사, 문학, 매체 같은 서사물을 비롯해 '전통만들기(E. Hobsbawm)', 허구의 건국신화 등과 같은 문화적 재현 (representation)과 상징체계들을 통해 만들어진 구성체에 불과하다는(S. Hall)[22] 견해가 지배적이다. 베네딕트 앤더슨(B. Anderson)이 말한 '상상된 공동체(imagined communities)' 역시 민족담론이 지닌 작위성을 염두에 둔 말이다.[23] 이처럼 민족과 국가가 근대의 산물에 지나지 않는다

---

21) Ernst Bloch, *Das Prinzip Hoffnung*, Frankfurt am Main, 1990, Bd. 1, S. 98ff.

22) "민족문화라는 것들은 확실히 근대의 형태이다. 전(前)근대나 옛날 사회에서 부족이나 민중, 지역 혹은 종교에 부여됐던 충성심과 정체성 형성이 서구 사회에서는 점차 민족문화로 옮겨갔다. 지역적, 종족적 차이들은 겔너(Gellner)가 국민국가의 '정치적 지붕'이라고 명명한 것에 점차 종속되었다. 이것들을 통해 국민국가는 근대의 문화정체성 형성에 강한 의미를 부여하는 원천이 되었다."(Stuart Hall, Die Frage der kulturellen Identität, S. 200).

23) 민족이 고안된 질서라는 인식과 관련해 최근의 연구논문들에서 앤더슨의 '상상의 공동체'가 자주 인용되지만, 이미 막스 베버(M. Weber)의 『경제와 사회 (*Wirtschaft und Gesellschaft*)』(1922)에서 이 견해가 자세히 기술되었다. 베버는 이

고 본다면 탈근대의 시대엔 근대의 구성물인 국민국가가 붕괴되는 게 오히려 당연해 보인다. 그러나 탈근대화는 1970~80년대를 지나며 기술과 정보의 혁신적 발전, 금융시장의 개방 등 여러 영역에서 지구적 환경의 급격한 변화를 겪으며 곧 세계화의 양상을 갖추게 되었다. 세계화가 진행 중인 현재에는 개인의 일상적인 삶이 거리의 원근과는 아무런 상관없이 자신의 거주지와는 전혀 다른 지역으로부터 발생한 경제적·문화적 현상에 쉽게 노출되고 또 영향을 받게 되었다. 세계화가 내 집안까지 밀치고 들어온 지금, 자신이 살고 있는 지역의 정체성을, 나아가 문화적 정체성을 구별해내기란 힘든 일이 되었다.

세계화는 인적, 물적 교류에 있어 거리라는 장애물을 쉽게 뛰어넘음으로써 이질적인 문화 간의 융해와 섞임을 촉발시켰다. 세계화의 특징 중 하나인 문화의 혼종성을 보여주는 대표적인 사례가 샐먼 루시디(S. Rushdie) 사건이다. 이슬람권에서 신성모독죄로 단죄(Fatwa)한 루시디의 『악마의 시(*The Satanic Verses*)』(1988)를 둘러싼 사건은 소설이라는 문학작품이 지닌 표현의 자유에 대한 논쟁을 넘어, 서구적 가치 대(對) 이슬람적 가치, 자유주의 대(對) 근본주의 간의 충돌이 표면화된, 비교적 초기의 갈등 사례이다. 혼종성에 대한 루시디의 적극적 두둔은 세계화라는 새로운 시대의 패러다임은 혼종의 문화일 수밖에 없음을 미리 내다본 것이었다.

『악마의 시』는 인류와 문화, 사상, 정치, 영화, 노래의 새롭고 기대하지 않았던 조합으로부터 유래하는 혼종성, 불순함, 서로 뒤섞임, 변형

책 2권의 III.4 「민족주의, 민족, 문화의 위엄」의 끝부분에서 'national', 'nation'이라는 복합적 용어가 완성된 개념도 아니지만 굳이 단일한 개념으로 엮는다면, 공통의 정치적 기억들과 종교, 언어, 관습 혹은 운명공동체로 엮인 사람들로 구성된 것이라고 기록하고 있다.

을 찬양하고 있다. 그것은 잡종화를 기뻐하고 순수함의 절대주의를 두려워한다. 혼합물, 뒤범벅된 잡동사니, 이런저런 것이 약간씩 뒤섞여 있다는 것은 새로움이 세계로 들어오는 방법이다. 대량 이주(移住)가 세계에 가져다주는 커다란 가능성이며 나는 그것을 포용하려고 노력해왔다.24)

혼종성의 시대에는 역설적으로 이에 대한 반작용으로서 자신의 고유한 정체성에 대한 강한 의구심이 생겨날 수 있다. 국가와 민족 단위의 구분이 느슨해진 전지구적 공간에서 개인의 정체성과, 개인이 살고 있는 로컬의 위상 그리고 로컬의 문화적 정체성이 문제시된다. 이러한 정체성의 위기는 곧 '지금 내가 어디에 있으며, 어디를 향해 가고 있는지?'를 묻는 일종의 존재론적인 위기이기도 하다. 나의 정체성을, 로컬의 가치를 되묻는 질문에는 '전체'—그것이 국가였든, 민족이었든 간에—라는 대의명분 아래 함몰되었던 개인과 로컬의 고유성, 즉 정체성을 다시 복원해내자는 의지가 담겨있다. 그렇다면 세계화는 로컬의 문화적 정체성에 어떤 영향을 끼쳤을까? 또한 이 질문에 제대로 답하기 위해서는 로컬이라는 개념(의 변화) 역시 같이 고려되어야 할 것이다. 본 글에서 논하는 로컬은 중앙권력의 하부단위인 지방의 개념만이 아니라, 사회학에서 규정하는, 매개물을—그것이 공유하는 기억이나 재현의 방식이든—통해 일정한 소속감을 심어줌으로써 사회적·집단적 정체성의 형성을 가능케 하는 일정한 물리적·지리적 공간에 조금 더 가깝다. 그렇다고 꼭 물리적인 공간에만 한정지을 수 없는 게, 굳이 지리적인 형태를 갖추지 않았더라도 일정한 매개물로 인해 구성원들이 서로 공통의 정체성을 느낀다면 이것도 로컬의 범주에 포함시켜서 봐야 하지 않을까 한다.25)

---

24) Salman Rushdie, *Imaginary Homelands*, London, 1991, p.394.

다시 세계화와 로컬의 관계에 대한 논의로 돌아가, 국민국가의 역할
이 약해지고 초국가적 공간이 출현함으로 국가단위의 정체성은 약해
질지라도, 기존의 국가를 구성했던 하부단위인 지역의 정체성마저도
초토화되지는 않는다는 것이 다수의 견해이다. 아파두라이는 오늘날의
글로벌 환경은 에스노스케이프(ethnoscape), 미디어스케이프(mediascape),
테크노스케이프(technoscape), 파이낸스스케이프(financescape), 이데오스케
이프(ideoscape)와 같이 새롭게 펼쳐진 전경들(scape)로 인해 개인과 지역
이 국민국가의 간섭을 벗어나는 공간 형성이 가능하다고 한다.26) 세계

---

25) 소자(E. Soja)나 하비(D. Harvey) 식의 역사지리유물론의 입장에선 물리적 공간
   과 사회적 주체 간의 관계를 중시한다. 인간은 사회적 존재이자 동시에 공간
   적 존재이며, 사회는 공간적으로 생산되고 공간은 사회적으로 생산된다는
   '시간-공간-사회의 삼변증법(trialectics)'이 이에 해당한다(이무용,『공간의 문화
   정치학』, 2005, 32쪽 참조). 르페브르에게서도 역시 공간은 역사적, 자연적인
   요인들로 인해 형성되었을지라도 결코 이데올로기나 정치로부터 분리될 수
   있는 과학적 대상이 아니었다. "공간은 언제나 정치적이고 전략적이었다.
   ……공간은 역사적, 자연적 요소로부터 형성, 주조되어 왔지만 이것은 정치적
   과정이었다. 공간은 정치적이고 이데올로기적이다. 그것은 글자 그대로 이데
   올로기로 가득찬 산물이다."(Henri Lefebvre, Reflections on the Politics of Space,
   31, in *Antipode* 8, 1976(에드워드 소자, 이무용 역,『공간과 비판사회이론』,
   1997, 107쪽 재인용).)
26) 에스노스케이프는 국제 자본주의의 이해관계에 따라 국가 간의 경계를 넘어
   이동하는 이주민, 피난민, 탈출자, 임시노동자, 여행자 등이 생겨나는 현상이
   다. 테크노스케이프는 기술의 전지구적 배치를 의미한다. 고도의 기술, 저급
   한 기술, 기계기술, 정보기술 등이 견고한 여러 경계들을 아주 빠르게 가로질
   러 움직이는 현상이다. 파이낸스스케이프는 국제 자본시장에서 통화나 주식,
   현물들이 거대한 규모로 빠르게 유통되는 것을 말한다. 미디어스케이프는 정
   보들을 생산하고 확산시킬 수 있는 전자미디어들과 이런 미디어에 의해 생산
   된 세계의 이미지들과 관련되어 있다. 이데오스케이프는 국가 이념이나 국가
   권력 등에 대항하는 자유, 행복, 권리, 주권, 표상 등 민주주의를 구성하는 일
   련의 관념들과 용어 및 이미지들을 뜻한다(아르준 아파두라이,『고삐 풀린 현
   대성』, 60~66쪽).

화와 로컬의 관계는 일의적으로 설명될 수 없다. 혹자는 이런저런 측면들을 종합적으로 고려할 때 세계화는 결국 로컬 정체성의 위기를 초래할 것이라고 진단하는가 하면, 혹자는 오히려 로컬의 가능성을 발현할 수 있는 기회로 간주하기도 한다. 특히 스튜어트 홀이 후자에 속하는데, 그는 세계화가 민족의 정체성, 민족문화의 결속성을 약화시키고 마침내는 지역 간 차이를 균질화시켜 버릴 것이라는 두려움은 기우에 지나지 않는다고 말한다. 탈중심적인 주변부나 로컬의 문화적 권력이 강해지면서 오히려 주류 사회의 권력담론들을 위협한다는 것이다.

> 여태껏 문화적 재현의 주요한 형식들로부터 배제되었고, 중심에서 멀리 떨어져서 또는 하위주체로서 겨우 존재할 수 있었던 주변부적 주체들과 젠더들, 종족들, 지역 및 공동체들이 새롭게 부상했고, 자신들만의 아주 주변화된 방식을 통해 처음으로 스스로를 대변할 수 있는 수단들을 쟁취하였다.[27]

케빈 로빈스(K. Robins)의 논리에 따르면, 전지구적인 균질화의 흐름 속에서도 차이(difference)에 대한 매력은 여전하고, 종족성(ethnicity)과 타자성을 마케팅에 이용하게 될 것이기에 지역성(locality)은 그대로 남을 것이다. 실제 글로벌 마케팅의 전략은 유연성을 갖춘 전문화와 틈새시장 공략이란 형태로 로컬 간의 차이들을 이용하고 있다.[28]

이에 해당하는 대표적인 사례로 일본 홋카이도의 아이누(Ainu)족과 중앙아메리카의 소국 벨리즈(Belize)를 들 수 있겠다. 아이누족은 짐승을 사냥하며 사는, 일본 내의 소수민족이었다. 얼마 전까지도 일본의 공식 입장은 예외적인 소수민족을 인정하지 않았다. 25,000명 정도의

---

27) Stuart Hall, *The Local and the Global : Globalization and Ethnicity*, p.34.
28) Stuart Hall, Die Frage der kulturellen Identität, S. 213 참조.

아이누족 대다수는 정치, 경제적인 차별 속에 주변적 존재로 살았다. 그런데, 1970년대에 미국의 시민운동의 영향을 받아 자신들의 문화적 정체성을 국가가 인정해줄 것을 요구하는 투쟁을 펼쳤다. 이들은 일본 정부에 영향력을 행사하기 위해 자신들의 토착문화를 대대적으로 알렸다. 관광객들을 유치하기 위해 아이누족 전통마을이 생겨났고, 그들의 전통음식을 먹었으며 전통공예품을 만들어 팔았다. 아이누족의 지역성을 관광상품화시키면서, 동시에 자신들의 정체성을 되찾으려는 노력은 마침내 일본 정부가 1998년에 아이누족을 소수민족으로 인정하게 됨으로써 결실을 맺게 되었다. 소수민족의 지위를 얻는다는 건 곧 자신들의 구체적인 정치적 요구들을 관철시킬 수 있는 권리를 얻게 되었음을 의미한다.

벨리즈의 경우, 1970년대만 해도 벨리즈의 원주민들은 고유한 벨리즈 문화의 존재를 부정했다. 아프리카-유럽계 주민들과 노예의 자손들이 뒤섞인 인구 구성은 그저 크레올(Kreole)이라고 불렸을 뿐, 이들은 어떤 문화도 자신들의 문화라고 주장하지 않았다. 관광객들에게는 벨리즈의 요리나 상품들, 문화가 특이해 보였지만, 정작 원주민들은 이에 대해 아무런 관심이 없었다. 벨리즈가 자신들의 정체성에 눈을 뜨게 된 계기는 역설적이게도 세계화의 흐름이었다. 오늘날 벨리즈는 자신들의 민족적, 종족적 특수성에 자부심을 지닌다. 또 그들의 전통의상이나 인형, 조미료 등을 마케팅하였다.29) 이 두 사례는 글로벌 공간에서 오히려 민족문화에 대한 의식과 종족성이 형성된 경우이다. 예전 같으면 열등한 것으로 간주되던 소수 종족들의 정체성과 문화가 특수성이란 새로운 의식을 거치면서 자긍심으로 변화되었다.

공간과 정체성, 그리고 이동성 간의 관계를 이론적으로 파악하기 위

---

29) Joana Breidenbach, Global, regional, lokal - Neue Identitäten im globalen Zeitalter, 2004, S. 57ff..

해 아킬 굽타/제임스 퍼거슨(A. Gupta/J. Ferguson)은 '글로벌 공간(global space)'이라는 용어를 제안함으로써 공간의 개념을 확장시켰다. 이들에 따르면 세계는 불평등한 수많은 권력관계들로 이루어진 '글로벌 공간'의 시각에서 이해되어야 하며, '글로벌 공간'에서는 명확히 규정된 '장소(place)'가 존재할 수 없다는 것이다.[30] 이는 세계가 탈영토화(deterritorialization)된 수많은 공간들로 이루어져 있다는 견해나(A. Appadurai, G. Canclini, Morley & Robins), 탈지역화(delocalization)(J. B. Thompson) 혹은 이동배치(displacement)(A. Giddens)라는 용어들과도 서로 맞닿아 있다.[31] 이들의 입장을 전체적으로 요약해보면 장소들이란 문화적인 구성의 결과일 뿐, 지리적인 경계구분에 따른 장소가 더 이상 개인들의 정체성을 입증하는 명확한 버팀목이 될 수 없다.[32] 장소(place)와 로컬(local)의 구분을 좀 더 명확히 이해하기 위해 아파두라이의 글을 계속 살펴보자. 세계가 탈영토화된 에스노스케이프에서는 정

---

30) Akhil Gupta/ James Ferguson, Beyond Culture : Space, Identity, and the Politics of Difference, in *Cultural Anthropology*, 7, 1992, pp.6~23. 탈영토화된 문화의 한 단면으로 '비장소(non-places)' 논의는 고려할 만하다. 유기적인 사회 상호작용의 일상적 반복이 거주자들을 지역의 역사와 묶어주면서 문화정체성과 기억을 제공하는 곳이 인류학적 장소라면, 공항의 출발 라운지, 슈퍼마켓 계산대, 거리 모퉁이의 현금인출기 앞 등은 관계적이거나 역사적이지 못하고, 또한 정체성과 관련해 딱히 정의할 수 없는 '비장소'이다. 그러나 '비장소'는 현대 사회의 인간들의 실제 삶 속에서 점점 증가하고 있고, 심지어는 필수적이기까지 하다. 시골장터 같은 곳에서 삶의 진정성을 찾으려 한 기존의 문학이나 사회학, 인류학의 관점이라면 '비장소'는 피상적인 한낱 소외의 공간일 뿐이다. 그러나 이러한 '비장소'에서 살거나 일하는 사람들에겐 '지역성(locality)'이라 할 수 있는 독특한 문화적 특성이 생겨난다(존 톰린슨, 김승현/정영희 譯, 『세계화와 문화』, 2004, 157~163쪽 참조).

31) 존 톰린슨, 『세계화와 문화』, 154쪽. 탈영토화, 재영토화(reterritorialization)는 들뢰즈/가타리의 『앙티 외디푸스』(1977)에서 비롯되었다.

32) David Morley/ Kelvin Robins, *Spaces of identity : global media, electronic landscapes and cultural boundaries*, London, 1997, p.87.

체성의 장소(place of identification)가 실제 삶의 장소들인 로컬 앞에서 의미를 상실하게 된다. 국민국가의 약화와 마찬가지로, 전통적으로 고향이나 조국이라는 개념이 표상하던 것들은 점차 가상적인 성격을 띠게 된다. 그는 로컬리티의 개념을 명확히 하기 위해 '동네(neighbourhood)'라는 개념을 도입한다. '동네'는 실제로 존재하는 사회적 형태이고, 그 속에서 로컬리티는─하나의 공간(dimension) 혹은 가치(value)로서─여러 방식으로 실현된다. 동네는 공간적(spatial)이건 혹은 가상적(virtual)이건 간에 장소에 근거한 실재의 공동체로서, 사회적 재생산의 잠재력을 가지고 있다. 반면 로컬리티는 규모나 공간적인 것이 아니라, 관계적이고 맥락적이다. 또 사회적인 현안에 대한 감각, 상호작용의 기술들, 그리고 여러 맥락들의 상대성, 이들이 서로 만들어내는 일련의 관계들로 구성되는, 복잡한 현상학적인 성질을 지닌다고 본다.33)

탈식민주의자들은 글로벌 자본주의 체제라 할지라도 문화의 이동배치나 로컬의 혼종성 등이 초국적 문화지배에 저항의 힘으로 작동한다며 로컬의 비판적 기능을 말하지만 로컬은 조작이 일어나는 장소이기도 하다. 아이러니컬하게도 로컬인들이 자신들의 정체성을 벗어던지고 글로벌 자본에 동화될 때, 즉 굴복할 때 로컬은 해방된다. 글로벌 자본은 로컬을 균질화시키는 그 순간에도 로컬이 자본에 저항하는 장소라고 말하며 저항의 대상을 흐리게 하는 것이다.34) 근자에 세계화와 로컬에 대한 글에 거의 예외 없이 등장하는 슬로건으로 "전지구적으로

---

33) "I view locality as primarily relational and contextual rather than as scalar or spatial. I see it as a complex phenomenological quality, constituted by a series of links between the sense of social immediacy, the technologies of interactivity and the relativity of contexts."(A. Appadurai, The production of locality, p.204).

34) Arif Dirlik, The Global in the Local, p.35.

사고하고, 로컬적으로 행동하라(Think globally, act locally)"가 있는데, 이를 인용하는 대개의 글은 대략 전지구적인 사유의 틀 속에서 로컬(지역)의 요구에 부합하는 실천을 하라는 의미를 전달하고자 한다. 하지만 이 문구를 내세우는 초국적 기업들은 기업들의 현지화 전략(localization)으로서 이 슬로건을 즐겨 인용한다. 예로써 초국적 자본구조를 갖춘 식품회사나 금융회사, 유통업체들이 현지화라는 이름 아래 한국 소비자들의 문화와 기호, 습관에 눈높이를 맞춘 상품을 개발해 판매망을 더욱 확장해나가려 하는데, 정작 한국의 소비자들은 한국식 문화를 오히려 더 강조하는 초국적 기업들의 노회(老獪)한 전략 앞에서 판단력이 흐트러지는 경우가 그러하다.

국민국가의 위기가 처음으로 로컬리티를 위협한 것은 아니다. 로컬리티는 사회적으로 달성된 결과물이기에, 속성상 쉽게 와해될 수 있는 가능성이 늘 있다. 그런데, 문제는 모든 사회가 로컬 주체(local subjects)의 형성에 큰 가치를 둔다고 하면서도, 정작 학자들이 지금까지는 로컬리티를 생성하는 방법에 대해선 큰 관심을 기울이지 않고, 그 대신 민족지학에 근거한 '기술(description)'에 — 클리포드 기어츠(C. Geertz)[35]의 '심층기술(thick description)'처럼 — 집중해왔다. 이런 관점에서 아파두라이는 기존의 민족지학을 새롭게 읽어야 한다고 강조하는 것이다. '동네'의 역사로서의 민족지학(Ethnographie)의 역사는 곧 로컬리티의 생성을 위한 단초가 될 수 있을 것이다. 로컬리티는 이미 주어진 소규모 사회 혹은 복잡한 사회 형태를 수용하는 것이 아니다. 글로벌 세계에서 이동배치된 수많은 종족집단은 — 이들이 에스노스케이프이다 — 결과적으로 일종의 정서의 구성물인 로컬리티의 형성에 부단히 관여하게 된다. 집중된 사회 형태인 '동네'가 사라지고 실제적인 로컬의 의미

---

35) 기어츠는 이밖에도 *The Interpretation of Cultures*(1973), *Local Knowledge*(1983), *Works and Lives. The Anthropologist as Author*(1988) 등의 주요 저서를 집필하였다.

들이 줄어들게 될수록 이 과정은 더욱 두드러질 것이다.[36]

로컬리티 찾기의 양면성

세계화는 국가 간의 경계가 없이 보편적인 이미지와 패턴들로 이루어진 글로벌 문화를 탄생시켰다. 여기에는 특히 대중문화의 영향이 크다. 현재 지구 위로는 무려 500개가 넘는 위성들이 떠다니며 똑같은 그림과 영상, 팝뮤직을 지구촌의 구석구석으로 송출하고 있다. 이른바 '세기의 대결'이라는 빅매치나 월드스타들의 콘서트는 동시에 각국의 안방에 전달됨으로써 지구촌의 소비자들은 거의 동일한 방식으로 문화를 소비하며 부지불식간에 표준화—혹은 맥도널드화(McDonaldization : George Ritzer)—된 문화코드에 젖어들고 있다. 미국 드라마들은 뉴욕이 마치 서울이나 동경, 뉴델리의 어느 지역인양 시청자를 동일화시키고, 또 스타벅스가 마치 세계 시민으로 나아가는 글로벌 코드인양 착각하게 만든다. 그 결과 세계의 여러 지역들과 그곳에서 향유되는 문화가 상당 부분 획일화되고 있다. 이탈로 칼비노(I. Calvino)가 처음 방문한 도시의 집들과 거리, 도로표지판, 상점 간판, 심지어 사람들의 대화 소재까지 이미 익숙하다고 묘사한 것처럼,[37] 이 로컬이 저 로컬과 차별성을 보이지 못하고 있다.

로컬(지역)의 정체성은 지역을 이루는 물리적 배경으로서 공간과 삶의 주체인 인간, 그리고 인간들이 이루는 집단인 사회[38] 이 세 가지가 구성요소가 된다. 이 세 요소가 섞이고 누적되어 만들어지는, 인간 사유의 결과인 구성체가 로컬리티인 것이다. 로컬이 균질화의 위협을 불

---

36) 존 톰린슨, 『세계화와 문화』, 19∼22쪽 참조.
37) 이탈로 칼비노, 『보이지 않는 도시들(*Le città invisibili*)』, 2007, 163∼164쪽.
38) 남송우, 「지역문학 연구에 나타나는 탈근대성의 양상」, 48쪽.

식시키고 차별성을 보이려면, 그럼으로써 앞서 언급한 스튜어트 홀의 말처럼 중심에 결핍된 잠재력을 갖추기 위해서는 로컬의 정체성을 유지하거나 새롭게 만들어가야 할 것이다. 만일 로컬의 정체성이 로컬 고유의 주체성과 독자성은 고려되지 않은 채 세계화라는 전체의 퍼즐에 꿰맞추는 식으로 구현된다면, 이는 철저히 자본의 논리에 종속되는 것 이상은 아닐 것이다.

 '글로벌 스탠더드' 구호 속에는 제1세계가 상대적으로 주변부에 해당하는 국가 혹은 지역들을 자신들의 경제와 정치에 맞게 편성하거나 유지시키려는 전략이 있듯이, 문화는 자본과 분리되어 논의될 수 없다. 그렇다면 로컬리티의 정체성 논의의 핵심은 로컬이 글로벌 자본의 지배를 (완전히 벗어나는 건 근본적으로 불가능하니) 비교적 덜 받는 방안을 강구해 내는 것이고, 그 해결책 중 하나가 로컬 간의 연대일 것이다. 가령 한국의 한 로컬이 필리핀이나 일본, 중국의 특정 로컬과 연대하는 방식처럼 구체적이고 지리적인 실체로서의 로컬들끼리 서로 연대하는 것은 물론이고, 각국의 로컬리티 연구자들 간의 학문적 연대도 같이 포함된다. 이것은 곧 트랜스로컬리티(translocality) 연구로서, 국가의 경계를 넘어서는 복잡한 관계성들이 생겨난 현실에서 제3세계 지역들을 서로 엮어주고 이를 통해 상호연대를 가능케 하는 새로운 시각을 확보하자는 데 그 의의가 있다.[39) 트랜스로컬리티 연구는 여럿의 로컬

---

39) 어떤 이들은 트랜스내셔널리티(초국가성)와 트랜스로컬리티를 같이 취급하기도 한다(Peter G. Mandaville, *Transnational Muslim Politics. Reimagining the Umma*, London, 2001 ; Mandaville, *Territory and Translocality. Diskrepant Idioms of political Identity*, Los Angeles, 2000). 하지만, 트랜스내셔널리티가 국민국가의 존재를 전제하고 국가엘리트의 시각을 우선시하는 데 비해, 트랜스로컬리티는 공간적 질서의 다양함, 사람들의 상이한 공간인식을 강조한다. 이와 같은 것들은 로컬에서 혹은 로컬 간 관계에서 파악되는 움직임이므로 국가의 경계와 영토 개념으로는 드러낼 수 없고, 오직 로컬리티를 통해서만 나타난다. 이렇게 보

단위들을 산술적으로 나열해 그 결과물들을 더하는 방식으로는 만족해선 안 된다. 대신 사람과 자본, 물자, 이념, 제도, 표상, 상징물들이 규칙적으로 공간적 거리와 경계를 극복하는 가운데, 이것들이 순환되고 상호 이동함으로써 생겨난 현상들을 고려한다. (반)주변부에 해당하는 한국 같은 지역의 로컬 연구자가 경계해야 할 점은 트랜스로컬리티 연구의 시각들을 잘 구분해내는 것이다. 제1세계에서 논의되는 트랜스로컬리티 연구는 제1세계의 시각에서 제3세계, 아시아권, 아프리카나 서남아시아, 동북아시아 국가들 관의 관계를 파악하는 것이고, 이를 통해 현재 활발히 진행되고 있는 전지구화 및 전지구적 역사를 내용과 방법 면에서 더 풍부하게 만들려는 의도가 깔려있다. (반)주변부 국가들은 제1세계가 전략적으로 힘을 쏟는 트랜스로컬리티 연구의 시각에 포섭되는 것을 스스로 경계해야 한다. 세계사를 주도해온 서유럽 국가들과 미국이 자신들의 관점을 바꾸기는 쉽지 않을 것이기 때문이다.

현재의 국민국가가 앞으로 어떻게 나아갈 것인지 그 향방을 놓고 서구권에서는 이미 1990년대 중반부터 다양한 방식으로 격렬한 논의들이 오고갔다. 지난 20세기에는 아시아, 아프리카의 여러 지역에서 국민국가들이 생겨났지만, 이제는 국민국가 내에서 아니면 국가와는 아예 무관하게 여러 형태의 국경들이 생겨났다. 어떤 경우에는 국가가 아닌 이들 지역 간의 경계 넘나들기가 국민국가의 경계 넘기보다 더 중요해졌다. 물론 정치적인 조절기능이 완전히 무의미해지지는 않았을지라도, 다양한 방식의 정치적 조직체가 생겨났고 꼭 정치적으로 규정되지 않는 경계들이 등장하지 않았는가? 이처럼 트랜스로컬에 대한 연구는 로컬 간의 경계넘기와, 그로 인해 발생하는 긴장감과 거기서 파생된 결과들을 강조한다. 나아가 공간적 이동성과 공간들 간의 교류가 문화

면 트랜스내셔널리티는 하나의 규범이라기보다는 트랜스로컬리티의 한 특수한 형태라고 보는 게 타당해 보인다.

적, 사회적, 정치적 구조들의 제도화 및 결속 과정에 어떤 영향을 끼치는가를 연구한다.

위에서 살펴본 세계(화) 속의 로컬리티 담론을 그대로 한국이라는 맥락에 옮겨놓으면 어떤 관찰이 가능할까? 세계화의 흐름에 그대로 노출될 수밖에 없는 동아시아의 한 지역으로서의 한국, 또 그 내부를 들여다보면 중앙(중심)과 지방(주변)이라는 해묵은 이분법 속에 차별과 반목, 위계와 저항이라는 비정상적인 구조가 똬리를 틀고 있는 곳, 이곳 한국에서 로컬 및 로컬리티 찾기는 무얼 의미할까? 우리 사회에서 로컬리티 찾기는 두 겹에 걸쳐 이루어져야 되지 않을까? 한번은 제1세계가 주도하는 경제, 금융, 문화의 세계화에서 살아남기 위한 한국적 정체성을 모색하고, 또 한번은 비정상적인 수도권 집중화로 인해 왜곡된 삶의 모습들이 계속 드러나는 지금, 수도권과 지역이라는 또 하나의 차별적인 위계공간에서 언표(enunciation) 행위의 주체가 발딛고 사는 로컬의 가능성을 부각시키는 일도 전자의 경우 못잖게 똑같이 중요하다. 우리 사회는 미국이나 서유럽 국가들에 비해 종족성, 소수자, 잡종문화 등의 문제에 상대적으로 관심을 덜 쏟지만, 이미 농촌지역의 수많은 이주여성들과 안산, 부천, 성남, 김해, 양산 등 대도시 외곽에 거주하는 이주노동자들이 만드는 타자적인 삶의 양식들은 로컬리티의 일부로 포함되어야 한다. 종족의 차이를 지나치게 강조하면 인종 간 갈등이 유발될 수 있듯이, 지역의 특수성과 주체성을 너무 부각시키는 것을 두고 지역적인 것의 '성례화(聖禮化)'로, 또 향토주의나 분파주의로 보는 시각도 있다. 그러나 로컬은 전체 속에 있을 때 자신의 역할이 중요해짐을 잘 알고 있기에 전체의 틀을 깨는 극단적인 선택은 하지 않을 것이다. 도리어 자신이 발딛고 있는 지역의 정체성을 인식하지 못하는 사회나 개인들은 스스로를 글로벌화 된 세계의 구성원으로 인지하지 못하는 셈이다.

　로컬의 구성원이 다양한 만큼 로컬의 정체성은 다중적이다. 때로는 중심을 동경하되 때로는 지역의 독자성을 주장하고, 때로는 단일한 지역공동체나 종족성을 옹호하다 때로는 잡종문화에 대해 개방적 태도를 취하기도 한다. 심지어 한 개인에게서도 정체성은 복합적이고 변증법적이어서, 외부로부터 어떤 동인(動因 : movens)이 주어질 때 정체성 구성요소의 일부가 특히 강조되어 부각되는 것이다. 로컬리티에 대한 문화연구적인 접근법으로 지역 토착민들의 정서와 문화활동, 그리고 그 지역에 정치적 혹은 경제적 이유로 유입해 들어온 타지인들이 함께 움직이는 복합적 문화공간을 살피는 일도 필수적인데, 이를 위해서는 예컨대 해당 지역의 동호회나 종교단체, 일간지나 (비)정기간행물들을 -가령 지역 동호회 차원의 회지, 공적 성격을 띤 기관지, 초중고교의 교지(校誌), 시(市) 단위라면 시사(市史) 등-조사 분석할 수 있을 것이다. 또한 해당 지역의 주목할 만한 사건이나 여론 주도 단체, 박물관, 문학관, 상징조형물, 기념비 등에 대한 지역민들의 실제 정서와 반응을 충분히 반영해야 한다. 그로써 지역의 문화 주체(local subjects)들에 대한 분석이 이루어져야 하고, 이들 글에서 읽어낸 지역의 관심사들이 지역의 정책에 반영되는 과정(언표행위의 주체)도 함께 추적해야 한다. 가령 부산을 예로 들면, 부산은 항구도시로 한때 일본과의 무역을 위한 개항장이 있었던 곳이며, 한국동란 직후에는 피난민들이 내려와 살며 토착민과 외지인이 섞이는 과정을 거쳤고, 1970~80년대 한국의 근대화 시기에는 철강과 조선, 목재, 신발산업 등으로 크게 성장했으며, 1990년대 들어서 경제적인 퇴락의 길로 접어들어 이제 제2의 도시의 위상마저 흔들리고 있다. 대전이나 광주가 아닌 부산의 로컬리티를, 즉 부산성을 찾겠다고 한다면 위의 변천과정들이 해명/해석되어야 할 것이다. 부산을 규정짓는 문화적 특징을 말할 때 개방성, 해양성, 다문화성 등을 언급하는데, 이 특성들이 부산(성)의 형성에 어떤 역할과 기능을 해왔는가도 함께 밝혀져야 한다. 이 작업은 공시대에 드러나는 현상을 통해 이루어질 수 있지만, 보다 심층적이고 객관적인 분석을 위해서는 통시적인 관찰도 병행되어야 한다.

4. 문화정치와 로컬리티

문화연구가 대학과 같은 제도권 내 학문의 현장에서 담론을 생산해 문화연구의 저변을 넓혀가는 것이 중요하지만, 현장에서 실천하는 사회·문화운동으로서의 측면 역시 소홀히 취급되어서는 안 된다. 문화정치, 이 말은 얼핏 보기에 가치중립적일 것 같은 문화영역에 지배/피지배, 소유/무소유, 중심/주변과 같은 위계질서와 역학관계가 관철되고 있음을 전제로 하고 있다. 스튜어트 홀(S. Hall)은 "문화의 문제는 단연코 정치적인 문제"[40]라며 문화를 투쟁의 장소로 규정하고, 문화는 사회적 행위와 중재가 일어나는 장소로 이곳에선 권력관계가 안정적으로 확립되어 있으면서 동시에 그 위계질서를 뒤흔들고자 하는 움직임이 있다고 말한다.[41] 아래에 인용한 강내희의 글 역시 홀의 주장과 크게 다르지 않아 보인다.

문화의 장(場)에서 (이데올로기와 국가 개념은) 한편으로는 지배적 '현실효과'를 만들어내려는 세력과 그와는 다른 '현실효과'를 만들고자 하는 세력의 대치를 전제한다. 그동안 문화에 국가주의가 관철되어 왔다는 사실은 근대사회에 들어와서 문화의 주된 관리자가 국가였음을 말해준다. 국가가 사회적 상황, 사태에 대한 공적인 의미를 주조하고

---

40) Stuart Hall, 'Subjects in history : making diasporic identities', 1997(제임스 프록터 著, 손유경 譯, 『지금 스튜어트 홀』, 2006, 23쪽 재인용).
41) 프록터, 위의 책, 23쪽.

관리하는 힘을 가졌던 것이다. 지금도 문화적 국가주의는 지속되고 있으며, '이데올로기' 개념도 여전히 중요한 분석적 힘을 가지고 있다.[42]

정치의 사전적 의미가 국가의 권력을 획득하고 유지하며 행사하는 활동이라든가, 국민들 상호간의 이해관계를 조정하며, 사회질서를 바로 잡는 일과 같이 철저히 국가를 중심으로 이해되고 있지만, 문화연구의 입장에서는 정치를 국가의 문제를 넘어선 일상의 차원으로 확대해서 본다. 정당이나 선거제도와 같은 공적인 정치 영역은 논외로 하고, 사회적 관계가 작용하는 모든 곳에 권력의 불평등 현상이 있다는 사실에서 인간의 모든 사회적 활동이 곧 정치라고 말한다면,[43] 위계질서와 역학관계가 존재하는 문화 역시 정치가 된다. 문화를 생산하는 주체가 되도록 보장하거나, 문화를 누릴 수 있는 권리는 개인의 의지만으로는 되지 않는다. 제도적 장치를 통해 문화는 다수가 향유하는 공공의 자산이 될 수도 있고, 제도가 억압하면 문화행위는 소수만의 독점으로 끝나고 만다. 제도를 통해 대중의 일상은 바뀔 수 있으며, 바뀐 대중의 일상은 다시금 제도의 개선이나 입법에 영향을 끼친다. 이는 문화가 지닌 공공성의 측면이다.[44] 이런 맥락을 고려해보면 문화와 정치가 상보적인 게 더욱 명백해진다. 문화정치는 단순히 문화와 정치를 더한 것이 아니라, 이들의 밀접한 관계를 말하는 것이다.

그렇다면 '문화정치와 로컬리티'란 문화연구의 시각에서 문화를 정치행위로 규정하고, 로컬의 주체들이 마땅히 누려야 할 '문화권리'를 주장하도록 하는 것이다. 로컬의 주체는 주류들로부터 배제된 계급, 성

---

42) 강내희, 『한국의 문화변동과 문화정치』, 153쪽.

43) 강내희, 위의 책, 96~102쪽.

44) 심광현, 「'문화사회'를 향한 새로운 문화운동의 과제」, 심광현·이동연, 『문화사회를 위하여』, 1999, 161~192쪽 참조.

별, 세대, 젠더, 소수자, 종족에 이르기까지 다양한 종류의 사람들이 있다. 이들 주변적 혹은 종속적인 하위주체(subaltern)들이 중심의 지배문화, 주류문화에 대항하거나 그것을 의도적으로 위반하고 일탈하면서 스스로가 언표행위의 주체가 되는 문화공간을 만드는 것, 즉 자신들의 정체성을 재현(representation)할 수 있는 기회를 확보하는 게 문화정치가 달성하고자 하는 목표 가운데 하나이지 않을까? 문화정치의 입장은 로컬 차원에서 문화를 주도하는 계층이 누구인지, 문화의 향유가 어느 정도 분배되고 있는지, 로컬의 하위주체들은 재현의 기회로부터 얼마나 차단되어 있는지를 밝혀내고자 한다.

만일 어느 한 지역을 예로 든다면, 해당 지역의 문화행위는 대체로 문화를 생산하는 집단, 문화와 관련된 정책이나 제도를 시행하는 관료집단, 그리고 이 사이에서 문화를 향유하는 사람들 이렇게 세 부류가 주체가 된다. 그런데, 지역문화가 마땅히 형성되어 있지 않거나, 있다고 해도 문화생산자들이 외부의 사람들이라면 그 지역문화를 자생력을 갖춘 문화로 보기는 힘들다. 재현의 주체가 되고, 언표행위의 주체가 된다는 것은 외부 자본, 외부 지식인들이 어느 한 지역의 문화를 주도하는 것이 아니라, 해당 로컬인들이 문화담론을 만들어가고 이를 실현하는 주체가 되는 것을 의미한다. 물론 여기에는 자칫하면 지역 이기주의나 배타성이 개입될 여지가 있으므로 이 점은 각별히 유의하여야 한다.45) 권경우는 문화적 권리의 실현이 정치, 경제적 상황들과 긴

---

45) '문화권리'를 지역 차원에서 본다면 지역의 문화예산, 문화정책, 환경정책, 도시계획 등에 대한 지역민의 적극적 의사표명이나 관여를 들 수 있겠다. 가령, 필자가 사는 부산이라면 시(市)가 부산발전을 위해 장기적으로 나아갈 방향을 제시한 <부산발전 2020비전>에 제시된 도시재창조 프로젝트, 문화도시 프로젝트와 같은 정책들의 제안 단계부터 로컬 주체들의 의견이 적극적으로 반영되도록 제도와 장치를 만들고, 이 비전들이 실제 구체적으로 행동에 옮겨지는 순간에도 당초의 구상들이 흐트러지지 않도록 공청회나 토론회, 학술

밀히 연관되기에, 문화적 권리는 결국 보편적 인권의 차원이라고 적고 있는데,[46] 이는 달리 표현하면 로컬 및 로컬리티에 대한 인문학적 성찰은 현 상황에 대한 비판적 조명이라 할 수 있는 '사실문제(de facto)'의 규명을 넘어 '권리문제(de jure)'까지 나아갈 수 있어야 한다는 말로 확대해서 이해해도 무방하지 않을까 싶다. 문화가 권리로 인식되는 순간, 문화는 곧 정치 행위가 되는 것이다.

문화정치는 문화의 영역을 협소하게 예술적 생산물로 정의내리거나 정치를 제도적 선거과정으로 단순화하는 것이 아니다. 문화정치는 사람들이 자신들의 일상생활 속에서 의미를 발견하고 창출해가는 모든 영역이 갈등과 힘겨루기의 정치적 권력관계와 관계 맺는 복합적인 과정을 지칭하는 것으로 보다 넓게 정의내리는 것이다.[47]

문화정치는 신자유주의적 세계화에 로컬이 대항하는 방법 중의 하나이다. 세계화가 로컬의 다양한 가치를 균질화, 몰개성화 시키는 쪽으로 몰고 갈 때, 이에 맞서 로컬의 '문화정체성'을 주장하며 문화적 차이를 긍정하고 나아가 그 차이를 수용할 것을 요구하는 것이다. 로컬리티가 장소성(placeness)에 배어 있는 다양한 층위의 관계성이라면, 로컬리티를 대상으로 하는 문화연구는 장소를 지배하는 힘과 더불어 그 장소를 재현해내는 힘의 관계, 장소에서 재현된 표상들 간의 힘의 관

심포지움 같은 형태로 시의 정책을 지원하거나 견제하는 것도 로컬 주체의 문화권리에 속할 것이다. 한편, 지역민이 로컬문화를 주도한다는 명분하에 외부인의 참여를 차단시킨 채, 지역 내의 학연과 지연으로 맺어진 특정인들이 문화를 독점한다면, 이는 폐쇄적 지역주의일 뿐이고 지역 내에서 또다른 중심/주변의 논리를 복제하는 것과 다를 바 없다.

46) 권경우, 『신자유주의 시대의 문화운동』, 60쪽.
47) Angus, I. H. & Jhally, S, *Cultural politics of contemporary America*, 1989(이무용, 『공간의 문화정치학』, 2005, 35쪽에서 재인용).

계도 관찰 대상으로 삼아야 한다. 그것은 이 힘들의 관계에서 곧 주체/
객체, 중심/주변, 언표(행위)주체의 역학들이 드러나기 때문이다. "장소
의 문화정치는 사회의 권력관계에 의해 장소들이 재현됨과 동시에 그
장소의 재현이 권력관계를 정당화함을 의미한다. 따라서 투쟁의 초점
은 재현과정이다."[48] 한편, 문화정치는 로컬의 생태환경에 대한 관심도
소홀히 하지 않는다. 지역민의 일상이 풍요로워지고 삶의 질이 향상되
기 위해서는 환경개선이 절실하기 때문이다. 지역 내의 공단에서 내뿜
는 매연과 악취, 대기오염이 그대로 방치되고선 문화권리를 회복했다
고 말할 수 없다. 자연친화적인 도심재개발, 강이나 해변을 낀 지역인
경우 친수공간조성, 생태하천 복원 등 생태계의 파괴를 최대한 억제하
고 친환경적인 공간조성을 위한 대안적 담론을 제시하는 것 역시 문화
연구가 로컬에 기여할 수 있는 부분이다. 로컬리티 연구가 지향해야
할 종착점이 인간이 인간다운 삶을 영위하는 사회와 환경을 실현하는
것이라면, 어메니티(amenity) 운동과 같은 생태환경문제가 문화정치의
주요한 목표 중 하나가 되는 것은 자명하다.

5. 로컬의 권리선언

　1990년대 이후 문화연구에서 로컬 및 로컬리티가 주요 이슈가 된 것
은 세계의 변화가 원인이기도 하지만, 근대 이데올로기의 산물이었던
국민국가의 역할에 대한 반성도 작용했다. 예컨대 지역이 중심만을 바
라보고 거기에 의존할 수밖에 없도록 지배구조를 고착화시키고, 민족,

---

48) Rose, G. The cultural politics of place : local representation and oppositional discourse
　　in two films, *Transaction, Institute of British Geographers*, vol.19, pp.46~60(이무용, 『공
　　간의 문화정치학』, 35쪽에서 재인용).

국가라는 문화적인 재현장치를 통해 지역이나 종족의 차이들을 모두 묻어버렸던 억압적인 이데올로기에 대한 반성이다. 포스트모던 이론은 국민국가의 건설과정에서 억압된 다양한 하위집단들을 주목하고, 민족적 주체에서 배제되거나 소외된 인종, 성, 계급 등을 재인식하고 있다. 현실 사회주의의 몰락이나 이에 따른 한국 정치현실의 변화에 영향을 받아, 제 학문들과 담론들이 거시 정치, 이념 정치에서 미시적인 일상 속의 문제들로 옮겨갔다. 일상성을 근접한 거리에서 포착하기에는 지역단위의 문화가 연구대상으로 더 부합한다. 국가라는 전체 단위가 아닌, 작은 단위로서 지역을 바라볼 때 종족성, 계급, 여성, 환경, 지역문화, 노동운동 등의 '사소한' 문제들이 시야에 더욱 잘 들어온다.

문화연구에서 로컬리티는 로컬의 문화 및 문화정책, 문화권리가 실현되는, 즉 문화연구가 실천적으로 드러나는 현장성의 또 다른 이름이기도 하다. 글로벌화로 인해 지역과 지역문화가 서로 비슷한 양상을 보이지만, 다른 한쪽에서는 도리어 종족 정체성과 지역문화의 특수성들이 형성되고 강조되는 현실이다. 글로벌 환경 속에서 로컬들은 서로 비슷해지면서도, 다른 쪽에선 자신들만의 특별함을 강조하는 쪽으로 전개된다. 지역적인 것이 세계화이고 또 세계적인 것은 지역적인 것을 창조한다고, 그럼으로써 세계화와 지역화를 상보적인 관계로 보는 시각은 세방화(世方化, glocalization)(R. Robertson)라는 단어에 집약되어 있다.[49] 이 과정들에 대한 비판적 기술과 분석은 현재 진행 중인 문화의

---

49) 프랑수아 드 베르나르 외 著, 『세계화 시대의 문화논리』, 2005, 86쪽. 글로컬화를 화엄사상인 '일즉다(一卽多) 다즉일(多卽一)'과 비교하면 어떨까? '하나의 형상 속에 다른 많은 형상이 포함되어 있으며, 복잡한 형상일지라도 결국 하나의 형상으로 귀결된다'는 말처럼, 크게 보면 지구촌이 하나의 세계가 되어가지만 그 속에 무수히 많은 로컬리티가 존재하고 (혹은 존재함을 인정하고), 각양각색의 로컬리티와 더불어 로컬정체성을 주장하지만 때로는 로컬의 특색을 뛰어넘는 글로벌 문화 역시 존재한다는 세방화(世方化)의 논리라면

재편성이나 여러 문화 간 상호연관성을 보다 더 잘 추적하고 이해하게 해줄 것이다. 문화연구의 입장에서 지역민의 삶과 직결되는 제반 정책을 견제하거나 적극적으로 개입함은 물론, 지역의 정체성을 발견하거나 개발해내고 이를 북돋우는 과정을 통해 지역민들로 하여금 로컬 주체가 되게 하는 것, 또 소홀해진 지역민의 권리를 회복케 하는 것, 이런 목표들을 고려한다면 로컬리티의 문화연구는 곧 로컬인의 정당한 권리 되찾기이고, 로컬의 정체성 회복하기이다.

　신자유주의와 세계화라는 드센 파고(波高)는 전지구적으로 어떤 커다란 계기가 주어지지 않는 한 좀처럼 수그러들지 않을 것이다. 이 파도 속에서 한국 내의 로컬은 크게는 세계와의 관계 설정, 동아시아 국가들과의 관계 설정, 그리고 좁게는 한국 내에서 중앙과의 관계 설정이라는 삼중고에 처해 로컬의 위상과 정체성을 주장하기가 결코 쉽지는 않을 전망이다. 대외적으로는 지역의 정체성을 모색하고 그것을 관철시킬 과제를, 대내적으로는 다양한 지역구성원들이 풍요로운 삶을 영위할 수 있도록 실천적 문화운동을 전개시켜야 하는 과제를 각각 안고 있다. 문화연구가 로컬에서 맡아야 할 책무가 바로 이 지점이다. 로컬인이 주체가 된 지역문화운동이 활발해지면 문화권리와 문화기회에서 상대적으로 차별을 받았던 지역이 새로운 장소로 부각될 것이고, 나아가 비정상적이고 왜곡된 중심주의를 해소시킬 수 있는 하나의 방안이 될 것이다. 또 지역에 대한 관심과 자긍심은 로컬 정체성의 생성으로 이어질 것이다.

서로 비교가 가능하다고 본다.

VI. 동아시아적 로컬리티의 존재와 탈근대성 사유

이 명 수

1. 로컬리티는, 개체성 · 지역성 · 지방성으로, 평등의 가치 존재이다

로컬리티(locality)란 장소성으로서 시간과 공간이 어우러져 이루어지는 특수한 문화의 근거이자 재료이다. 어느 면으로는 지방이나 지역, 주변, 변두리, 경계, 변방으로서 사람이 위치하여 고유한 문화를 남기는 공간적 조건이기도 하지만, 중앙이나 중심의 대립 개념으로 쓰여 불순한 위계적 의미, 예컨대 시골, 촌티, 폐쇄성과 같이, 그 의미가 비본질적으로 함축되는 것을 경계한 표현이기도 하다. 한편으로 그것은 토착문화에 내재한 개성, 욕망의 표상을 의미하는 것이기도 하다.

당초 동아시아 문화에는 중앙이나 지방 모두 하나의 로컬리티로 대상화하는 풍부한 사유가 있다. 본원 유가의 창시자 공자는 나와 남의 관계를 문제 삼아, 나 이외의 존재에 대한 인식을 요청하여 그 소통의 방법을 모색하였는데, 해법은 인(仁)의 제시로 나타난다. 장자는 피조물이란 모두 자연 존재로 자기 영역에서 나름의 입장을 갖고 존재한다는 사상을 제시한다. 송대 철학자 정이(程頤 : 1033~1107)는 "이치는 하나인데, 현상 세계에 나타난 것은 만 가지로 다르다."는 이일분수설

(理一分殊說)[1]을 넘으로써 피조물 존재의 차이를 의식하였다. 그리하여 삼라만상에는 지역적, 인종적 차이도 있어서 자기 영역의 생명현상을 도모한다고 보고 인간학의 각도에서 또는 자연주의 입장에서 우주의 모든 존재들을 통일적으로 파악하려는 인식을 보였다.

그러면 왜 로컬리티의 존재와 연구에 탈근대(성)의 문제가 대두되는가? 탈근대란, 사물 인식의 방법으로서 포스트모더니즘으로 탈현대, 후현대와 용어상 차이가 필자에게는 없다. 서구의 근대적 기획 속에 문화, 예술, 삶, 사고를 지배해 온 모더니즘에 대한 반동으로서 1960년대 중반부터 나타나기 시작한 포스트모더니즘은, 모더니즘을 통해 수립된 고급문화와 저급문화의 엄격한 구분, 예술의 각 장르간 폐쇄성에 대한 반발이다. 모더니즘이 20세기 현대에 만연되어 있는 혼돈과 무질서를 제어하기 위한 수단으로서 중심주의적 권위에 의존하였고, 때로는 내용이나 주제 면에서 이중적인 성격을 지녔던 점에 반하여, 포스트모더니즘은 절대 이념 대신에 개성, 자율성, 다양성, 다원성, 혼종성에 주목한다. 그렇다고 할 때 로컬리티 역시 그 자체가 일면 탈근대성과 밀접한 관련성을 갖고 있고, 그 발견 역시 모더니즘을 넘는 방법론에 의존하지 않을 수 없다는 인식에 도달하게 된다. 중심주의의 각도로 얼핏 보아서는 로컬리티란 그 자체가 이미 비효율이고 그것이 가진 가치 또한 발견이 용이하지 않을 것이기 때문이다. 이제 로컬리티는 개체성, 지역성, 지방성으로 평등하게 존재한다는 이념에 기초하여 동아시아적 사유에 나타난 로컬의 의미로서 지(地), 방(方), 지방(地方) 등을 어원적으로 살펴보고, 로컬리티의 존재와 가치, 그 양태와 인식의 문제로서 탈근대성에 관하여 접근해 보자.

---

1) 『二程全書·伊川文集』 卷45, 「答楊時論西銘」.

2. 로컬리티의 존재와 가치

동아시아의 사유에는, 로컬리티란 지역 또는 지방의 고유한 생활양태나 양식, 특수한 문화로서, 그것은 자연적인 것이어서 그에 대한 통제나 인위적 조작은 존재의 박탈을 의미한다는 인식이 있다. 『장자(莊子)』(「응제왕(應帝王)」)에 의하면, 세 가지 영역을 지키면서 나름의 양식을 갖고 사는 제왕들이 있었다. 남해 지역의 제왕은 숙(儵)이었고 북해 지역의 제왕은 홀(忽)이었으며 중앙의 제왕은 혼돈이었다. 숙과 홀은 때마침 혼돈의 로컬에서 서로 만났는데, 혼돈의 대접은 너무 좋았다. 그러자 숙과 홀은 혼돈에게 보답하는 의미에서 덕(德) 되는 일을 모의하여, "사람이라면 모두 일곱 개의 구멍이 있어서 보고 듣고 먹고 숨 쉬는데, 이 제왕만은 유독 이것들이 없다."고 하였다. 그리하여 날마다 한 개씩 구멍을 파주었더니 일주일 만에 혼돈은 죽어버렸다.[2]

이 우의적 표현이 시사하는 것은, 우주 자연의 존재물이란 자신의 영역을 기초로 삶의 양식을 구축한다는 것이다. 이는 인위적으로 어찌할 수 없음을 지적한 것으로 생명력과 같은 문화의 상대성이 있음을 설파한 것이기도 하다.

이 홀과 숙이 중앙의 제왕인 혼돈으로부터 초청을 받아 융숭한 대접을 받았으니 인간적으로 보답하지 않으면 안 되는 것이다. 그래서 홀과 숙은 그들 나름의 로컬리티를 잣대로 혼돈에게 보답하기로 했는지 모른다. 장자는 각 개체의 가치나 토착인(indigenous people)이 갖는 삶의 양태나 고유한 문화를 부정하려는 세속적 불평등 의식을 우의적으로 비판한 것이다. 사람들의 의식에 내재한 차이를 부정하고 타자에게 고

---

2) 『莊子』, 「應帝王」, "南海之帝爲儵, 北海之帝爲忽, 中央之帝爲混沌. 儵與忽時相與遇於混沌之地, 混沌待之甚善. 儵與忽謀報混沌之德, 曰. '人皆有七竅以視聽食息, 此獨無有, 嘗試鑿之.' 日鑿一竅, 七日而混沌死." 참조.

유하게 내재하는 영역을 인정하지 않으려는 태도를 비꼰 것이다.

또 『장자』(「지북유(知北遊)」)에는 자연 존재는 제각각 나름의 가치를 지닌다는 인식이 있다. 그는 동곽자(東郭子)라는 사람이 도(道)가 어디에 있느냐고 묻자, 어느 곳이든 없는 데가 없다고 해 놓고, 세속적 각도에서 볼 때 저급한 단계로 거듭 내려가더니 급기야 똥이나 오줌에도 있다고 말함으로써 동곽자를 어이없게 만든다.

동곽자가 장자에게 이렇게 물었다.
"이른바 도는 어디에 있습니까?"
장자는 말한다.
"있지 않은 곳이 없지."
동곽자는 말한다.
"딱 집어 주시면 좋겠습니다."
장자는 말한다.
"누의(螻蟻 : 개미와 땅강아지)에도 있단다."
"어찌 그리 차원이 낮습니까?"
"(논이나 밭의) 피에도 있단다."
"어찌 그리 더욱 차원이 낮아집니까?"
"기왓장이나 벽돌에도 있지."
"어찌 그리 더욱 심하게 낮아집니까?"
"똥이나 오줌에도 있어."
동곽자는 대꾸하지 않았다.[3]

장자에게 도는 어디에든 있다. 자연적으로 부여된 가치, 기준, 삶의

---

3) 『莊子』, 「知北遊」, "東郭子問於莊子曰, 所謂道惡乎哉. 莊子曰, 無所不在. 東郭子曰, 期而後可. 莊子曰, 在螻蟻. 曰, 何其下邪. 曰, 在稊稗. 曰, 何其愈下邪. 曰, 在瓦甓. 曰, 何其愈甚邪. 曰, 在屎溺. 東郭子不應".

지향점으로서 도는 우주 삼라만상 어디에든 존재한다. 계산에 밝거나 억지를 쓰는 일에 익숙한 사람이라면 똥이나 오줌과 같은 로컬에 어찌 고상한 가치가 위치하고 있다고 하겠는가! 장자만의 자유정신에 의거하는 것이지만, 존재의 방식을 의미하는 도(道)에 대한 인식의 틀을 전면적으로 뒤집어 보라는 시사(示唆)를 우리에게 주고 있다고 할 수 있다.

이제 천원지방(天圓地方)과 구체 공간으로서 지방에 대해 살펴보자. 『주역』의 자연관에 의하면, "천지가 있고 나서 만물이 있고 만물이 있고 나서 남녀가 있고 남녀가 있고 나서 부부가 있고 부부가 있고 나서 군신이 있으며 군신이 있고 나서 상하가 있다."[4] 만물, 남녀, 부부, 군신, 상하와 같은 관계가 형성되고, 따라서 이 천지는 문명과 문화 생성의 근거지이자, 인간의 자취를 남길 수 있는 조건이 된다. 그런데 천지에 대한 동양의 우주관에는 '천원지방'이 있다. 이는 천(天)과 지(地)라는 우주 차원의 로컬, 로컬리티에 대한 표현이다. 우주는 시간과 공간이 어우러진 가장 큰 규모의 로컬리티로서, 전국시대(B.C. 403~221) 시교(尸佼)의 말에 의하면, 상하와 사방은 '우(宇)'이고 지나간 과거와 다가오는 오늘을 '주(宙)'라고 한다. '우'는 공간을 나타내고 '주(宙)'는 시간을 표시한다. 우주는 영어로는 universe가 되지만 이에 해당하는 말로는 개벽(開闢), 무한(無限) 또는 완전(完全)과 같은 의미가 있다. 이리하여 사전에는 육합(六合), 건곤(乾坤) 또는 천지, 만유(萬有)라고 풀이한다.[5]

우주, 천지, 육합, 건곤은, 대체로 위아래 모두를 의미하며, 천원지방에서 천(天)은 하늘, 자연의 세계를 가리키고 지(地)는 땅, 하늘 아래 모

---

4) 『周易』, 「序卦傳」, "有天地然後有萬物, 有萬物然後有男女, 有男女然後有夫婦, 有夫婦然後有父子, 有父子然後有君臣, 有君臣然後有上下".
5) 陳遵嬀, 『中國天文學史』, 臺北 : 明文書局, 1984, 6~7쪽 참조.

든 것이다. 이 사자성어는 "하늘의 세계는 둥글고 땅의 세계는 모가 난다"는 의미로 쓰여 고대인의 직관적 자연관을 말해준다.

중국 고대 『주비산경(周髀算經)』에는 "네모(모난 것)는 지(地)에 속하고 원(둥근 것)은 天에 속하니, 천원지방이다."라는 글이 있어서 천원지방이라는 우주에 관한 학설의 대표적인 것이 되었다.[6]

고대인들은 천지가 미분화되고 혼돈 상태의 모습을 태극이라 하였다. 태극은 양의(兩儀)를 낳는데, 곧 음양으로 나뉘었고 천지를 분출하였다고 여겼다. 수많은 별들로 조성된 아득한 우주, 곧 성체(星體)를 '천(天)'이라 하고 그 사이에 발을 딛고 생존하는 터전을 '지(地)'라 하였는데, 해와 달 등의 천체(天體)는 모두 돌아서 처음으로 돌아가며 영원히 정지하지 않고 운동하여 흡사 하나의 닫힌 원(圓)이 시작도 없이 끝도 없이 도는 것과 같고 대지는 고요히 초연하게 여기서 우리 인간들을 실어서, 흡사 네모난 물체가 정지(靜止)하여 안정을 취하고 있는 것과 같은 것으로 여겼는데, 이에 '천원지방'의 개념이 나왔다.

『대대례기(大戴禮記)』(「증자천원(曾子天圓)」)에는 "천도(天道)는 '둥글다' 하고 지도(地道)는 '모가 난다'고 하는 것이니, 모가 난다는 것은 '그윽한 것'이고 둥글다 함은 분명함이다."[7]라고 하였다. 『초사(楚辭)』(「천문(天問)」)에는 "동그랗다는 것은 아홉 겹이고 땅이 모가 나니 아홉 가지 법칙이다."[8]라고 하였고, 『여씨춘추(呂氏春秋)』(「서의(序意)」)에는 "큰 원이 위에 있고 큰 자(scale)가 아래에 있으니……위로는 하늘에서 헤아려 아래로 땅에서 증명한다."[9]고 하였다. 이외에 도가의 『장

---

6) 曾耀寰, 「天圓地方和天方地圓」, 『物理雙月刊』, 臺北, 2005. 12, 786쪽, "中國古代在 『周髀算經』 中便有 '方屬地, 圓屬天, 天圓地方'的論述, 成爲天圓地方宇宙學說的代表".

7) 『大戴禮記』, 「曾子天圓」, "天道曰圓, 地道曰方, 方曰幽而圓曰明".

8) 『楚辭』, 「天問」, "圓則九重, 地方九則".

9) 『呂氏春秋』, 「序意」, "大圓在上, 大矩在下……上揆之天, 下驗之地".

자』(「설검(說劍)」)에는 "위로는 둥근 하늘을 본받아 세 빛(해, 달, 별)을 따르고 아래로는 모가 난 땅을 본받아 네 계절의 섭리를 따른다."[10]고 하였고, 『회남자(淮南子)』(「천문훈(天文訓)」)에는 "하늘은 둥글고 땅은 모가 나며, 도(道)는 중앙에 있고, 해가 덕이 되고 달이 형(刑)이 되니 달이 돌아가면 만물이 죽고 해가 이르면 만물이 살아난다."[11]고 하였다.

따라서 '지방'이란 '천'이라는 둥근 존재에 대비되는, 다양하면서도 혼종적 특성을 지니는 존재들이 위치하는 시·공간의 조건을 가리키는 것으로 볼 수 있다. 구체 공간으로서 우주 가운데 한 부분, 영역, 지역을 의미하는 지(地), 방(方), 지방(地方)이라는 용어의 함의는 문헌에 의거할 때 다음과 같은 접근이 가능하다.

먼저, 지(地)에 대하여 보자.

① 하늘의 대칭으로서 대지. 후한 때 허신(許愼)의 『설문(說文)』에 "지(地)가 원기(元氣)가 처음 나뉠 때 가볍고 맑은 것이 바뀌어 천(天)이 되고, 무겁고 탁한 것은 지(地)가 되어 만물이 진열되는 곳."이라 하였고, 『석명(釋名)』(「석지(釋地)」)에 "지(地)는 밑으로서 그 몸이 밑으로 하고 아래로 하여 만물을 싣는다." 하였고, 『광아(廣雅)』(「석지(釋地)」)에 "地는 땅이다." 하였고, 『좌씨(左氏)』(은공(隱公)·원년(元年))에 "땅을 팠더니 샘에 이르렀다."고 하였으며, 『열자(列子)』(「천서(天瑞)」)에는 "지(地)는 쌓인 덩어리."라고 하였고, 『춘추번로(春秋繁露)』(「양존음비(陽尊陰卑)」)에 "지(地)는 천(天)의 합(合)이다."라고 하였으며, 『백허통(白虎通)』(「천지」)에는 "지(地)는 역(易)이다."라고 하였으니 "만물을 기르고 임무를 품어 교역, 변화한다."는 것을 말함.

---

10) 『莊子』, 「說劍」, "上法圓天以順三光, 下法方地以順四時".

11) 『淮南子』, 「天文訓」, "天圓地方, 道在中央, 日爲德, 月爲刑, 月歸而萬物死, 日至而萬物生".

② 『채옹(蔡邕)』(「월령장구(月令章句)」)에 구릉이나 들판, 습지를 총괄하여 '지(地)'라고 함. ③ 지소(地所). ④ 지신(地神). 지기(地祇). 『예기(禮記)』(「악기(樂記)」)에 "하늘과 땅에 제사 지내다."라고 함. ⑤ 국토. 『사기(史記)』(「춘신군전(春申君傳)」)에 "지(地)가 제나라에 인접하였다."라고 함. ⑥ 장소. 지점. 『시경(詩經)』(「대아(大雅)」)에 "그 전지(戰地)가 넓다."라고 하였고, 『후한서(後漢書)』(「괴효전(愧囂傳)」)에 "호구(虎口)를 거쳐 사지(死地)로 옮기다."라고 함. ⑦ 입각점. 『맹자』(「이루하(離婁下)」)에 "우(禹)·직(稷)·안자(顔子)는 입장[地]을 바꾸면 다 그랬을 것이다."라고 함.[12]

방(方)에 대하여 살펴보면 이렇다.

① 합치다. 『이아(爾雅)』(「석수(釋水)」)의 "대부방주(大夫方舟)"에 대한 「이주(李注)」에 "두 배를 합치다."라고 하였고, 『의례(儀禮)』(「향사례(鄕射禮)」) "부족방(不足方)"에 대한 주(注)에 "방(方)은 병(並, 합침)과 같다."고 하였으며, 『장자』(「산목(山木)」)에 "배를 합쳐서 황하를 건너다."라고 함. ② 배. 합친 배. 방(舫)과 같음. 두 배가 붙어 있는 배. ③ 비교하다. 『논어』(「헌문(憲問)」)에 "자공이 사람을 비교하다.[子貢方人]"라고 함. ④ 구별. 『국어(國語)』(「초어하(楚語下)」)에 "사물을 구별할 수 없다(不可方物)."고 함. ⑤ 무리. 『광아(廣雅)』(「석고(釋詁) 3」)에 "방(方)은 류(類)이다."라고 함. 『예기』(「치의(緇衣)」)의 "기악유방(其惡有方)"에 대한 주(注)에 "방(方)은 배류(輩類)에 비유된다."라고 함. 『회남자』(「정신훈(精神訓)」)의 "이만물위방(以萬物爲方)"에 대한 주(注)에 "방(方)은 무리이다."라고 함. ⑥ 같음. 『시경(詩經)』(「대아(大雅)·생민(生民)」)의 "실방실포(實方實苞)"의 「전(箋)」에 "방(方)은 제등(齊等)이다."라고 함. 『주례(周禮)』(「고공기(考工記)·재인(梓人)」)의 "위후광여

---

12) 諸橋轍次, 『大漢和辭典』 卷3, 大修館書店, 昭和59年(1984), 128~129쪽 참조.

숭방(爲侯, 廣與崇方)”에 관한 주(注)에 “방(方)은 등(等)과 같다.”고 함. ⑦ 각. 방(匚)과 통함.『설문통훈정성(說文通訓定聲)』에 “방(方)은 방(匚)으로 가차(假借)한다.”고 함. 사각. 정방형(正方形).『주례』(「考工記·수인(輸人)」)에 “방(方)이라는 것은 자[구(矩)]에 맞는다.”라고 하였고,『묵자(墨子)』(「경상(經上)」)에 “방(方)은 기둥 모퉁이의 네 가지 바른 것이다.”13)라고 함.『국어(國語)』(「오어(吳語)」)의 “위만인이위방진(爲萬人以爲方陳)”에 관한 주(注)에 “정(正)을 ‘방(方)’이라 한다.”라고 함. 둥글지 않은 형태. 각진 모양.『회남자』(「정신훈(精神訓)」)에 “다리가 각진 모양은 땅[지구]을 닮았다.”고 함. ⑧ 땅. 토지.『대대례』(「증자천원」)에 “머리 아래를 방(方)이라 한다.”라고 하였고,『회남자』(「본경훈(本經訓)」)의 “대원리방(戴圓履方)”에 관한 주(注)에 “방(方)은 지(地)이다.”라고 함. ⑨ 올바름. 곧음.『광아』(「석고(釋詁) 1」)에 “방(方)은 올바름이다.”라고 하였고,『한비자(韓非子)』(「해로(解老)」)에 “이른바 방(方)이라는 것은 내외가 상응하고 언행이 서로 어울리는 것이다.”라고 함. ⑩ 사방. 방(傍 : 곁)과 통함.『설문통훈정성(說文通訓定聲)』에 “방(方)은 가차(假借)하여 방(傍)으로 한다.”고 함. ⑪ 옆구리. 겨드랑이.『의례(儀禮)』(「대사의(大射儀)」)의 “좌우왈방(左右曰方)”에 관한 주(注)에 “방(方)은 삐져 나온 곁.”이라고 하였고,『사기』(「편작전(扁鵲傳)」)의 “시견원일방인(視犬垣一方人)”에 관한 주(注)에 “색은(索隱)에 ‘방(方)은 변(邊)과 같다.’”고 함. ⑫ 방위. 방각(方角).『주례(周禮)』(「천관(天官)·총재(冢宰)」)에 “방(方)을 변별하고 위(位)를 바로잡다.”라고 하였고,『석문(釋文)』에 “해 그림자를 보고 동서남북을 구별하여 사방으로 하여금 분별이 있게 함.”이라고 함. ⑬ 처소(處所).『주역』(「계사상(繫辭上)」)에 “신(神)은 方이 없다.”고 함. ⑭ 법(法).『순자(荀子)』(「대략(大略)」)에 “널리 배움에

---

13) 方, 柱隅四讙也 : 柱는 기하학에서의 변, 隅는 기하학에서의 각. 讙은 ‘權’으로 읽는데, ‘正’[바름].『墨子』「小取편」에서 “權, 正也.”라 함.

方이 없다.”고 함. ⑮ 기술. 신선의 술(術). 방술(方術). 방기(方伎).『사기』(「편작전」)의 “문중서자희방자(問中庶子喜方者)”에 관한 주(注)에 “색은(索隱)에 ‘방(方)은 방기(方伎)의 사람이다.’”라고 함.『소문(素問)』(「오장별론(五藏別論)」) “여문방사(余聞方士)”에 관한 주(注)에 “방사(方士)는 방술(方術)을 밝히 깨달은 사(士)이다.”라고 함.14)

대체로 ‘방’이란, 비교, 비교의 대상, 비슷비슷한 것, 같은 것, 둥글지 않은 것, 곁, 주변, 옆구리, 겨드랑이, 삐진 것, 처소 등의 의미로서 쓰이고 있는데, 관찰자가 어느 입장에 서느냐에 따라 부정적이거나 긍정적일 수 있는 개연성도 함께 지니고 있다고 할 수 있다.

마지막으로 ‘지방’에 대해 살펴보자. ① 어떤 방면의 토지를 가리킴. 그 토지.『관자(管子)』(「형세해(形勢解)」)에 “지방이 매우 크다.”고 함. ② 대지가 방형(方形)인 것.『회남자』(「제속훈(齊俗訓)」)에 “하늘의 원(圓)은 컴퍼스를 댈 수 없고, 땅의 사각형은 자로 잴 수 없다.”고 함. ③ 점(點).15)

따라서 구체장소로서 ‘지방’ 개념이 드러났다 할 수 있다. 지, 방, 지방은 동아시아 문화권, 특히 중국문화에 있어 고전적 의미로 볼 때 각각 중심부에 대한 주변, 곁, 지방, 지역, 변방, 토지, 점의 뜻을 갖게 되는데, 국가를 기준으로 한다면, 주(州)·군(郡)·향(鄕)·시(市) 또는 성(省)·부(府)·주(州)·현(縣)·향(鄕)·시(市)의 상대적 로컬로 나눌 수 있을 것이다.16)

---

14) 諸橋轍次,『大漢和辭典』卷5, 654~656쪽 참조.
15) 諸橋轍次,『大漢和辭典』卷3, 139쪽 참조.
16) 梁啓超,『新民說』,「論自治」 참조.

3. 로컬적 타자 인식과 관계의 문제

인간은 천지라는 시공간에 참여하여 발자취를 남긴다. 이 과정에 부단히 파생하는 가치가 문화이다. 유가적 시각으로는 자연 상태에 머무르지 않고 여타 사물(objects, creatures)과 달리 소우주로서 행위의 흔적을 남기는 것이 요구된다.

인간은 신화를 통해서 주변 세계에 참여하고 자연의 힘과 겨루게 된다는 것을 문제삼았다. C. A. 반퍼슨은 이와 같은 신화적 세계관의 특징을 '참여'라는 말로 표현한다고 하고, 안에는 주체(Subject)인 사람이 있고, 밖에는 그것을 에워싼 주변 세계, 즉 대상(Objects)이 있다고 하였다. 여기서 주체는 닫힌 원이 아니기 때문에, 어느 부분도 예외 없이 속 깊은 곳에 이르기까지 자연세계의 영향을 받을 수 있다. 사람은 열려 있고 그렇기 때문에 자연에 참여한다.[17] 참여라는 말을 동양적 사유로 풀면 그 접근은 매우 용이할 수 있다. 천(天), 지(地)라는 두 Universal한 로컬에 인(人)이 '둘 사이에 끼어들어 셋이 되는 것'이다.

셋이 되고자 하는 것은 인간의 역동성이다. 인간은 그 역동성에 의하여 우주의 주체가 된다. 그리하여 인간은 눈앞에 닥치는 대상을 극복하거나 순응하는 일에 착수하게 된다. 이 일의 흔적이나 성과가 바로 문화이다. 『주역』, 「비괘(賁卦)」 단전(象傳)에 "비괘는 형통하리라. 부드러운 것이 와서 굳센 것을 꾸며준다. 그러므로 형통한다. 굳센 것을 나누어서 위로 올라가서 부드러운 것을 꾸며준다. 그러므로 갈 데가 있으면 조금 이로우니 천문(天文 : 하늘의 무늬)이다. 무늬가 밝아서 그치니 이는 인문(人文 : 사람의 무늬)이다. 천문을 관찰하여 시간적 변화를 살피며 인문을 관찰하여 화성(化成)한다."[18]고 하였다. 여기서 천

---

17) 신응철, 『문화철학과 문화비평』, 철학과 현실사, 2003, 44쪽 참조.
18)『周易』,「賁卦」, "象曰, 賁, 亨, 柔來而文剛, 故亨, 分剛上而文柔, 故小利有攸

문은 자연의 운행질서이기도 하다. 인문은 사람들의 문명한 삶의 질서, 꾸밈 곧 문식(文飾)이므로 이 인문을 살펴 인간 로컬의 일을 이루고 평화롭게 할 수 있다.

문화의 근거지가 바로 지(地)가 되는데, 지(地)에서 인간에 의해 이루어지는 문화는 다양하다. 지역적 차이와 개체 또는 개인의 특수성이 내재한다. 이에 문화적 상대성, 다원성, 관계성의 인식이 있어야 하는데, '타자'와 '관계'의 성찰이 요구되는 것이다.

춘추시대 제(齊)나라 경공(景公) 때 눈비가 3일 동안 내리며 개이지 않았다. 경공은 여우 털 가죽옷을 입고 섬돌위에 앉아있었는데, 재상인 안영(顔嬰)이 들어와 만났다. 잠시 후에 제경공은 말하기를, "참으로 괴이한 일이로다. 눈비가 3일을 내렸어도 춥지 않다니." 이에 안영은 "날씨가 춥지 않다는 말씀이신가요?"라고 아뢴다. 왕이 웃자, 안영은 "제가 듣건대, 옛날 어진 임금은 배부를 때 백성들의 주림을 생각하고, 따뜻할 때 백성들의 추움을 생각하고, 편안할 때 백성의 수고로움을 알았다 합니다. 지금 왕께서는 어찌 안다고 하겠습니까?" 하기에 이른다. 이에 왕은 "참으로 옳은 말이오. 내 그대의 말을 따르리다." 하고 명령을 내려 창고를 열어 가죽옷과 곡식을 꺼내어 춥고 배고픈 자에게 나누어 주는데, 길가는 나그네일지라도 그 고향을 묻지 않으며, 마을에 머무는 자라 하더라도 그 집이 어디냐고 묻지 않았으며, 전국을 순시하여 감독해도 그 이름을 묻지 않으며, 일할 수 있는 자는 두 달 치를, 병든 사람은 두 해 치를 나누어 주었다. 공자가 이 사실을 전해 듣고 "안자(晏子)는 그가 바라는 것을 밝힐 수 있어서 제경공이 선(善)을 실천할 수 있었다."[19]고 평가하였다. "입장 바꿔 생각해 본다[易地思之]"

往. 天文也, 文明以止, 人文也. 觀乎天文, 以察時變, 觀乎人文, 以化成天下".
19) 『晏子春秋』, 「內篇」, 景公衣狐白裘不知天寒晏子諫 第二十 참조. "景公之時 ; 雨雪三日而不霽. 公被狐白之裘, 坐于堂側階. 晏子入見, 立有間, 公曰,

는 말이 있거니와, 제 경공은 안영의 말을 듣고 처지를 바꾸어 생각할 줄 아는 '관계'를 발견한 것이다.

『장자』의 '혼돈고사'에 나타난 차이에 관한 사유를 볼 때, 남쪽과 바다와 북쪽 바다의 제왕들이 중앙 지역의 제왕에 마침 본래 누구나 가지고 있을법한 일곱 개의 구멍을 마련해주는 일이란 정당하고 타당한 일이 아닐 수 없다. 구멍은 삶을 위한 공간으로서 존재의 조건이다. 존재를 위해서 일곱 개의 구멍이 있을 경우 칠규(七竅)라고 하고 그것들이 아홉 개이면 구규(九竅)라고 하는데, 자연물의 생명력 보존의 전제 조건이다. 요즈음으로 치면 국제정상회담이 혼돈의 중앙 지역에서 개최되었을 때 그들의 견문으로 경험하지 못한 입 한 구멍, 눈 두 구멍, 귀 두 구멍, 코 두 구멍이 없는 상태, 곧 자기들이 고유하게 구비한 감각기관을 확보해 주는 일이란 더 이상 큰 선물이 없을 것이며 참으로 도덕적일 수도 있다. 그렇지만 결과적으로는 남의 로컬리티만 침범함으로써 그 영역이 갖는 존재의 근거를 없애버리고 만 셈이다.

여기서 우리는 몇 가지 시사점을 확보할 수 있다. 우선, 중앙 지역의 제왕은 남해와 북해의 문화에 적응하지 못했다는 점이다. 중앙 무대의 로컬리티는 따로 있으니, 자연의 이치에서 볼 때 그 독자성이 존중되어야 한다는 것이다.

또 하나는 남해 지역과 북해 지역의 삶의 양식이자 존재의 조건인 '구멍' 문화의 로컬리티를 결코 중앙에 강요하지 말고 각자의 문화적 풍토 속에서 자연스럽게 존재하면 된다는 시사일 수 있다. 장자철학의

怪哉, 雨雪三日而天不寒. 晏子對曰, 天不寒乎. 公笑晏子曰, 嬰聞古之賢君, 飽而知人之飢, 溫而知人之寒, 逸而知人之勞, 今君不知也. 公曰, 善, 寡人聞命矣. 乃令出裘發粟, 以與飢寒者. 令所睹于塗者, 無問其鄕. 所睹于里者, 無問其家. 循國計數, 無言其名. 士旣事者兼月, 疾者兼歲. 孔子聞之曰, 晏子能明其所欲, 景公能行其所善也".

각도에서 강요는 인간의 조작으로서, 마치 서구 근대철학의 병폐인 시간과 공간의 조작과 같아서 그 자체로 이미 한계를 내포하고 있다.

각자의 영역에서 참으로 중요하면서도 절대적인 이치라고 생각되는 것이라 하더라도 각자의 고유한 '차이' 앞에 무기력할 수밖에 없다는 점이 인정되지 않으면 안 된다.

인공적 조작을 허락하지 않는 장자철학은 중심주의 사고에서 비롯된 '로컬적 존재', 또는 로컬리티의 가치를 발견하지 못하는 경직된 인간을 비판한다.

하루는 장자가 산속을 걷는데, 커다란 나무가 가지와 잎이 무성한데 나무를 베는 사람(목수)이 그 곁에 멈추어 서서 우두커니 보고만 있다가 취하지 않는다. 장자가 그 까닭을 묻자, "쓸모가 없다"는 것이었다. 그러자 장자는 거꾸로 "이 나무는 쓸모가 없어서 그 자연이 준 목숨을 다할 수 있다"고 평가한다.[20]

장자는 못 생기고 쓸모없는 나무가 갖는 특수성이 가져다 준 이로움을 발견한 것이다. 일반적이고 중심을 지향하는 사유로는 발견할 수 없는 "쓸모없는 존재"의 "쓸모 있음"을 찾은 것이다. 울퉁불퉁 보기 싫고 재목으로서 가치가 없다는, 효율이나 결과론적인 관점에 사로잡힌 인간의 척도를 거부한 것이다.

그렇다고 하여 인간이면 누구나 젖어 있을법한 '타산적 메커니즘'에서 완전히 벗어나지도 않는다. 장자는 산에서 나와 옛 친구의 집에 묵는다. 친구는 기뻐 심부름꾼을 시켜 거위(기러기)를 잡아 삶게 한다. 이에 심부름꾼이 "한 마리는 울 수 있고 또 한 마리는 울 수 없는데, 어떤 것을 잡을까요?"라고 묻는다. 그러자 장자를 묵게 해준 주인은 "울지 못하는 것을 잡으라"고 한다. 다음날 제자는 장자에게 "어제 산 속

---

20) 『莊子』, 「山木」, "莊子行於山中, 見大木枝葉盛茂. 伐木者, 止其旁而不取也. 問其故, 曰, 無所可用. 莊子曰, 此木以不材得終其天年" 참조.

의 나무는 재목답지 못해서는 자연이 준 목숨을 누릴 수 있었고, 지금 우리를 묵게 해준 주인의 거위는 쓸모가 없어서 죽었으니, 선생님은 어떤 입장에 처하시겠습니까?” 묻는다. 장자는 웃으면서 “나라면 쓸모 있음과 쓸모없음의 사이에 서겠다.”라고 말한다.[21]

　　어제는 쓸모없음의 쓸모 있음을 찾아냈다면 오늘은 쓸모없음이 역시 쓸모없음을 발견한 것이다. 따라서 장자는 어제의 또 시간적 타자인 오늘을 발견하였고 산의 공간적 타자인 친구의 집을 통해 진리의 상대성을 말하고 있다고 말할 수도 있을 것이다.

4. 맺음말 : 로컬리티, 그리고 근대성과 탈근대성

　　고대인의 자연인식인 ‘천원지방’이 말해주듯 우주적 차원의 궁극의 세계는 둥글둥글하고 땅의 세계는 천차만별이다. 인간 삶의 근거인 땅의 세계는 다양성과 다원성을 지닌다. 따라서 지방성이란 이미 로고스적 잣대로서는 파악할 수 없는 것이다. 호미 K. 바바에 의하면 “로컬리티는 역사성에 관해서보다는 일시성을 둘러싼 것이다. ‘공동체’보다는 더 복잡한 삶의 방식이며, ‘사회’보다는 더 상징적이며, ‘국가’보다 더 함축적이며, 국가 이성보다는 더 수사적이며, 조국보다는 애국적이지 않으며, 이데올로기보다 더 신화적이며, 헤게모니보다는 동질적이지 않으며, 시민보다는 중심화 되어 있지 않으며, ‘주체’ 보다는 집단적이지 않으며, 문명성보다 더 심리적이고 사회대립의 위계적이거나 이분

---

21) 『莊子』, 「山木」, “夫子出於山, 舍於故人之家. 故人喜, 命竪子殺雁而烹之. 竪子請曰, 其一能鳴, 其一不能鳴. 請奚殺, 主人曰, 殺不能鳴者. 明日弟子問於莊子曰, 昨日山中之木, 以不材得終其天年, 今主人之雁, 以不材死. 先生將何處. 莊子笑曰, 周將處夫材與不材之間” 참조.

법적인 구조화 과정에서 재현될 수 있는 것보다 문화적 차이성과 동일 성들－성, 인종 또는 계층－들이라는 점에서 혼종적이다."22)

이렇듯 만유(萬有)는 그 존재방법이나 양식에 있어 독특하고 고유한 것을 추구한다. 이는 매우 자연스러운 것이고, 따라서 개체성, 특수성, 다양성도 자연스레 존재하게 되는 것이다. 결코 긴 것은 잘라내고 짧은 것은 길게 하는 무리한 인공이 필요하지 않다. 장소성으로서의 로컬리티와 장소에 인간이 위치하여 발생하는 로컬리티 또한 모두 고유하다.

우리 인간으로서는 인공(人工)이나 사의(私意)를 개입시키지 말고 일방적 표준에 의하여 정당성을 고집하는 중심주의를 벗어나려는 자세가 중요하다. 그럴 때만이 로컬리티 뿐만 아니라 모든 개체적 존재들의 가치가 손상되지 않을 것이다.

이 같은 점에 미룰 때 근대성에 머물러서는 그에 대한 성찰이 어려울 수 있다. 또한 우리가 유의해야 할 것은, 서유럽 중심주의의 사유구조와 성찰을 가지고 동아시아의 근대성이나 탈근대성 사유를 논할 수는 없다는 점이다. 더욱이 문화란 기본적으로 고유한 공간이나 주어진 시간 속에서 제각각 양태로 나누어지고, 때로는 지역적 특수성 속에서 인간에 의해 생성되므로 인종이나 민족에 따라 다를 수도 있기 때문이다.

그러면서도 타산지석 또는 소통, 상보에 의한 공동이익(Common Interests)을 모색하려는 여지는 늘 열어 놓아야 한다. 더욱이 동아시아, 특히 한국에는 상당 기간 주자학적 이성주의 이념이 작동되면서 '놓친 가치'가 있었다. 근대적 합리성 추구도 여전히 유효하거니와, '무엇이 과연 도덕인가'를 포함한 '새로운 이성'을 찾기 위한 노력이 필요하다

---

22) Homi K. Bhabha, "DissemiNation Time, Narrative and the Margins of the Modern Nation", *Nation and Narration*, New York : Routledge, 1990, p.140.

는 점에서 국가주의나 근대성을 극복, 보완하려는 탈근대성 담론도 여전히 유효해 보인다.

앞서 지적한 바, 서구의 근대 기획에 어울리는 이성, 합리성은 천, 상제, 천명, 도라는 이름에 묻혀 전개되다가 혹독한 반성기에 들어, 이른바 "천명의 몰락"23) 시기를 맞은 것이다. 한국은 강화도 조약기가 이에 해당할 것이고 중국은 아편전쟁기, 서세동점기에 서양의 근대성을 통한 '동양의 도덕적 근대성'에 시선을 집중한다. 이후 한국이나 중국 그리고 서구 근대 산물인 자본주의, 민족주의에 관한 논의가 성행하였고, 동양적 가치가 본질이냐, 서양적 가치가 본질이냐를 놓고 논의하는 과정이 있었다. 동도서기, 중체서용, 서체중용 등은 이 시기의 이슈에 관한 언표들이다.

또한 여기에는 중요한 로컬 또는 로컬리티 논쟁이 들어 있었다. 이는 물론 상대 개념으로서 로컬 가치에 대한 인식의 전환이기도 하다. 중국인의 로컬 인식에는 중국 중심주의가 크게 자리 잡고 있어서 우주, 천하 곧 온 세상이 그들의 것이었다. 미처 또 다른 타자 로컬로서 서양을 이해할 마음을 열지 않았다. 문명이니 문화니 하는 것도 모두 중국적인 것만이 정통이고 변방은 오랑캐로 인식되었을 뿐이다.

이러한 중국적 인식의 전환에 또한 탈근대성의 논의들이 내재하고 있었다. 엄밀히 말하면, 주자학적 도덕합리성, 중심주의를 극복하면서 또 한편으로는 서구적 메커니즘으로의 전환과 동시에 근대성을 넘는 다원적 가치 인식에 관한 논의가 함께 진행되었던 것이다. 이 같은 양태로 동양적 포스트모더니즘 담론은 근현대 시기 또는 그 이전에 이미 진행되었다 할 수 있고, 그 특색은 유가철학 발전 과정의 반주자학적 논의의 틀 속에서 주로 이루어졌으며, 오랜 전제주의 국가이념의 혐오

---

23) 高瑞泉 著, 『天命的沒落』(수정본), 상해인민출판사, 2007 참조.

에서 나왔다 할 수 있다.

근대성(도덕적 합리성) 사유	탈근대성 사유
* 공자, 맹자, 순자의 도(도리) ↓ * 송명이학(宋明理學)의 합리주의	*노자와 장자의 철학 *명말청초(明末淸初)의 황종희(黃宗義), 왕부지(王夫之), 이지(李贄), 하심은(何心隱) 등 *청대(淸代)의 대진(戴震), 담사동(譚嗣同), 강유위(康有爲), 5·4시기 사상가 등 *한국의 홍대용(洪大容), 심대윤(沈大允), 최한기(崔漢綺) 등

특히 조선의 최한기는 '운화'의 기철학을 통하여, '이치는 하나'라는 '이일(理一)'의 사유를 벗어나, 개체마다 이치나 이성이 있다는 다원의 문명론을 전개하고,[24] 중국 청말의 담사동은 이전의 구속적 요소의 해체를 주장하여, 주자학적 세계관의 극복을 요청하면서 학문, 정치, 종교(가르침)에 걸친 패러다임의 변화를 모색한다.[25] 이들은 분명 탈근대성 사유를 표출하고 있었다.

근(현)대 시기 근대성 사유를 표출한 사상가들은 상황을 어떤 경직된 원칙에 의해서 세상을 끌고 갈 것이 아니라, 거기에 유연성(flexibility)을 확보하는 혁명적 대처가 있어야 할 것으로 인식한 것이다. 상황에 따라 삶의 방법, 체제, 시스템으로서 도(道)는 변화한다고 본 것이다.[26] 경세가들은 늘 국가 권력에 의해서 금기시 되어 온 서구 자본

---

24) 崔漢綺,「推測錄」卷二, 推氣測理, 氣一理一, "理須就氣上認取. 然認氣爲理, 便不是, 捨氣求理, 尤不是, 論萬物之一原, 則氣一而理亦一, 觀萬物之分殊, 則氣萬而理亦萬" 참조.

25) 졸고,「담사동『仁學』의 평등론에 관한 연구」, 성균관대 대학원 동양철학과 박사학위논문, 1993, 제3, 4장 참조.

26) 담사동,「報貝元徵」,『譚嗣同全集』(북경 중화서국본) 上冊, 197쪽 ; 졸고, 위의 학위논문, 29, 30쪽 참조.

주의, 민주주의, 욕망, 몸(성), 자유, 전통적 인습의 타파 등의 논의에 근대적 합리성과 탈근대성을 담아 일대 성찰을 진행하였다.

합리성은 단지 생활을 위하여 모종의 지식을 제공해주거나 준칙을 강구하는 것이다. 그렇다면 지식이나 생활준칙은 현대사회에도 필요한 것이고 전통사회에서도 요청되는 것이고, 그 이후의 사회에서도 필요로 하는 것이다. 수많은 탈근대를 다루는 철학자와 사회학자들은 이성관을 반대하였다. 그러나 그들이 반대한 것도 모종 협의적(狹義的)인 것이거나 계몽 운동가들이 제창한 "전능관적(全能觀的) 이성(totalizing idea of reason)"이었다. 이와 반대로 탈근대주의(후현대주의, 포스트모더니즘)는 합리성(rationality)을 반대하지 않을 뿐만 아니라 '합리성'의 다원성적 존재는 탈근대주의 이론의 입장을 구성한다.[27]

이즈음 한국 사회를 막론하고 제반 영역에 걸쳐 양극화가 심화되고 있다. 이념이나 빈부의 양극화가 있거니와, 사물인식을 위한 다양한 각도의 부재가 만연해 있다. 한국의 경우, 근대성의 추구를 통해 세계를 합리적으로 파악하려는 '국민화'를 이룩하였지만, 여전히 세상을 다양하게 보려는 다원적 각도나 인식이 결여되어 있다. 끝없이 '따져대는' 문화에 익숙하여 카오스에 담긴 진리나 질서, 이치, 합리성에 눈을 돌리지 않는다. 무엇이 과연 참된 로고스인지 성찰하지 않는다.

이렇듯 우주 만물의 똑같은 피조물인 똥, 개미, 기와, 피와 같은 존재에 대한 평등적 인식은 더욱 결여하고 있다. 장자라면 그들의 가치를 하나로 통일하여 볼 것이며, 지역으로 치면 남해와 북해, 그리고 중앙의 존재—엄연한 가치의 자연적 존재—를 평등하게 인정함으로써 공존과 상생의 길을 모색할 것이다. 자연물의 하나인 인간이야말로 진

---

27) 陸自榮, 『儒學和和諧合理性』, 中國社會科學出版社, 2007. 5, 10쪽. 이 책의 저자는 Barry Smart의 입장을 취하고 있다(Barry Smart, *Modern Conditions, Postmodern Controversies*, London : Routledge, 1992. p.180 참조).

정 이런 길을 가야 할 것이다. 도구적 합리주의나 목적적 합리성만으로는 이 같은 인식에 장애를 가져 올 수 있다. 이를 뛰어넘어 중앙과 주변을 동시에 생각하고 국가와 지방의 의미를 되새기면서 수많은 로컬리티의 존재에 대한 인식을 새롭게 할 때, 이른바 '탈근대적' 인식 방법론도 게을리 하지 않을 때, 『장자』(「소요유(逍遙遊)」·「응제왕(應帝王)」), 『여씨춘추(呂氏春秋)』, 『예기』(「예운」)에 그려지는 '무하유지향(無何有之鄕)'과 같은 이상 공간에 도달할 수 있을 것이다.

제2부
로컬리티 연구의 동향과 과제

Ⅰ. 지역문학 담론에 대한 비판적 재고

문 재 원

1. 글로벌/로컬, 그리고 차이들

전지구화시대가 도래하면서 국가 경계는 약화되고 로컬[1]이 새롭게 부상한다. 새롭게 부상한 로컬을 보는 시각은 크게 두 가지로 요약된다. 하나는 근대 국민국가에 대한 반성의 기제로 작동하는 공간이며, 또 하나는 세계화의 흐름(flow) 안에 있는 공간이다. 이 두 공간을 관통하고 있는 논리는 여전히 중심/주변의 이분법적 논리틀이 견고하게 작동한다는 것이다. 그러므로 이러한 로컬에 대한 문제제기는 중심/주변의 경계에 대한 재사유에서 출발한다. 이때 중심/주변의 고정선을 비판적으로 사유함으로써 고착화되고 정형화된 로컬에서 벗어나 새로운

---

1) 지방/지역/local 등 다양한 호명방식이 있다. 지방은 국가 하부에 존재하는 국지적 영역으로 국가의 중심성에 대비되는 주변성에 주목한다는 점에 초점이 있고, 이러한 위계적 질서에 반(反)하는 수평적 의미를 강조하는 점에서는 지역이라는 용어를 사용한다. 용어 사용에서 발생하는 의미의 혼란을 피하고, 근대 질서 내에서 지역이 처해있는 현실을 부정하지 않으면서 지역의 역동성을 놓치지 않으려고 하는 의도에서, 즉 위계적 수직성과 수평적 관계성을 함께 내포한다는 의미에서의 local이라는 용어를 사용하기도 한다. 본 글은 필자의 논지를 펼치는 과정에서 기본적으로 local이라는 용어를 전제한다. 그러나 선행연구를 검토하거나 자료의 인용에서는 원저자들이 사용했던 맥락을 고려하여 지방/지역의 용어를 그대로 따르기로 한다.

로컬(로컬리티)을 구상하는 계기를 마련할 수 있다.

문학에서 로컬에 대한 논의는 지역문학 연구를 중심으로 전개되었다. 지역문학은 '근대적 제도와 그것이 낳은 문화적 시스템에 의해 형성된 하위의 문화 형식'이며, '일방적 소통 구조에서 동일화의 논리에 강제된 타자로 남겨지는 문학'이라는 지역문학 존재방식에 대한 인식은 '서열과 표준을 생성해 온 근대 제도와 자본주의적 생산 방식'에 문제를 제기하는[2] 지적으로 이어졌다. 특히 포스트모던 현상이나 탈식민주의 이론과 관련된 탈중심 논리가 확장되면서 탈근대, 탈식민의 시각으로 지역문학의 정체성을 자리매김하고자하는 논의가 진행되고 있다. 이 과정에서 지역문학의 정체성과 당위성에 대한 논의가 재차 강조되며, 이때 지역성은 아주 주요한 키워드가 되고 있다. 이때 담론화되는 지역성은 담론의 주체나 조건들에 따라 그 의미망들이 차이를 보인다. 본 글에서는 기왕의 지역문학 논의에서 드러나는 이러한 '차이들'을 확인하면서, 또 하나의 차이—로컬리티—를 제안하고자 한다. 기왕의 지역문학 담론에 대한 비판적 재고를 목적으로 하는 본 글의 기저에는 로컬의 재사유와 재배치의 시선을 내재하고 있다. 이러한 시각을 견지하면서, 한국문학 담론에서 '로컬'이 호명되어온 방식을 살펴보자.

2. 지리적 권역과 '만들어진 전통'

지역문학 담론에서 가장 일반화된 지역성은 지리적 경계를 바탕으로 형성된 지리적 친연성을 강조한다. 조동일은 지방문학사 기술에서 영남문학사, 호남문학사, 제주문학사 등을 구분한다.[3] 여기에서 그는

---

2) 송기섭, 「지역문학의 정체와 전망」, 『현대문학이론연구』 24, 현대문학이론학회, 2005, 7~15쪽.

지방문학사의 서술단위가 되는 지방의 범위를 미리 한정할 수 없으며, 경우에 따라 달라진다고 하였다. 그 분류는 호남문학, 영남문학 같은 대단위, 전남문학, 대구문학 같은 중단위, 고창문학 통영문학 같은 소단위, 혹은 그보다 더 작은 단위로 구분하고 있으며, 이러한 단위설정의 방식에 있어서도 모든 가능성을 열어놓고 있다. 이러한 단위설정은 공간의 개방성, 소통성의 부분에서는 일정 의미가 있으나 필자가 제시하는 단위성이 명확하게 드러나지 않음으로 기존의 지리적 권역과 크게 다르지 않다. 그러므로 이를 토대로 지역성을 도출해 내기에는 다소 모호하다. 한편, 문학지리학의 맥락에서 김태준은 지리학의 방법을 원용하여 텍스트와 장소의 접합을 시도하고 있다. 이 자리에서 생성된 지역성은 일차적인 장소에서 출발하여 장소의 구체성, 역사성을 도출하고자 하였다. 그러나 여기서 일차적으로 실지(實地)와 심상지리의 관계가 분명하게 드러나야 할 지점들이 발견된다.[4] 그러므로 이때 단순한 지리적이고 인구학적인 경계나 분류를 넘어 사회적이고 정치적인 구분이나 차이[5]를 드러낼 때 실지의 의미는 한층 살아날 수 있을 것이다. 조동일의 '지방문학'이나 문학지리학의 지방(성)은 국가의 중심성에 대비되는 주변성의 의미를 내포하고 있는 지방의 개념이라기보다

---

3) 조동일, 「문학지리학을 위한 출발선상의 토론」, 『한국문학연구』 27, 2004 ; 『지방문학사』, 서울대 출판부, 2003, 206쪽.

4) 김태준 편저, 『문학지리 한국인의 심상 공간』 상·중·하, 논형, 2005. 이 책의 출발은 일차적으로 장소와 텍스트의 접합성에 초점을 맞추고 있다. 이에 비해 최근 황국명(「부산지역 문예지의 지형학적 연구」, 『한국문학논총』 37, 2004. 8)이 파악하는 '지리적 상상력'은 텍스트와 장소의 관계성에 대해 시사하는 바가 크다. 그는 행위주체와 장소의 관계, 주체에 대한 지역공간의 영향, 주체의 장소와 타자의 장소 사이에 존재하는 관계 등 관계성과 타자성을 강조한다.

5) 김성경, 「지역주의와 만들어진 전통」, 『한국근대문학연구』 6권 2호, 2005, 368쪽.

지리적 공간 구분이 상대화된 의미가 크게 작동된다 하겠다.

다음으로 지리적 경계가 특권화된 지역성을 볼 수 있다. 이는 토착성, 향토성이라는 전통담론 안에서 주로 나타난다. 특히 산업화 이후 서울-도시, 지방-향토라는 담론들은 지역 내부의 자연발생적이고 역동적인 가치들을 주목했다기보다 지역성이 '만들어진 전통'[6] 논리에 어떻게 종속되어 갔는가를 보여준다. 나아가 이는, 최근 자본의 논리 안에서 우리의 현실적 삶과는 무관하게 향토 문화, 토속적 문화를 우리의 문화로 위장하여 강제하려는 자본주의 문화 상품화 전략에 대한 무자각적 동조가 될 수도 있다.[7] 향토가 발견되는 이러한 맥락성을 따져보면, 지방이 국가중심주의나 균질화의 공간 배치에 대한 특수성을 강조하며 출발하였으나, 여기에는 오리엔탈리즘/옥시덴탈리즘의 이분법적 시선이 고스란히 내포되어 있는 셈이다.

지역문학의 테두리 안에서 로컬은 지리적 공간을 토대로 하면서 향토/토착 등의 의미들을 충족시켜 나가는 담론적 맥락에서 출발되었다. 그러나 현재 지역, 근대, 세계의 경계들이 중층적이고 복합적으로 구성되어 드러나는 로컬은 과거 지리적 경계구분만으로 설명되기에는 많은 한계를 지닌다. 왜냐하면 이럴 경우 근대의 지난한 시간을 경험하면서 발견한 지역성이 자칫 지나치게 협소하거나 자의적으로 해석될 수 있기 때문이다. 이러한 논리는 또다시 새로운 중심 만들기에 복속되어 중심/주변의 이분법의 논리만 강화될 위험을 내포하고 있다.

---

6) 김성경, 앞의 논문 참고.

7) 이강은, 「지역문학론의 개념적 역설과 현실적 긴장」, 『실천문학』 40호, 1995 겨울호, 237쪽.

3. 지역구심주의와 심급(審級)의 민족

박태일은 지금껏 지역이 '지역의 수직 위계에서 발견된 지방과 상위 수준의 중앙지에 대해 다시 맞서는 개념으로 형성된 향토'[8] 두 가지의 방식으로 존재해 왔다고 밝히면서, 이를 넘어서는 공간으로서의 지역을 제안한다. 그러면서 지역을 지방과 향토를 싸안은, 보다 더 본질적 개념으로 본다. 여기에서 중앙패권주의나 지방우월주의에 맞선 지역구심주의(local centripetalism)를 강조하는데, 지역구심주의는 지역가치와 지역 다양성뿐 아니라 구체적으로 경험 가능한 삶터를 인식의 중심에 세우는 수평적 틀임을 밝힌다. 이런 의미에서 지역구심주의는 하나의 시선이라 할 수 있다. 앞에 제시된 기존의 지방성이나 향토성은 내부에서 발생된 것이라기보다 외부의 시선에 의해 만들어진 것이다. 이러한 자리에서 지역의 구체적이고 개별적인 역사가 발견될 여지는 없다. 그런 점에서 지역 내부의 시선을 발견한 박태일의 논지는 지역의 가능성을 보여준다. 그는 이러한 시선을 견지하면서 문학의 지역적 생산 경과를 추적하여 자료를 발굴하고 비정(比定)하며 나아가 주류문학사가 빠트리거나 왜곡한 부분을 바로잡는 것을 지역문학연구의 목표로 삼는다.[9] 그가 보여주는 지속적인 '시비학'적 지역문학 텍스트 갈무리

---

8) 박태일, 「지역시의 발견과 해석」, 『한국 지역문학의 논리』, 청동거울, 2004, 40~41쪽.

9) 박태일의 지역성은 특정한 장소와 당위성에 초점을 두고 있다(박태일, 「지역문학 연구와 경북·대구 지역」, 『현대문학이론연구』 24, 2005. 3, 31쪽 ; 「지역시의 발견과 해석」, 『한국 지역문학의 논리』, 청동거울, 2004, 50쪽 ; 「지역문학 연구의 환경과 과제」, 『현대문학의 연구』 27, 한국문학연구학회, 2005. 9, 27쪽). 이러한 당위성의 문제는 그가 주장하는 지역문학 연구방법의 첫 번째 항목으로 설정한 기초문헌 갈무리작업의 논리적 근거로 작용한다고 볼 수 있다. 근대문인들이 지역을 토대로 (경우에 따라서 국가의 경계를 넘어서) 활동하였다는 점에서 지역문학연구를 통해 새로운 자료들이 발굴되는 서지적 성

는 이와 무관하지 않다. 이러한 작업은 특히 지연적 '생산'의 근간으로서 지역성에 무게 중심이 놓여 있다.

내부자 시선의 발견이라는 면에서 탈식민 담론 안의 지역성에 대한 논의를 주목해 볼 필요가 있다. 지역문학은 그 개념이 사용되는 순간 중앙과 지역이라는 이항대립적 경계를 부지불식간 인정하고 반복한다는 혐의로부터 자유롭지 못하다.[10] 중앙과 지역이라는 권력적 지정학을 거부함으로써 식민적 질서를 해체하고 진정한 다양성을 추구하자[11]는 논리는 곧 지배 이데올로기를 해체 혹은 전복시키는 것을 목적으로 삼는 탈식민(postcolonialism)의 논리[12]와 상통한다. 김춘섭은 이 땅의 지방문학은 마땅히 사라지고 지역문학은 새롭게 쇄신을 이루어내야 하는데 이러한 명분의 근거와 새로운 대안의 제시를 위해 요구되는 것이 탈식민주의 담론[13]임을 강조한다. 남기택 역시 그동안 소외되었던 지역문학에 대한 새로운 인식적 틀을 제공할 수 있는 점에서 탈식민주의 담론을 주목하며, 탈식민적 관점에서 민족문학적 전통에 대한 발견과

과는 주목된다. 최근 충북, 대구, 경북, 전북, 제주, 전남, 부산, 경남 등 각 지역을 중심으로 전개되는 지역문학연구의 서지현황에 대해서는 남송우, 「국어국문학 연구와 지역의 문제」, 2006 가을, 국어국문학회 중점 학술발표회 발제문을 참고할 것. 이러한 기초문헌의 갈무리는 남송우의 지적처럼 지역에 묻혀있는 작가나 작품의 발굴을 넘어서 그 작가의 작품에서 구현되고 있는 지역성 즉 지역의 정체성 발견과 함께 보편성에로 나아가야 하는 과제를 지닌다(남송우, 「지역문학 연구에 나타나는 탈근대적 양상」, 부산대학교 한국민족문화연구소 로컬리티의인문학연구단, 제1회 학술심포지움 자료집, 2008. 9. 26, 41쪽).

10) 남기택, 「탈식민과 지역문학에 대한 고찰」, 『비교한국학』 15, 국제비교한국학회, 2007, 문, 110쪽.

11) 남기택, 위의 논문, 117쪽.

12) 박종성, 『탈식민주의에 대한 성찰』, 살림, 2006, 7쪽.

13) 김춘섭, 「문학의 지방화와 탈식민주의」, 『현대소설연구』 19, 현대소설학회, 2003, 12쪽.

의미 부여가 시급함을 진단한다. 왜냐하면 지역문학이 지향해야 할 방향이 다양한 형태의 억압에 대한 저항과 진정한 자율적 주체로서의 문학 장 형성으로 보고 이를 위해 우선적으로 민중문학의 전통[14]을 강조한다. 송명희도 탈식민주의와 지역문학연구를 연결시키면서 의식구조를 틀 지워온 가시적 불가시적 식민담론을 비판한다.[15] 이형권은 민족문학의 핵심적 부분으로서 지역문학에 주목하며 지역문학에 관한 논의의 시공간적 근거는 탈식민의 논리에 뿌리를 두어야 한다[16]고 했다.

탈식민담론 안에서 고찰되는 지역성은 궁극적으로 '민족'을 지향한다. 그러므로 민족문학으로서의 지역문학에 초점이 맞추어지며, 이때 지역성이 담지해야 하는 최종 심급에 민족이 놓여 있다. 그래서 가장 지역적이면서 가장 민족적이 될 수 있는 것이야말로 세계에 맞설 수 있는 지역문학으로 상정한다.[17] 논자들은 한결같이 지역을 통해 민족과 국가를 그려내고 있다. 그런데 문제는 민족과 지역이 어떻게 양립하며, 그 조건들은 어떻게 생성되는가 혹은 생산해야 하는가의 물음에 대한 답은 불분명하다.[18] 민족/지역에 대한 논의 없이 지역문학이 곧

---

14) 남기택, 앞의 논문, 114쪽.

15) 송명희, 「탈식민주의와 지역문학 연구」, 『현대소설연구』 19, 현대소설학회, 2003, 27쪽.

16) 이형권, 「지역문학의 탈식민성과 글로컬리즘」, 『語文硏究』 52, 어문연구학회, 2006. 12, 298쪽. 여기서 논자는 폐기(abrogation)/전유(appropriation)라는 탈식민 담론의 키워드를 원용하여 중앙/지방문학에 적용하여 지방문학의 전략을 이 야기하고 있다.

17) 남기택, 김춘섭, 송명희, 이형권 등이 구체적 전략으로 삼고 있는 작가, 문체 등을 살펴보면 채만식, 신동엽, 이청준, 김정한, 송기숙 등이며 이들이 주된 기법적 전략으로 판소리, 방언 등에 주목하는 것은 민족적인 것과 지역적인 것을 등치하고자 하는 맥락으로 볼 수 있다.

18) 최원식은 민족문학의 지방판으로 조정하는 지역문학 역시 우리가 진정으로 넘어서야 할 중앙/지방의 이분법에 갇혀 있기는 마찬가지라는 점을 지적하면서 지역문학과 민족문학의 위상에 대한 문제제기를 하지만(최원식, 「지방을

민족문학을 대신하게 된다면, 이때 지역성은 민족성의 다른 이름에 지나지 않을 것이다. 탈식민의 토대 자체가 민족·국가를 기반으로 한다면, 로컬은 민족·국가를 넘어서는 공간을 상상한다. 그런 의미에서 문학의 로컬리티에서 탈식민담론은 보다 더 신중하게 고찰되어야 한다. 여기에는 여전히 문학의 로컬리티는 궁극적으로 민족의 문제를 어떻게 극복하는가가 중요한 문제로 남아있기 때문이다. 지역구심주의는 '문제제기'로서의 지역성 '발견'이라는 점에 큰 의미가 있다. 지역문학에 대한 관심은 동일성의 문학사에서 괄호 안에 묶였던 지역의 문학에 대한 새로운 시선을 생성해 내었다. 문제는 지역주의의 환원이 도사리고 있는 이 지점은 지역성이 발현되는 구체적 장소의 발견에도 불구하고 보편성으로 나아가지 못하는 한계를 노출한다. 지역이 근대화의 산물이기는 하지만, 이분법의 경계를 넘어, 다시 말해 근대와 전통, 중심과 주변, 근대성과 식민성, 서구와 아시아, 문명과 자연 등 대립항들이 만드는 대립들의 함정에 빠지지 않고 생성의 공간, 희망의 공간을 만드는[19] 작업으로 나아가야 한다.

4. 탈근대문학 담론과 '지역성'의 모색

지금까지 한국문학사에서 보편적으로 논의 대상이 되었던 작가나 작품에서 벗어나 주변화되어 있던 작가들이나 작품들에 대한 연구라는 측면에서 지역문학연구는 이미 탈근대적인 속성을 내재하고 있다. 탈근대담론은 근대담론에 바탕을 두고 추구되어 온 모든 연구의 방향

보는 눈」,『실천문학』 40호, 1995 겨울, 225쪽) 이에 대한 구체적인 방안으로는 나아지 못한다.

19) 구모룡,『지역문학과 주변부적 시각』,『신생』, 2005, 25~26쪽.

과 주제들에 대해 새로운 문제제기를 시작했다. 중심추구에 대한 탈중심의 추구를 통한 해체, 전통적인 정전에 대한 탈정전의 논리, 거대담론의 해체와 미시담론의 생산 등을 통한 다양성과 차이성의 인정[20] 등이 그 모습이다. 그러므로 지역문학 연구에 내재되어 있는 방법론적 시각은, 지역이 지닌 특수성을 통해 하나의 중심을 전제한 보편적 세계인식을 해체한다는 점에서 탈근대적이라 할 수 있다.[21]

최근 탈근대담론의 자장(磁場) 안에서 지역은 기존의 호명과는 다른 방식의 시선을 요청하기 시작했다. 지향점 혹은 시각의 확보에서 나아가 지역성은 하나의 지역문학 방법론으로 제시된다. 중심의 시선에 의해 규정되었던 지역에 대한 '다시 읽기'의 담론들에서 보이는 소수성, 타자성, 주변성 등의 키워드들과 합종연횡하면서 지역성을 새롭게 모색하는 방법론이 모색되고 있다. 지역성은 종전의 중앙과 지역의 문제를 이분법적 구도로 바라보는 시각을 과감히 청산하고 주변과 중심의 다층적인 연관을 사고하는 새로운 심상지리를 형성[22]하는 방법론으로 제사되었다. 구모룡은 중심에 의해 그려진 주변의 심상지리를 해체하는 방법론적 도구로 지역성을 제안한다. 그는 우선 중심부-반(半)주변부-주변부[23]의 논리를 원용하여 지역을 반주변부에 위치시킨다. 여기

---

20) 신종화, 「탈현대성 담론의 재해석」, 『동양사회사상』 13집, 2006, 153쪽.
21) 남송우, 앞의 자료집, 48~49쪽.
22) 구모룡, 앞의 책, 16~17쪽.
23) '반주변부는 경계영역이다. 이는 전통과 근대, 근대성과 식민성, 서구와 동아시아, 문명과 자연, 도시와 시골 등 이질적인 것들이 저항하고 교섭하며 혼합되는 영역으로 혼성가치의 장이다. 경계영역은 우월한 가치에 대한 모방욕망으로 흔들리는 주체를 드러내는 한편 성찰과 저항으로 재정립되는 주체를 보여주기도 하는 공간이다. 따라서 이것은 종속과 추락을 지시하기도 하고 생성과 창조를 지향하기도 한다. 반주변부의 생성적인 문학은 바로 이러한 경계영역의 변증법에서 창출된 것이라 할 수 있을 것이다.' 반주변부에 대한 구모룡의 이러한 지적에도 불구하고 자본주의 경제 체제에서 발생된 월러스틴

서 그는 지역을 전통과 근대, 근대성과 식민성, 서구와 동아시아, 문명과 자연, 도시와 시골 등 이질적인 것들이 저항하고 교섭하며 혼합되는 혼성가치의 장으로 파악한다.[24] 이때 지역문학이 담지하는 지역성은 '경계영역의 생성적이고 창조적인 특성'이어야 함을 강조한다. 여기서 눈여겨 볼 것은 반주변부의 지역을 주시하면서 지역의 문제가 지역만의 문제가 아니라 근대의 문제이고 나아가 세계의 문제로 확대 인식하고 하고 있다는 점이다.

한편, 최근 지구지역성의 변화와 함께 탈근대담론 안에서 '전략적 실천'으로서의 지역성이 강조된다. 이와 함께 문화실천으로서의 지역성에 대한 논의가 제기된다. 특히 지역문학에서 강조되는 것은 실천적 당위성의 부분인데, 지역문학연구는 실천문학, 대항문학, 혁신문학이어야한다고 주창하는 박태일의 논지[25]는 지역문학을 바라보는 문제제기가 어디에서 출발해야한다는 전제를 드러낸다. 이희환은 문학의 공공성이 구체적으로 실현되는 현실공간으로 지역을 상정하면서, 거기서 '생성된 생생한 육성과 몸짓들이 부딪쳐 만나는 장이 지역문학'[26]임을 강조한다. 이희환의 이러한 논리에는 지역의 현실적 조건보다는 당위성을 문제 삼고 있으며, 당위적인 지역공간에서 생성된 문학작품을 지역문학으로 상정하는 그의 논리 역시 당위적 실천성을 피력하고 있다. 이강은 역시 지역문학의 개념과 그 의미는 문학운동의 보편적 과제의 실현 속에서 위치지워져야 하고, 그 과제의 실현 과정에서 점차로 자신의 독자성이 벗어날 수 있을 때에만 진정한 지역문학이 될 수 있음

의 중심부-반주변부-주변부의 논리는 오히려 중심부에 흡수될 수 있는 위험을 안고 있음을 경계해야 할 것이다.

24) 구모룡, 앞의 책, 22~25쪽.

25) 박태일, 「지역문학 연구의 환경과 과제」, 『현대문학의 연구』 27, 한국문학연구학회, 2005, 8쪽.

26) 이희환, 「지역문학이 놓인 자리」, 『실천문학』 40호, 1995 겨울, 215쪽.

을 역설한다.27) 여기에는 공통적으로 중앙/지방의 이분법적 논리가 강하게 배태되어 있음에서 출발하여 이분법을 넘어서는 강력한 지역적 실천성을 제기한다. 즉 지역에 대한 성찰적 태도를 요구하면서 대항적이고 실천적인 문학의 형식을 요구한다. 지역을 뛰어넘는 실천적 전략을 강구하면서 나아가 지역성을 매개로 지역 간 문화의 횡적 연대의 필요성이 제기되고 있다.28) 이러한 연대는 국민국가나 세계화를 돌파해 나갈 가능성을 발견할 수 있는 전략적 거점29)으로 상정되기도 한다.

중앙의 시선에 의해 구성적 외부로 규정되었던 지역 '다시 읽기'의 담론들에서 보이는 소수성, 타자성, 주변성 등의 키워드들은 문학의 장에서 로컬리티를 새롭게 모색하는 방법론의 모색으로 볼 수 있다. 특히 로컬을 경유하여 물어지는 탈근대 담론은 기존의 탈근대 담론과 어떤 차이가 있는가. 우선적으로 구체적 장소성을 획득한 국지적 전략, 이러한 국지적 전략과 연대를 통해 세계화에 맞설 수 있는 공간을 확보할 수 있다는 점일 것이다. 이때 근대 민족국가 단위를 무차별적으로 벗어나 또 다른 일반화 추상화의 덫에 스스로 함몰하는 지점들을

---

27) 이강은, 「지역문학론의 개념적 역설과 현실적 긴장」, 『실천문학』 40호, 1995 겨울, 237쪽.

28) 실천문학으로서의 지역문학을 강조하는 최근의 논의들에서 '연대성'을 부각시킨다. 이희환, 「지역문학의 연대를 위하여」, 『오늘의 문예비평』 60, 2006 봄, 64~78쪽 ; 하상일, 「지역 문예지 편집에 대한 비판적 성찰」, 『실천문학』, 2006 겨울, 176~183쪽 ; 이현식, 『문화도시로 가는 길』, 다인아트, 2004 등을 참고할 것.

29) S. Hall, The Local and the Global, *Globalization and Ethnicity*, pp.33~34 ; 허정은 현재 국가의 역할을 약화시키며 전지구를 자유롭게 횡단하고 있는 신자유주의 역시 어느 시점에는 몰락하고 말 것이라는 전제 하에서 지역에서 도모할 수 있는 연대야말로 신자유주의의 세계 장악력을 저지하고 타격해나갈 힘이 될 수 있다고 피력한다(허정, 「지역문학비평과 지역의 가능성」, 『오늘의 문예비평』 69, 2008 여름, 산지니, 128쪽).

항상 경계해야 할 것이다.

5. 로컬리티와 지역문학 담론의 접선

지역문학연구는 지역의 태생적 한계를 넘어, 특수와 보편, 구체와 추상을 아우르며 새로운 방법론을 강구해야 한다. 본 글에서 기왕의 지역, 지방에 함의된 시선을 비판적으로 재구성할 수 있는 새로운 시선으로 로컬리티를 제안한다. 본 글에서 지역문학 연구의 방법론으로 제시하고 있는 로컬리티는 고착화되고 특권화된 의식이 아니라 특정 로컬이 나타내는 장소성, 역사성 그리고 다양한 현상과 관계성의 총체이며, 여기에 추상적인 인간의 인식을 경계지우는 주변성을 포함한 확대된 개념[30]으로 정리할 수 있다. 총체적이고 본질적 개념으로 정의된 로컬리티는 기존의 위계적 질서로 배치된 지역의 공간을 뛰어 넘어 새로운 시선으로 문학의 판을 가로지를 생성적 힘을 보여준다.

문학의 로컬리티를 묻는 일차적인 방법은 로컬의 장소성이 발현되는 곳, 즉 로컬에서 출발할 수밖에 없다. 장소성은 로컬리티의 구체적 발로이자 대상일 것이다.[31] 그렇다면 문학 텍스트 안에서 장소(place)와 장소성(placeness)은 어떻게 형상화되어야 하는가. 로컬이라는 장소가 역사성과 차이성을 드러낸 장소로 어떻게 의미화될 수 있는가를 고민해야 한다. 과거 근대의 시간 안에서 공간이 균질화된다는 것은 각각의 공간이 보존하고 있던 고유의 자율성이 소멸되고 단 하나의 명령과 단

---

30) 부산대학교 한국민족문화연구소, <로컬리티의 인문학>, 아젠다 자료집, 2007. 10.

31) 이현식, 『문화도시로 가는 길-지역문학과 문화에 대한 성찰』, 다인아트, 2004, 75쪽 참조.

하나의 질서 속으로 로컬의 다양한 차이들이 완전히 포섭되어 녹아든 것을 의미한다.[32] 우리 문학에서 로컬은 발명되고 타자화된 장소라는 재현의 악무한적 사슬에서 벗어나 제 자리, 제 목소리를 되찾을 필요가 있다. 중심의 논리에 의해 왜곡된 로컬을 제대로 복원하고 재현하기 위해서는 문학적 상상력의 지평을 한껏 넓히되, 현실적 지반을 튼실히 한 연후에 그렇게 해야 한다.[33] 장소성의 복원은 매끄러운 시공간 속에 지워졌던 구체적이고 특수한 개별성을 발견하는 것이 된다. 이를 위해서는 먼저 개별의 이야기들을 지운 시선의 경로를 추적해 오류의 지점을 성찰하는 것이 일차적인 작업이 될 수 있다. 여기에 로컬리티는 새로운 시선으로 작동할 것이다. 문학의 로컬리티는 지리적 경계에 제한되고 구속되는 범위를 넘어 '지리적 세계를 변화시키는 담론의 힘'[34]으로 작용되어야 한다. 그러므로 문학에서 장소의 발견은 단순한 '지도 겹치기'를 넘어선다.[35] 문학은 삶에 대한 미학적 형상화 작업이며, 자기 삶이 놓여있는 장소에 대한 형상화이다. 여기서 장소는

---

32) 박훈하, 「부산의 공간생성과 근대적 주체 형성과정」, 이경 외, 『문화의 풍경, 이론의 자리』, 비온후, 2003, 221~222쪽 참조.

33) 김양선, 「탈식민의 관점에서 본 지역문학」, 김기현 외, 『한국 지역주의의 현실과 문화적 맥락』, 민속원, 2004, 248쪽.

34) 심승희, 「문학지리학의 전개과정에 관한 연구-토마스 하디의 소설을 중심으로」, 『문화역사지리』 13권 1호, 2001, 6, 76쪽.

35) 최근 인문지리학에서 문학 작품을 통해 장소를 읽고자 하는 맥락과 닿아 있다. 인본주의 지리학자들은 문학을 통한 장소감 연구의 정당성을 "허구적 진실은 단순한 사실을 초월하는 진실이다. 허구적 실재는 물리적인 일상적 실재를 초월하여 그보다 더 많은 진실을 내포하고 있다"는 논리 안에서 밝혀낸다(심승희, 위의 논문, 72쪽). 이에 관련된 연구들은 김지혜, 「문학작품에 나타난 장소감의 변화」, 공주대 석사학위논문, 2008. 2 ; 하미혜, 「소설에 나타난 부산항의 장소 이미지 연구」, 부산대학교 석사학위논문, 2004. 2 ; 송은영, 「현대도시 서울의 형성과 1960-70년대 소설의 문화지리학」, 연세대 박사학위논문, 2008. 2 등을 참고할 것.

시공간과 인간의 관계적 경험을 담고 있는 곳이다. 그러므로 구체적인 자리에 서서 생활세계의 성찰, 변화를 이끌어내는 새로운 문학[36]이어야 한다는 원론적인 문학론은 아무리 강조해도 지나치지 않다. 그러므로 문학장에서 로컬리티 연구는 로컬리티가 발현되는 구체적 장소로서의 로컬을 발견하고, 로컬리티가 어떻게 문학적 실천으로 재현되는가의 검토가 함께 진행되어야 한다. 즉 허구적 상상력과 현실의 강제적인 봉합이 아니라, 상호텍스트성 안에서 로컬과 로컬리티의 자리가 물어질 때 문학의 '로컬 다시 읽기'는 추상성에서 벗어나 구체적 장소성을 획득할 수 있을 것이다. 로컬리티는 단순히 지역연고나 공간적 점유로 구성되는 것이 아니라 고유성의 발굴과 창조적 생성, 그리고 그것의 거듭된 확인을 통해서 구축된다.

6. 남는 문제들

'지역문학연구'의 출발이 근대국가에 대한 저항과 대안에서 출발되었다면, 오늘날 지구지역화의 흐름 안에서 로컬의 배치에 대한 성찰을 전제한 지역문학연구의 방법론들이 모색되어야 한다. 로컬리티의 탐색 역시 이와 같은 맥락에서 고구(考究)되어야 할 것이다. 현재 부분적으로 로컬을 뛰어넘는 실천적 전략을 강구하면서 나아가 로컬리티를 매개로 로컬 간 문화의 횡적 연대의 필요성이 제기되고 있다. 이러한 연대는 국민국가나 세계화를 돌파해 나갈 가능성을 발견할 수 있는 전략적 거점으로 상정되기도 한다. 이러한 맥락을 주시하며 특수와 보편, 보편과 특수가 종합되는 지역문학연구 방법론들에 대한 고민이 진전

---

36) 박태일, 「지역문학의 현실과 과제」, 『한국 지역문학의 논리』, 청동거울, 2004, 74쪽.

되어야 할 것이다.

　방법론으로서 로컬리티는, 로컬연구의 출발이 시선의 권력학에서 비롯되었고, 이러한 시선 안에서 발명된 담론의 효과로서 드러난 로컬리티의 일면만을 이야기 하는 것을 경계한다. 특히, 사실(fact)을 기술하는 것이 아니라, 어떤 사실(fact)을 사실(reality)이 되도록 형상화하는 과정이 문학이라면, 문학의 허구적 진술은 로컬을 '가로지르는' 담론의 형성과정에 보다 긴밀하게 접근할 수 있을 것이다. 문학사 기술의 문제, 장소 재현 문제, 실천적 연대로서 문화담론의 문제 등에서 로컬리티는 자기 땅으로부터 나와 자기와 세계를 변화시키는 가치를 창조하는 가치 실현의[37] 새로운 방법론으로서 자리매김할 것이다. 이때, '유연한 주체성의 지대'[38]로서 로컬의 논리와 입장을 구성하고 거기에 따라 주체적인 시선과 몸짓을 형상화하는 문화적 재현으로서 로컬리티의 방법들이 모색되어야 한다.

---

37) 구모룡, 앞의 책, 35쪽.
38) 태혜숙, 「여성과 이산의 미학-탈식민주의 페미니즘 지형도」, 『영미문학 페미니즘』 8권, 한국영미문학 페미니즘학회, 2000, 225쪽.

Ⅱ. 언어학에서의 로컬리티 연구의 방향성 모색

차 윤 정

1. 로컬언어 연구의 필요성

세계화의 확장은 근대화의 과정에서 배제되고 소외되었던 로컬[1]에 대해 새롭게 사유하는 계기가 되었다. 세계화와 관련된 로컬의 논의는 세계성이 확대되고 심화됨에 따라 로컬의 차이가 소멸될 것이라고 보는 견해(Ohmae)와 로컬의 특성이 새롭게 등장할 것으로 해석하는 견해(Storper, 1997 ; Poter, 1990)로 나누어진다. 전자는 정보화에 따른 거리의 소멸과 함께 사회적 관계가 지구적 영역으로까지 확대됨으로써 세계가 동질성과 획일성을 띠는 방향으로 변화될 것이라고 보는 반면, 후자에서는 이질성이 확대되는 과정으로서 세계화를 바라본다.[2] 정보통신의 발달로 로컬이 세계와 바로 연결될 수 있게 되고, 이를 통해 로

---

1) 이상봉, 「탈근대, 공간의 재영역화와 로컬·로컬리티」,『한국민족문화』32집, 부산대학교 한국민족문화연구소, 2008, 2쪽. 로컬은 전체에 대한 국지적 영역을 의미하는 말로 지역 또는 지방이라는 용어와 유사하게 사용된다. 지역이라는 말이 비교적 가치중립적으로 사용된다면, 지방이라는 용어는 국가 내지 중앙과 대비되어 위계성을 나타내는 개념으로 사용되는 경향이 있지만 이러한 구분 역시 학문 분과에 따라 뒤섞여 사용되고 있다. 로컬은 양자를 포괄하는 용어로서 사용한다.

2) 최재헌, 「세계화 시대의 지역과 지역정체성에 대한 개념적 이해」,『한국도시지리학회지』제8권 2호, 한국도시지리학회, 2005, 2쪽.

컬이 가진 고유성이나 차이성에 새로운 가치와 의미가 부여되면서, 로
컬적인 것이 세계적인 것으로 전환될 가능성이 높아졌다. 세계화 시대
에 로컬이 재등장하고 중요시 되는 이유가 여기에 있다. 결국 세계화
는 로컬의 차이성이 소멸되는 동질화나 획일화의 과정이 아니라, 차이
성이 가능성이라는 새로운 의미를 획득하게 되는 이질화의 과정이다.
이 지점에서 로컬의 고유성과 차이성을 포함하며, 로컬을 움직이는 원
동력인 로컬리티3) 연구의 필요성이 제기된다.

그런데 언어 측면에서 본 세계화는 이와 다른 양상을 보인다. 즉 차
이성에 새로운 가치와 의미가 부여된 이질화의 방향이 아니라, 정치,
경제, 문화적 권력을 기반으로 한 언어가 그렇지 못한 언어를 지배, 소
멸시키는 획일화의 방향으로 전개된다. 20세기 초 서구 유럽의 특정
국가 언어들이 아프리카와 오스트레일리아, 아메리카의 토착민들의 언
어를 지배하고 포식(glottophagie)했던 것처럼, 지금은 세계화의 물결 속
에 가장 강력한 영향력을 가진 하이퍼 중심언어(langue hypercentrale)4)인
영어가 전 세계의 국가나 민족으로 퍼져나가 그 언어들을 지배하려고
한다.

지배언어가 피지배 언어를 포식하는 현상은 한 국가 내의 언어 관계
에서도 나타나는데, 표준어가 로컬언어를 포식하는 관계가 그것이다.
표준어에 의한 로컬언어의 포식은 로컬언어는 물론 로컬의 고유성과
차이성을 삭제함으로써 로컬언어와 로컬의 가치를 왜곡한다. 표준어에
대한 편견과 로컬언어에 대한 오해, 교육과 매체를 통한 표준어 보급

---

3) 로컬리티의 인문학 아젠다에서는 로컬리티를 "공간적·지리적으로 국가의
   중심성과 대비되는 새로운 분석단위로서, 일정한 장소에서 시공을 가로질러
   출현하는 다양한 사회적 현상과 세계관의 총체"라고 규정한다.
4) Louis-Jean Calvet, *Linguistique et colonialism*, 김병욱 옮김, 『언어와 식민주의』, 유로
   서적, 2003, 13~14쪽.

은 로컬언어를 급속도로 소멸의 길로 이끌고 있다. 로컬언어의 소멸은 곧 로컬과 로컬인들의 삶을 지우는 것에 다름 아니다. 왜냐하면 로컬에서 사용하는 언어에는 로컬을 기반으로 한 로컬인들의 삶의 경험과 사유방식이 고스란히 담겨 있기 때문이다. 로컬인들은 로컬이라는 장소에서 살아가면서, 로컬 내부와 외부의 관계를 통해 경험하고 인식한 로컬의 사회, 문화, 역사, 정치적인 특징을 다양한 방법을 통해 표상하고 소통하며, 그것을 통해 로컬인으로서의 소속감을 갖는다. 이러한 표상과 소통, 소속감을 느낄 수 있게 하는 대표적인 수단이 언어이다. 이런 점에서 모든 로컬언어는 그 나름대로 고유한 가치와 의미를 가진다. 그리고 이런 점에서 로컬언어의 연구는 로컬과 로컬리티 연구를 위한 한 가지 방법이 될 수 있다.

그럼에도 불구하고 지금까지 언어학 분야에서는 로컬/로컬인과 관련된 논의가 별로 다루어지지 않고 있다. 로컬언어를 로컬과 관련시키려는 논의는 방언을 연구하는 분야에서 시도되고 있다. 하지만 이 분야에서의 연구는, 지금까지 방언의 특징이나 체계를 밝히는 연구가 중심을 이루어왔고, 2000년대에 들어서야 로컬에 주목하고 로컬과 로컬언어를 관련시키려는 경향이 나타나기 시작한다.

이 글에서는 그 간의 방언 연구를 로컬/로컬리티 연구의 입장에서 정리해 보고, 로컬/로컬리티 연구를 위한 로컬언어 연구의 가능성에 대해 모색하고자 한다.

2. 방언의 개념과 로컬

방언이란 용어는 대체적으로 두 가지 개념으로 사용되고 있다.5) 첫

---

5) 이익섭, 『방언학』, 민음사, 2006, 1~3쪽. 여기서 논의하는 방언의 개념은 이익

째, 표준어와 대립되는 개념으로서 비표준어라는 개념으로 사용된다. 이러한 방언의 개념은 일반 대중들에게 가장 널리 퍼져있는 개념으로 사투리라는 용어로 바뀌어 쓰일 때가 많다. 경상도 사투리라고 할 때의 사투리는 대개 이러한 개념으로 쓰이기도 한다. 이때 방언이나 사투리는 표준어가 아닌 지방의 말을 뜻하며 나아가서는 표준어보다 열등한, 세련되지 못한, 품위 없는, 규범이 없어 문자로 표현되기 어려운 언어라는 부정적 함축을 지닌 말을 일컫는다. 방언은 특정 지방의 언어체계 전반을 가리키기기보다는, 표준어와 대비해 볼 때, 그 지방 언어에만 있는 특유의 언어 요소를 가리키는 것이 보통이다. 이러한 개념으로 방언을 볼 때, 방언의 공간적 기반이 되는 지방은 표준어의 공간적 기반이 되는 서울에 대해 변방이고 주변적이며 열등하다는 의미를 띠게 된다. 이러한 개념 속에는 수직적 관계 속에서 주변화 되고 열등한 지방만 있고 독자적 가능성과 역동성을 지닌 공간으로서의 로컬에 대한 인식은 부재한다.

둘째, 현재까지 방언학에서 일반적으로 사용하는 용어로서 방언이란 한 언어를 형성하고 있는 하위 단위로서 특정 지역에 기반을 두고 그 지역에서 사용되는 언어이다. 하지만 이러한 방언의 개념 안에서도 방언 연구의 역사를 살펴보면 방언에 대한 시선의 변화를 읽을 수 있다. 1950~60년대를 아우르는 초기의 방언 연구는 특정 지역의 언어체계 전반이 아닌, 표준어와 대비해 볼 때 그 지역 언어에만 있는 특유의 언어 요소를 대상으로 한 연구나 중세어 연구를 위한 보조 자료로서의 방언 연구가 중심이 되었다. 물론 이러한 연구가 방언에 대한 부정적 함축을 포함하고 있지는 않지만, 방언이 지역에 기반한 독립적 체계를 지닌 지역인이 사용하는 언어라는 점으로까지 확장되지 못했음을 알

섭에 의존한다.

수 있다. 1970년대 이후의 연구에서 방언은 지역을 기반으로 독자적인 역사와 체계를 지닌 언어체계 전반을 가리키는 것으로 사용된다. 이런 의미로서 서울말은 지역말로서 방언에 속한다. 이때 방언은 표준어보다 못하다든가 세련되지 못하다든가와 같은 부정적 함축을 동반하지 않으며, 서열관계를 떠난 중립적 개념으로 사용된다.

이런 개념으로 방언을 볼 때, 서울은 방언의 공간적 기반이 되는 하나의 지역이 되어 다른 지역들과 평등한 관계를 형성한다. 하지만 엄밀한 의미에서 보면 이때 각 지역들은 평등한 관계를 확보한 것이라기보다, 객관적 연구대상물로서 방언 자체만 남고 지역은 단순한 배경적 공간으로 추상화되거나 삭제된 상태라고 보아야 할 것이다. 왜냐하면 이러한 연구에서는 방언과 표준어 사이의 관계와 그 저변에 깔린 지역과 중앙의 관계에 대한 인식이 부재할 뿐만 아니라, 방언과 그 기반 지역의 사회적, 문화적 특성, 지역인의 의식 등과 관련된 심도 있는 논의가 이루어지지 않고 있기 때문이다. 결과적으로 로컬에 대한 인식, 즉 중앙에 대해 주변화 되고 소외되었지만, 그 자체로 독자성과 역동성을 가진 가능성이 열려 있는 공간으로서의 로컬에 대한 인식이 부재함을 알 수 있다.

이처럼 기존의 방언이라는 용어가 가리키는 개념에는 중앙에 의해 소외되고 배제된 수직적 개념으로서의 지방이나 이러한 위치에 대한 고찰 없이 단순히 평등한 공간으로 추상화된 지역만 있을 뿐, 이 둘을 아우르면서 독자적인 힘을 지닌 의미 공간인 로컬에 대한 인식을 찾을 수 없다.

3. 방언체계 연구와 로컬 인식

1970년대를 거치면서 지금까지 한국의 방언 연구는 개별방언의 체계 내지는 구조를 기술하려는 개별방언론이 중심이 되었다. 이는 구조·기술언어학 이론 및 이를 방언 연구에 적용한 구조방언학 이론의 도입과 밀접한 관련을 갖는다. 개별방언론은 음운, 문법, 어휘 등을 중심으로 연구가 이루어져 오고 있다.

음운 연구에서는 단일 방언, 단일 현상의 공시태 및 통시태를 총체적으로 기술하고 이로부터 방언 분화에 관여하는 방언의 차이를 관찰하고자 하였다. 최명옥은 경남 삼천포 방언의 음운 대립관계를 파악하여 음운 목록을 작성하고 음운 자질을 명세화한 다음 음운현상을 규칙으로 기술하고자 했으며,[6] 정승철은 제주방언의 공시적 통시적 음운론을 다른 방언과의 차이를 중심으로 논의했다.[7] 공시적 연구가 활발히 진행되면서 개별방언의 음운사 및 개별방언의 방언사와 관련된 연구들도 이루어졌다. 이러한 연구들은 개별방언의 음운체계를 밝히고 타 방언과의 차이를 밝히는 데는 많은 기여를 했지만, 방언 자체만을 연구 대상으로 삼음으로 해서 그 언어의 기반이 되는 로컬과 관련성에 대해서는 주목하지 못했다.

1990년대 이후가 되면서 방언 연구는 어휘 분야에서 특히 많은 성과가 있었다. 대표적으로 전광현은 강원도 강릉·삼척·울진 지역의 어휘를 조사하면서 방언 어휘론의 연구 영역과 방언 어휘의 조사 방법에 대해 논의했다. 이 논의에서는 방언도 하나의 독립된 체계를 지니고 있다는 사고 아래, 그러한 체계성을 고려하여 어휘 조사 항목을 선정

---

6) 최명옥, 「경남 삼천포 방언의 음운론적 연구」, 『국어연구』 32, 1975.

7) 정승철, 「제주방언의 제문제-제주방언의 음운론」, 『탐라문화』 21, 탐라문화연구소, 2000, 179~189쪽.

하고 조사에 임해야 하며 특히 표준어와는 무관하게 그 방언형이 지닌 어휘 의미를 조사해야 한다는 점을 강조했다.[8] 또 최명옥[9]과 이상규[10]의 로컬의 친족어 연구, 강영봉의 로컬 동·식물 이름 연구,[11] 김정대의 로컬 용기류 이름 연구[12] 등의 계열어 관련 논의들이 이루어져 방언 어휘의 체계적 연구에 대한 새로운 방향을 제시하였다. 이러한 연구들은 표준어와의 차이를 중심으로 연구되던 이전의 방언 어휘 연구가, 표준어와 상관없는 독자적인 방언 어휘 연구로 연구방향이 전환되어 감을 보여준다. 이외에도 곽충구는 황해도와 강원도 북부 5개 군(통천·회양·평강·김화·이천)에서 쓰이는 친족 명칭 중 호칭어를 중심으로 하여 친족 명칭의 체계적 차이를 살펴 이들 호칭어가 지리적으로 어떻게 분화되어 있는가를 밝힘과 동시에, 통천, 회양 등에서 나타나는 친족명칭어의 특징이 근대 중기 이전의 사회적 상황을 반영한다[13]는 논의를 통해, 어휘체계의 차이를 사회사적 측면에서 친족 관계의 변화와 관련지어 구명하고 있다.

또 사회언어학적 연구방법론을 도입해 사회적 요인에 의한 방언의 분화를 설명하려는 논의들이 전개되었다. 이 중 김규남은 정읍시에 위치한 정해마을을 대상으로 공동체 내의 화자들이 일상적으로 사용하

---

8) 전광현, 「동해안 방언의 어휘2」, 『국문학논집』 10, 단국대국어국문학과, 2003, 315~337쪽.

9) 최명옥, 「친족명칭의 의미분석과 변이, 그리고 변화에 대하여」, 『긍포조규설 교수 화갑기념국어학논총』, 형설출판사, 1982.

10) 이상규, 「경북지역의 친족명칭」, 『여성문제연구』 13, 효성여대, 1984, 191~205쪽.

11) 강영봉, 「제주도 방언의 식물이름연구」, 『탐라문화』 5, 제주대, 1986, 1~20쪽.

12) 김정대, 「용기류의 낱말밭: 경남 창원 지역의 '도기-용기류'를 중심으로」, 『가라문화』 7, 경남대 가라문화연구소, 1989, 163~165쪽.

13) 곽충구, 「황해도 및 강원도 북부 로컬의 친족 명칭의 지리적 분화와 그 역사성」, 『대동문화연구』 30, 성균관대 대동문화연구원, 1995, 309~332쪽.

고 있는 언어의 다양한 변이 현상을 사회언어학적 방법으로 분석하고 체계화하였다.[14] 김규남은 논문에서 참여관찰을 통해 일상적 발화를 조사하고 조사된 자료를 분석한 다음, 언어분화를 기술하여 언어변화와 유지에 대한 사회언어학적 해석을 내리고 있다.

1990년대 이후에는 지역단위로 방언을 조사한 자료집이나 사전이 많이 출간되었다. 『전남방언사전』,[15] 『경북방언사전』,[16] 『서울토박이 말 자료집』[17] 등이 그것이다. 사전 편찬 작업은 지역단위의 언어에 대한 관심의 고조와 함께 방언 어휘를 표준어에 대한 사투리라는 단편적인 관점에서 바라보던 인식의 변화에 따른 결과이다. 즉 방언은 그것 자체로 독립적인 체계와 조직을 가진 언어라는 것을 인식함으로써 그것을 발굴하고 체계화하고자 한 것이다. 이러한 인식의 전환은 전국적인 단위의 방언조사연구로 이어졌고, 이 조사연구사업의 일환으로 한국정신문화연구원의 『한국방언자료집』이 간행되었다.

또 국어학계에서는 물론이고 사회 일반으로부터도 방언의 가치와 중요성을 제대로 인정받지 못하고 있다는 인식 하에, 국어방언학의 연구 영역을 결정하고 각 영역에서의 연구 이론과 방법을 수립하고 본격적인 국어 방언에 대한 연구를 수행하는 것은 물론, 전국적인 방언조사를 통해 소멸되어가는 국어자료를 보존하고 정리하려는 것을 목적으로 2004년 9월에 한국방언학회가 창립되었다. 그리고 기관지인 『방언학』이 2005년 처음 발간되었다. 한국방언학회의 창립으로 그간 침체되어 있던 방언 연구가 다시 활기를 되찾고 있으나, 『방언학』을 통해

---

14) 김규남, 『전북 정읍시 정해 마을 언어사회의 음운 변이』, 전북대 박사학위논문, 1998.
15) 이기갑 외, 『전남방언사전』, 태학사, 1997.
16) 이상규, 『경북방언사전』, 태학사, 2000.
17) 국립국어원, 『서울토박이말자료집』 1~3, 1997, 1998, 2000.

발표되는 논문에서 방언을 로컬과 적극적으로 관련시킨 논의들은 아직 보이지 않는다.

지금까지의 논의를 통해, 1970년대 이후 방언은 지역이라는 공간을 기반으로 한 독립된 언어체계라는 인식 하에, 방언 연구 역시 그 체계와 구조를 밝히는 것을 중심으로 연구가 이루어져 왔음을 알 수 있다. 이러한 연구에서 지역은 방언 차를 보여주는 지리적 배경으로만 존재할 뿐, 방언과의 구체적인 관련성이 논의되지 않는, 실질적으로는 사유되지 않는 배경으로서의 공간일 뿐이다. 사회언어학적 방법론의 도입으로 부분적으로 지역이 방언 연구의 대상으로 들어왔지만, 그 공간 역시 로컬로서의 공간으로 인식되지는 못하고 있다.

4. 지역문화와 방언 연구

지역에 따라 나타나는 사유방식이나 생활양식의 차이는 지역별로 고유한 문화를 형성하게 한다. 이렇게 형성된 지역문화는 다양한 표상체계를 통해 드러나지만 그 중에서도 대표적으로 지역의 언어 특히 어휘에 의해 드러나게 된다. 지역에 따라 사회제도, 가옥구조, 관혼상제, 세시풍속, 농경방식, 복식, 음식, 놀이 등과 관련된 용어나 친족어 등에서 차이가 나타나는 것도 이러한 이유 때문이다. 지역언어를 지역문화의 표상으로 바라보는 관점에서 연구하려는 논의들이 본격적으로 수면 위로 떠오르게 된 계기는, 국립국어원의 간행물인 『새국어생활』 2003년 겨울호에서 '방언과 문화'를 특집으로 다루면서부터이다.

이기갑은 '지역문화와 방언'이라는 제목 아래 서남해 도서 지역의 문화와 방언의 관계를 다루었다. '왼새끼'라는 의미의 '외악사내끼', '깐치동저구리' 등과 같은 독특한 어휘들을 전라도 문화와 관련해서

풀어내기도 하고, 타지방에서도 사용되는 말들이지만 전라도에서는 다른 의미를 지닌 당골, 당골네, 자네 같은 말들을 통해 전라도 지역의 문화를 설명하려고 시도하였다.[18] 하지만 특정 어휘 몇 개를 통해 다른 지역과의 문화적 차이를 단편적으로 논의함으로써 방언이 지역의 문화를 반영하고 있다는 사실을 다시 한번 확인시켜주는 정도에 머무르고 있다.

이태영은 방언과 지역문화의 관계를 전북의 음식, 생활과 방언의 관계, 전라도 문화유산인 판소리와 전라도 방언의 관계, 문학작품 속에 등장하는 전북 방언을 통해서 살펴보고 있다. 여기서 주목할 것은 판소리가 전라도에서 발달하게 된 이유 중의 하나를 전라도 방언의 특징에서 찾고 있다는 것이다. 그는 이 논문에서 전라도 방언의 특징을 말씨가 부드럽고 입을 적게 벌리고 발음하는 특징, 10개(또는 9개)의 모음을 가지고 있고 또 특이한 발음이 없어서 대중들에게 무리가 없이 받아들여지는 특징이 있다고 밝힌다. 그리고 이러한 특징은 부드러움으로 연결되고 이 부드러움은 해학과도 관련되고 여유로움과도 관련되어서 판소리에서 그러한 느낌이 조화롭게 발현된다고 설명하고 있다.

또한 판소리와 같은 지역의 전통문화는 서민층의 삶의 현장을 이해할 수 있는 무형적인 자산으로, 이 판소리 속에는 전라도 지역인들의 과거, 현재의 세계관, 가치관, 정체성과 같은 정신세계가 담겨 있는데 이와 같은 지역의 전통문화 중에서도 구전으로 전승되는 구비 문화들 —신앙 의식(굿), 제례 의식, 무가, 민요, 설화, 속담 등—은 방언을 기본적인 수단으로 이루어진다. 따라서 방언을 연구하고 나아가서 이를 통해 지역의 구비문화를 연구하면 지역인들의 삶과 정신세계를 연구

---

18) 이기갑, 「지역 문화와 방언」, 『새국어생활』 13권 4호, 국립국어원, 2003.

하는 데 도움이 될 것이고, 지역의 무형문화 자산이 잘 보전되어 대물림 될 수 있기 위해서는 방언 연구가 반드시 담보되어야 한다고 밝히고 있다.[19]

이렇게 방언은 그것이 사용되고 있는 지역의 특징—화자로서의 주체의 특징, 대상으로서의 지역문화 등의 특징—을 가장 분명하고 솔직하게 드러낸다고 보는 관점의 연구는 다음과 같은 점에서 의의를 지닌다. 이전의 방언 연구가 방언체계와 구조를 밝히는 연구, 또는 국어의 하위 단위로서의 방언 연구에 중심을 두고, 언어 자체만을 연구의 대상으로 삼으려 했던 점을 뛰어 넘어, 방언이 지역인과 지역이란 장소를 배경으로 만들어지고 사용된다는 전제를 바탕으로 그것이 만들어진 배경이 되는 지역이라는 장소, 또 그곳을 배경으로 한 문화와 어떤 관련이 있는지 등을 논의에 포함시켰다는 점에서 언어학의 지평을 넓히고, 이를 통해 지역과 지역언어의 중요성을 다시 한번 돌아보게 했다는 점에서 의의를 찾을 수 있다. 또한 기존의 방언과 문화의 관계를 다루는 논의들이 대체로 단편적인 어휘 연구의 차원에 머물고 있음에

---

19) 이태영, 「문학 작품에 나타난 방언의 기능」, 『어문론총』 제41호, 2004, 48~52쪽. 이태영은 판소리가 발달할 수 있었던 전라도 방언의 부드러움을 다음과 같은 예를 들어 설명하고 있다. 첫째, 전라도 전북 지역에서는 노인들의 경우, 음악적으로 매우 강한 음인 모음 '에, 아' 대신에 '으', '이', '어'로 발음하고 있다. 둘째, '아비-애비, 속이-쇡이, 깍기다-깩기다' 등의 변화에서처럼 'ㅣ'모음 역행 동화는 발음을 쉽게 하는 데 큰 도움을 준다. 셋째, '꽃이-꼬시, 밭이-바시'의 예에서 보는 바와 같이 'ㅊ, ㅌ, ㅍ, ㅋ' 등이 'ㅅ, ㄱ, ㅂ'으로 중화되면서 마찰이나 파열이 되지 않고 평음으로 부드럽게 발음된다. 넷째, '못해요-모대요, 밥하고-바바고'의 예처럼 'ㅎ'음이 자음과 결합될 때 유기음으로 실현되지 않는 특징이 있어 비교적 부드러운 발음이 된다. 다섯째, 부사와 문장에서 장단과 리듬을 찾을 수 있다. '겁~나게, 쩜~드락, 포도~시, 공~장히, 워~너니' 등과 같은 부사와 '머덜라고리여~, 이거시 머~시다요?' 등의 문장이 보여주는 장단과 리듬은 판소리의 가락을 형성하는 데 깊이 관련되어 있다.

비해 그 논의를 음운적 특징으로까지 확장하였다는 것에서도 의의를 찾을 수 있다.

하지만 이러한 의의에도 불구하고 방언을 통해 로컬인들이 어떻게 세계를 바라보고 표상하는지, 어떤 공동체의식을 가지고 있는지 등에 대한 논의, 즉 방언에 표상된 로컬인들의 사유세계의 고유한 특성에 대한 논의가 없을 뿐만 아니라, 방언의 공간적 기반이 되는 로컬에 대한 현실적 인식과 로컬의 역사·사회 상황적 특성에 대한 고려가 없다는 점에서 한계를 보인다.

5. 방언에 대한 재사유

방언과 지역문화의 관계를 바라보는 관점은 방언과 지역문화와의 관련성을 밝히는 연구뿐만 아니라, 지역문화를 반영하는 방언을 발굴하고 보존하려는 노력으로 나타나기도 한다. 이러한 노력은 방언이 표기규범을 갖지 못했다는 구어적 특징에 주목, 구술발화의 중요성을 인식하여 이와 관련한 자료집들이 출간된다. 국립국어연구원에서는 2004년부터 남북한의 전 지역에 걸친 방언조사사업을 벌여 지역의 언어와 생활을 조사한다. 그리고 그 결과로 '지역어 구술자료 총서'와 '민족생활어 자료 총서'를 간행하였다. 이러한 작업은 대중매체를 통한 표준어의 파급효과와 방언이 가진 구어적 특성으로 인해 방언의 급격한 소멸이 예측됨으로써 이루어졌다. 방언 그보다 로컬언어가 소멸한다는 것은 그것의 지시대상인 로컬문화의 소멸은 물론, 로컬인의 경험과 정신세계가 소멸한다는 것을 의미한다. 이런 점에서 로컬언어를 발굴하고 보존하려는 작업의 의미는 단순한 언어 보존의 차원을 넘어 로컬문화의 보존과 함께 로컬 고유성의 근원을 보존하는 것이 된다는 점에서 의미가 있다.

로컬언어의 보존과 관련된 논의는 언어학 밖의 담론인 생태학적 담론이나 탈식민주의 담론을 접합시킨 논의를 통해서도 이루어지고 있다. 강정희는 언어생태학이란 외부 환경 조건에 따라 발생하는 언어생태계가 겪는 언어변화의 여러 가지 양상, 즉 외부 언어와의 충돌, 언어의 소멸, 언어정책, 언어습득 등의 현상들을 자연계에 살고 있는 동물, 식물들의 생성, 투쟁, 소멸 과정과 동일하게 보고 설명하려는 것이라고 밝히면서, 지역 전통문화의 소멸과 방언의 보존에 대해 논의하고 있다.[20] 이상규는 언어 식민지화와 함께 다양한 언어와 방언이 빠른 속도로 소멸해 가고 있음을 지적하고, 문화적 다양성의 보장과 절멸 위기의 언어를 보존하는 일은 더욱 높은 수준의 문화를 창조할 가능성을 열어두는 일이 된다고 논의하면서, 절멸 위기의 언어에 대한 연구와 보존이 지속적으로 이루어져야만 한다고 밝히고 있다. 또 국어가 방언에 미치는 언어폭력과 포식에 대해서 무관심한 학자들을 언어 식민화와 언어 포식을 정당화하는 식민주의 이데올로기에 봉사하고 있다고 비판하면서, 국어가 방언들의 총합이라는 규정과 국어의 특질은 개별방언들이 갖는 공통적 특질로 구성된다는 설명이 간과한 방언들 사이에 존재하는 역사성에 대한 인식의 필요성을 제기하고 있다.[21]

이러한 논의는 로컬언어를 로컬의 문화를 표상하는 독립적인 언어체계라고 보는 관점에서 한 걸음 더 나아가, 로컬언어에 대한 편견을 지적하고 로컬언어 보존의 필요성을 역설하고 있다는 점에서 로컬언어를 바라보는 시선의 변화를 보여주는데 이 점에서 긍정적이다. 특히 이상규의 논의는 이전의 방언 연구에서 배제되었던 방언들 사이의 역

---

20) 강정희, 「생태학적 관점에서 본 제주 사회 변화와 제주 방언의 변화1」, 『새국어생활』, 국립국어원, 2007.
21) 이상규, 「절멸 위기의 언어 보존을 위한 정책」, 『새국어생활』, 2007.

사성, 즉 방언들 사이의 권력 관계의 역사를 인식하고, 이러한 관점에서 방언을 바라봄으로써 방언 연구에서 비로소 로컬에 대한 사유를 담아내고 있다. 이처럼 지금까지 로컬과 유리된 채 혹은 추상화된 공간으로서의 지역을 배경으로 연구되어 오던 방언은, 최근에 들어서야 로컬이라는 공간을 배경으로 한 연구로 옮아가려는 싹을 보이고 있다. 하지만 이러한 논의가 아직은 로컬언어들 사이의 권력관계와 로컬언어가 수직적으로 서열화되는 메커니즘에 대한 구체적 고찰이 결여되어 있다는 점에서 아쉬움이 남는다.

6. 로컬언어 연구의 새로운 방향 모색

지금까지의 연구 경향을 살펴보면 로컬언어를 바라보고 해석하는 눈이 깊고 넓어짐으로써 로컬언어 연구의 심화는 물론, 연구 영역의 외연도 확대되고 있다. 앞으로의 로컬언어 연구의 방향은 로컬언어의 체계를 밝히는 것은 물론, 로컬언어가 고유의 가치를 잃어버리고 변방의 언어로 전락하게 된 메커니즘을 밝혀내고, 이를 통해 로컬언어의 가치와 위상을 재정립하는 방향으로 연구되어야 할 것이다. 또 로컬의 지리, 문화, 역사, 경제, 제도 등과 관련한 로컬적 특성을 로컬인들이 어떻게 인식하고 그것을 어떻게 로컬언어로 표상하는지 등에 관한 연구와 함께, 로컬언어의 절멸을 막고 보존하는 방향으로의 연구도 함께 진행되어야 할 것이다.

따라서 연구방법론 역시 로컬언어의 체계를 밝히는 순수 언어학적 연구방법뿐만 아니라, 언어와 사회, 권력 등과의 관계를 밝힐 수 있는 다양한 학문 분야의 이론을 접합하는 연구방법론이 모색되어야 할 것이다. 또 로컬언어가 로컬의 고유성을 어떻게 표상하는지를 설명하기 위해서는 다양한 학문 영역과의 통섭적인 연구방법이 모색되어야 할 것이다. 그리고 이러한 표상화 과정은 로컬인의 관점에서 이루어지고 있다는 점, 그리고 로컬인들은 이 로컬언어를 통해 소통한다는 점, 또 로컬언어는 언어 외적 환경에 따라 생성변화 소멸의 과정을 겪는다는 점, 로컬언어와 표준어/중앙어는 모두 고유한 가치와 평등한 존재 의미를 갖는다는 점 등의 사유에 기반한 연구방법이 모색되어야 할 것이다.

특히 로컬언어의 가치와 위상을 재정립하기 위해서는 로컬언어의 고유성과 독자성을 찾아낼 수 있는 눈을 갖추어야 하는데, 이를 위한 연구방법으로 로컬언어 연구자의 참여관찰과 통찰의 방법론을 제안할 수 있겠다. 참여관찰은 연구자가 타문화를 기술할 때 자신이 그 공동체의 일원이 되어 문화의식을 공유는 것으로 자민족 중심주의적 편견을 없애는 데 도움이 되며, 통찰은 연구자 자신이 속한 공동체 구성원들이 갖는 가치관과 행동양식을 언어를 통해 분석하는 방법이다. 참여관찰과 통찰의 방법은 로컬언어를 조사하고 연구할 때, 로컬인의 시선으로 로컬언어를 바라볼 수 있게 한다는 점에서 로컬 바깥의 시선을 통해 이루어지던 이제까지의 로컬어 연구와 차이를 보이게 된다. 로컬인의 시선으로 로컬의 언어를 바라보게 되면 이제까지 잉여와 결핍의 언어로 보이던 로컬언어는, 로컬과 로컬인을 가장 정확하고 적절하게 담아내는 표상체계가 된다. 이러한 연구방법의 적용은 로컬의 이해를 위한 로컬연구의 첫걸음이라고 할 수 있겠다.

또한 로컬언어의 가치는 수용성과 다양성을 바탕으로 한 창조성에서도 찾을 수 있다. 주변에 위치한 로컬언어가 중앙어 혹은 다른 로컬언어와 섞이면서 나타나는 일종의 크레올화는 언어적 창조성과 함께 문화적 창조성을 보여준다. 주변화된 로컬을, 수용성과 다양성이 창조성으로 이어지는 공간으로 재사유하게 될 때 로컬은 열린 가능성을 지닌 역동적인 공간으로 재탄생하게 된다. 이런 점에서 로컬언어 연구는 로컬리티 연구의 기반이 될 수 있다.

로컬언어가 로컬인들의 의사소통의 수단이며 로컬리티를 소통시키는 수단이라고 할 때, 로컬언어의 연구단위는 음운이나 어휘 단위를 넘어 담화단위로 확장되어야 하며, 일상언어의 구술발화를 연구대상에 포함시켜야 한다. 연구자의 시각에서 선택된 어휘나 음운현상을 중심으로 한 연구는 로컬언어가 가지는 소통수단으로서의 역할, 소통되는 언어 아래 깔린 로컬의 소통코드나 로컬리티를 읽어내는 데에 한계가 있기 때문이다. 구술발화는 한 사람의 화자가 일방적으로 긴 시간 동안 발화하는 담화로 그 속에는 다양한 언어정보가 담겨 있으며, 제보자의 일상언어가 그대로 노출된다.[22] 따라서 구술발화의 자료가 충분히 축적되면 로컬인들이 이야기를 풀어나가는 방식에 대한 연구가 가능하다. 이야기를 풀어나가는 방식의 로컬적 특성은 로컬인들의 사유 방식의 특성을 반영하는 것으로 로컬리티를 연구하는 하나의 방법이 될 수 있을 것이다.

결론적으로 로컬리티 연구를 위한 로컬언어 연구는 로컬과 로컬인, 로컬언어라는 관계 속에서 다층적이고 총체적으로 이루어져야 하며, 로컬의 고유성, 독자성, 역동성 등을 찾는 방향으로 전개되어야 할 것이다.

---

22) 이기갑, 「국어 방언 연구의 새로운 길, 구술발화」, 『어문논총』 제49호, 한국언어문화학회, 2008, 3~19쪽.

Ⅲ. 지방사 연구와 로컬리티의 모색

차 철 욱

1. 지방사 연구와 로컬리티 연구

왜 지방사 연구로 로컬리티 연구의 한 방법을 모색하려는가. 지리학
에서는 시간이 장소를 이해하고 느끼는데 아주 중요하다고 지적한다.[1]
시간의 변화에 따라 인간의 태도와 경관이 변화한다고 인식한다.[2] 그
런데 시간은 일률적이지 않고, 브로델이 개념화한 것처럼 장기지속, 단
기지속으로 나눌 수 있는데, 이 개념을 인문지리학자들이 가져와 장기
지속은 장기간 구조화되고 변동성이 적은 구조나 제도를 일컫고, 단기
지속은 인간의 직접적 경험이나 연속적인 활동의 한시성으로 바꾸어
사용한다.[3] 따라서 한 장소에서 시간은 긴 순환구조를 가진 것과 짧은
순환구조를 가진 것이 혼합되어 나타나고, 양자의 상호작용이 경관이
나 인간활동에 영향을 주어 결국 특정 장소의 고유성이나 차별성을 만
들어 낸다고 본다. 로컬리티를 고유성이나 차별성으로 본다면, 로컬리

---

1) Yi-Fu Tuan, *Space and Place : the perspective of experience*, 구동회 외 옮김, 『공간과 장
소』, 서울 : 대윤, 1995, 287~316쪽.

2) Edward Relph, *Place and Placeness*, 김덕현 외 옮김, 『장소와 장소상실』, 서울 : 논
형, 2005, 81쪽.

3) 손명철 편역, 『지역지리와 현대사회이론-새로운 지역지리 논의를 위하여』, 서
울 : 명보문화사, 1994, 157쪽.

티가 시간의 흐름에 영향을 받는다는 것을 의미한다. 따라서 다양한 시간의 흐름에 따라 변화하는 로컬리티 연구를 위한 방법은 지방사 연구를 통해 가능해진다. 지방사 연구자는 시간의 흐름 속에서 지방의 의미를 찾는 작업을 한다. 로컬리티 찾기는 국가가 국체와 소속감을 의도적으로 만들어[4] '민족성, 국가성'을 체계화시키듯이, 로컬리티를 통해 지방민들의 지방애(地方愛)와 지방의 가치를 느끼도록 하기 위해서다.

그렇다면 그동안 지방사 연구는 이 문제에 얼마만큼 관심을 가졌는가. 지방사 연구로부터 로컬리티를 찾을 가능성은 어느 정도일까. 원래 지방사 연구는 국가사와 민족사가 지향하는 거대담론을 보충하는 사례로서의 연구에 머물렀다. 따라서 지방사는 민족사의 일부로 연구되었을 뿐 지방사를 위한 지방사는 연구되지 못했다. 자연스럽게 민족성 연구가 우선이었지 로컬리티 연구는 관심 밖이었다. 그러다가 1990년대 포스터모더니즘 역사이론이 확산되면서, 분위기가 바뀌었다. 포스트모던 역사학은 공동체와 공공영역 보다는 개인과 일상의 영역에 집중하였다. 한 지방, 한 사건, 한 마을, 한 개인에 집중하면서 탈민족, 탈국가적인 역사서술을 시도하였다.[5] 이 방법은 기존에 전체사만이 중요시되던 연구방법과 비교해 연구대상에서 배제되었던 진정한 의미의 지방사 연구의 가능성을 열었다. 하지만 이 또한 너무 개별적이고, 미시적인 부분에만 치중하여, 인간 삶의 터전인 사회관계나 공동체와의 상호관계를 등한시 했다. 한쪽은 근대적인 역사학이 구조만 본 데 반해, 포스트모던 역사학은 구조는 보지 못하고 인간만을 아주 세밀하게 본 결과 구조와 인간의 상관성은 무시되었다.

---

4) 손명철 편역, 위의 책, 216쪽.

5) 안병직, 「포스트모더니즘 역사론을 위한 변론」, 『역사비평』 58, 역사비평사, 2002년 봄, 37~38쪽.

하지만 인간은 항상 개인적인 생활도 하지만 사회적인 관계를 유지하는 공동체 생활도 동시에 진행하고 있다. 인간은 자유분방하기도 하지만 일정한 구조 속에서, 그 내외부와 상호관계를 맺으면서 살아가는 존재이다. 그래서 인간과 구조가 만나는 지점에 대한 연구의 필요성이 제기되고 있다.[6] 이런 경향을 받아들이고 방법론을 보충하기 위해서는 기존 역사학 연구방법론에 더해 인접 분과학문과의 소통이 중요하다고 생각한다.

2. 사례연구로서의 지방사 연구와 그 반성

로컬리티 연구방법의 가능성을 타진하기 위해, 모든 지방사 연구 현황을 검토하는 것은 한계가 있기 때문에 부산 근대 지방사 연구를 중심으로 그동안 지방사 연구가 지닌 한계와 가능성을 검토해 보겠다.[7]

부산 지방사 연구는 1962년 12월 『항도부산』(부산직할시 발행) 간행이 중요한 계기였다. 이후 1970년대까지 부산 지방사는 식민지 수탈과 관련한 주제에 집중하였다. 경제사에서는 수탈을, 민족주의 운동사에서는 수탈에 대한 저항을 강조하는 분위기였다.

부산 지방사 연구의 분위기가 변하는 계기는 1990년대부터였다. 1980년대 말 근대사 연구 분위기가 조성되면서 연구자들이 증가했고, 여기에 1994년 부경역사연구소의 창립은 지방사 연구 분위기를 촉진

---

6) 원용진, 「문화연구와 스튜어트 홀」, 『문화과학』 38, 2004, 299쪽.

7) 아래 내용은 배석만, 「일제강점기 정치·경제사 연구의 회고와 전망」, 『항도부산』 23, 부산시사편찬위원회, 2007 ; 박철규, 「일제강점기 사회운동사 연구의 회고와 전망」, 『항도부산』 23, 부산시사편찬위원회, 2007 ; 차철욱, 「일제강점기 부산도시사 연구의 회고와 전망」, 『항도부산』 23, 부산시사편찬위원회, 2007의 내용과 데이터를 기본적으로 참고하였다.

시켰다. 이 시기 가장 특징적인 연구 분위기는 기존 민족해방운동에서 배제되었던 사회주의 계열의 주제가 연구 대상이 된 것이다. 1980년대 중반 이후 유행하는 '민중사학'의 분위기에서 그동안 소외되었던 역사의 주체를 지배자에서 민중으로 돌려세움으로써 이들에게서 역사적인 동력을 찾으려는 노력이 진행되었다. 특히 근대사에서는 민족해방운동의 주류에서 철저히 제외되었던 사회주의자 계열의 활동이 재조명되기 시작했다. 이의 영향을 받은 대중운동 즉 노동운동, 청년학생운동, 여성운동 등에 대한 연구가 활발했다. 게다가 대중운동의 경제적 기반을 분석해야 한다는 이론적 필요성에서 공업, 금융, 조선인 자본가 등에 많은 연구자들이 참여하였다. 이들 성과는 그동안 주류학계에서 금기시되어 왔던 내용들이라는 점에서 연구의 의의가 적지 않았다. 게다가 특히 부산에서 진행된 이들의 연구는 부산이라는 특정 지방의 프리즘을 통해 들여다봤다는 데 더 큰 의의가 있다.[8]

이 시기 연구는 '민중민족주의'적인 입장에서 진행되었다. 민중사학에 기반했지만, 식민지시대를 수탈론의 입장에서, 저항의 역사로 바라보는 큰 틀에는 변함이 없었다. 특히 부산은 일본인이 만든 도시였고, 일본으로부터 경제적인 피해를 가장 크게 보고 있는 곳이어서 저항 또한 어느 지방 못지않게 거셌다는 논리로 부산을 저항의 도시로 부각시키기에 충분했다. 이런 저항의 도시는 1979년 부마항쟁, 1987년 6월항쟁으로 연결되는 저항운동의 역사적 근원을 찾는 데 커다란 역할을 했다. 이런 연구의 분위기는 민중의 혁명성을 강조하고, 민중 주도의 권력을 창출하자는 또 다른 국가사의 한 방향이었을 뿐 진정으로 부산의 입장에서 고민한 연구는 아니었다.

2000년에 들어서면서 부산 지방사 연구는 기존의 경향을 유지하면

---

8) 박철규, 위의 논문, 383쪽.

서도 새로운 모습을 보인다. 기존의 연구가 주로 조선인을 대상으로 해, 조선인들이 저항하고 수탈당하는 모습만을 강조했다면, 이제는 지배자에 위치했던 일본인들에 관심을 가졌다. 부산대학교 한국민족문화연구소, 부경역사연구소, 동아대학교 일제시기 부산지역 일본인사회 연구팀 등에서 일제시기 일본인 사회,[9] 일제시기『부산일보』를 통해본 지역사회,[10] 경부선·관부연락선 개통 100년 학술회의,[11] 근대 박람회 개최 100년을 맞이해 박람회 관련 학술대회[12]를 마련하였다. 일본인 사회의 분석을 통해 부산의 역사에 조선인의 저항만이 아닌 부산에서 살던 일본인들의 생활도 포함시켜, 부산을 근대도시로 바라보려는 노력을 시작하였다. 하지만 이들 연구의 종착점 또한 부산의 근대화가 결국은 일본인들의 수탈을 목적으로 한 것이라는 데 이르렀다. 이 시기 1980년대부터 유행했던 민중민족주의 시각에서 벗어나려는 몸부림은 거셌지만, 여전히 자유롭지 못했다.

위의 연구에서 다루어진 키워드들을 보자. 정치적으로 일제의 지배정책, 부산부, 부산부협의회, 경찰기구 등 지배기구, 경제적으로 공업화 일반과 대표적인 기업들, 수출입 무역품들과 그 수량, 수산업, 구포은행과 동래은행 등 금융, 조선인 자본가, 일본인 자본가, 사회운동 분야에서는 사회주의운동, 신간회, 청년운동, 노동운동, 박차정을 중심으로 한 여성운동, 경관과 관련한 해안매축과 시가지계획, 공원조성, 그외 관부연락선, 박람회, 각종 문화관련 등이다. 이들 키워드로 근대도

---

9) 일제시기 부산지역 일본인사회 연구팀,『일제시기 부산지역 일본인 사회 연구』, 2003, 2004.

10) 일제시기 지역사 연구를 위한『부산일보』기사의 목록화 및 전산화팀,『1910년대 "부산일보"를 통해 본 부산지역사회』, 2006, 2007.

11) 한국민족문화연구소,『경부선·관부연락선 100년 한일공동학술회의 경부선·관부연락선 개통과 부산항』, 2005.

12) 부경역사연구소,『근대화의 두 시선 박람회』, 2006.

시 부산을 지금까지의 논리대로 정리해 보면, 일본에 의해 가장 먼저 개항된 근대도시의 면모를 갖춘 부산, 여기에는 항만시설, 시가지계획, 다양한 서양풍 건물, 이 도시를 움직이는 경제구조 즉 미곡수출항과 이와 관련된 다양한 산업, 일본 대기업의 진출과 공업화의 진행, 일제 지배의 수단인 물리적인 지배기구인 행정관청, 경찰서, 교도소 등과 이의 운영 사례인 협의회 등은 식민지 수탈의 대표적인 실체들이었다. 이들의 지배에 저항한 조선인들은 민족은행과 민족회사의 설립, 일본인 자본에 고용된 조선 민중들의 저항 등으로 양자는 항상 대립 갈등 하였다. 이런 논리는 수탈과 저항이라는 국가적 민족적 거대담론에 따른 분석 때문이었다. 그래서 이와 관련지을 수 있는 의미소들만 계속 연구되었을 뿐 다른 요소들은 배제되었다. 예를 들어 양자가 분리되지 않고 서로 공존하거나, 회색지대에 존재했던 모습들은 분석의 대상에서 제외되었다.

지금까지 진행된 부산 지방사 연구에 근거해 보면, 부산은 근대적이면서 수탈받은 도시로 이미지화 되어 있다. 수탈받은 도시만으로 부산의 로컬리티를 이야기할 수 있을까. 이런 이미지 속에 부산은 다른 도시와 구별할 수 있는 고유성이나 차별성은 없을까. 이런 요소는 기존 연구에서 발견될 수 없을까.

지금까지의 연구에서 밝혀진 의미소들에서 부산이 근대도시로 성장했고, 여기에 다양한 근대적인 지배시설과 경제시설이 갖추어졌으며, 이와 관계를 맺기 위해 일본인뿐만 아니라 부산 주변에서 조선인들이 대거 몰려들었다는 사실을 확인할 수 있다. E. H. 카는 사실을 과거의 사실, 사료적인 사실, 역사적인 사실로 구분하였다.[13] 우리에게 다양한 의미소라는 것은 과거 실재했던 과거사실이지 않을까. 그런 점에서 기

---

13) 김기봉, 「포스트모던 시대에서 역사란 무엇인가」, 『포스트모더니즘과 역사학』, 서울 : 푸른역사, 2002, 32쪽.

존 연구에서 밝혀진 다양한 내용에서 과거사실의 해명은 로컬리티 해석에 필요한 의미소를 찾으려는 우리에게 많은 도움이 될 것이다. 게다가 이 도시에서 살아가는 구성원들 사이의 관계와 주어진 다양한 시설들과 인간들의 관계가 끊임없이 계속되었다. 여기서 다양한 관계들 사이에 충돌도 있을 수 있고, 협조와 타협도 있을 수 있고, 또 다른 무언가도 있을 수 있는데, 이 가운데 선택이란 개인의 경험에 따라 다양할 수 있었다.

3. 신문화사 이론의 수용과 로컬리티 연구의 가능성

기존 지방사 연구방법론에 대한 비판은 지방을 이해하는 방식에서 시작되었다. 기존 지방사가 국가사를 위해 존재하는 부분이었듯이, 지방 또한 국가를 구성하는 한 조각에 지나지 않았다. 지방사 개념을 고민하기 시작한 것은 지방을 새롭게 이해한 것과 맥을 같이한다. 1990년대 중반 이후 지방자치제의 실시와 수도권과 비수도권 간의 경제적 격차와 소외감의 심화가 지방의 존재감을 자각케 했다. 지방을 중앙의 '맞선 말'로 인식하면서 중앙을 상위, 지방을 하위의 개념에 두고, 후자를 전자에 종속된 개념으로 수직적이고 위계성이 존재하는 관계라고 인식했다.[14] 그래서 '지방화된 국가사'로서가 아닌 '본래의 지방사'가

---

14) 고석규, 「지방사 연구의 새로운 모색」, 『지방사와 지방문화』1, 역사문화학회, 1998, 21쪽. 최근 '지방사'와 '지역사'의 개념은 중앙-지방의 위계적이고 종속적인 역사연구를 극복할 방법에 따라 달리 사용된다. 고석규는 '지방사'라는 종속적인 개념을 사용해야만 중앙-지방의 위계성을 제대로 분석 가능하다고 하는 반면, 이훈상은 종속관계에 존재하던 '지방'개념으로는 위계성을 극복할 수 없기 때문에, 지역의 경계를 넘나들면서 다양한 지역성을 인정할 수 있는 수평적인 '지역사'라는 개념을 사용하자고 제안한다. 필자는 지방에 위계적이고 종속적인 개념도 존재하지만 수평적인 의미도 존재하기 때문에 '지방

필요함을 역설했다. 여기에는 지방사가 국가사의 한 부분으로 존재한 까닭에 지방의 고유성이 배제될 수밖에 없다는 인식이 내재되어 있다. 자연스럽게 지방사에는 국가사가 지향하는 거대담론만이 아니라 지방의 다양한 요소가 존재하고 있다는 데 기본인식을 하고 있다. 이 뿐만 아니라 그동안 국가사가 제외시켜 왔던 성, 지역, 인종, 계층, 세대 등 다원적인 주체에 의해 역사는 구성된다[15]고 보는 포스트모던 역사이론의 등장은 지방사 연구의 새로운 계기를 마련하였다.

기존 근대적인 역사 연구방법의 대안으로 등장한 대표적인 논리가 신문화사적인 접근, 즉 미시사, 일상사, 생애사 등이다. 역사 연구에서는 대부분 일상사 혹은 미시사라는 말을 주로 사용하는데, 인간의 다양한 경험에 주목하는 연구라는 점에서 양자의 연구대상은 구분하기 힘들다. 따라서 우리 학계에서는 미시사라는 개념보다 일상사라는 개념을 많이 사용하는 듯하다. 일상사는 인간의 생활영역인 의식주, 언어, 의식, 의례, 대중문화 등 인간의 반복적인 생활과 사회적인 삶을 경험하면서 부단히 현실의 변화를 모색하고, 재구성하려는 유동적이고 역동적인 모습에 각각 관심을 가진다.[16]

그런데 인간이 살아가는 구조보다 인간의 경험이 중요시 되는 일상사 연구방법론이 근대적인 역사서술이 지니고 있는 한계를 극복하고 대안으로 자리잡을 수 있을까. 인간 경험의 다양성만으로 역사서술이 완성될 수 있을까. 자칫하면 인간의 모든 경험을 미화할 우려도 없지 않다.[17] 다양한 인간의 특수성이, 그리고 인간의 능동성이 발현되기 위

사'를 사용하더라도 이 양자를 모두 포함하는 개념으로 사용하고 싶다.

15) 김기봉, 앞의 논문, 57쪽.

16) 공제욱·정근식 편, 『식민지의 일상-지배와 균열』, 서울 : 문화과학사, 2006, 17쪽.

17) 허영란, 「억제된 균열」, 『일상사로 보는 한국근현대사』, 서울 : 책과함께, 2006, 80~81쪽.

해서는 인간의 활동공간을 배제해서는 안 된다. 인간의 경험 속에 관철되는 구조나 제도 등을 찾아내는 것도 역사가의 임무일 것이다.[18]

일상사는 인간의 경험을 재구성하는 작업이기 때문에, 인간의 활동을 규정한 즉 분석공간과 관련된 관심은 적다. 즉 인간의 경험이 인간의 활동공간과 어떤 관계를 맺고 있고, 상호작용하는지에 대한 분석으로 나아가지 못했다. 그래서 일상사 연구를 지방사 연구에 활용한 연구도 그다지 많지 않다. 지방을 매개로 한 인간의 삶은 그동안 구조사에서 분석하는 것에 비하면 다양하고 역동적이라는데 의견 일치를 보인다. 여기서 이 양자의 관점에서 접근한 논자들의 논의를 검토해 보자.

먼저, 지방의 다양성에 주목한 논의는 일상사, 미시사적인 방법론을 도입해, 기존 국가사 연구가 가져온 단선적인 시각을 탈피하고, 지방이 지닌 다양성에 주목하였다. 이훈상은 지방을 종속적인 개념으로 보고, 이를 극복하기 위해 중립적인 개념인 '지역'을 사용할 것을 제안했다. 그 속에서 벌어지는 지역성의 구조는 다층적이며, 중앙 중심의 헤게모니에 맞서 지역은 끊임없이 타협하고 절충하며 대립하기 때문에 단선적이 아니라 다층적이라고 한다. 그래서 연구 방법으로 다성성(多聲性, multivocality)의 서술 기법을 제안한다. 역사의 장을 움직이고 만들어 가는 관련자들의 시점(視點)을 복수로서 인정하자는 것이다. 이러한 방법은 지방을 계급, 신분이라는 단선적인 시선만 존재하는 것이 아니라 지방에는 다양한 권력을 가진 인간 집단이 존재하며, 이들이 특정 시공간에서 공존하면서 생각을 교환하고, 권력을 향유한다는 논리이다.[19]

---

18) 공제욱·정근식 편, 앞의 책, 18~19쪽.
19) 이훈상, 「미시사와 다성성의 글쓰기」, 『지역사 연구의 이론과 실제』, 서울 : 국사편찬위원회, 2001. 이훈상은 지방 대신 지역을 사용할 것을 주장하고 있

지방에서 생활하는 대중들의 '다양한 일상적인 삶'에 관심을 가지고, 목포를 연구한 고석규는 일본인과 조선인의 관계를 기존의 지배/저항, 계급/민족이라는 이분법에서가 아니라 근대도시에서 살아가는 대중들에게 이중성과 신파성, 즉 식민도시 내 일본인과 조선인의 차별적인 공간의 공존이라는 이중성과, 그렇지만 조선인의 의식에 이율배반적으로 나타나는 싫지만 그리워하는 '신파성'을 목포에서 찾아, 식민도시 목포의 로컬리티를 찾아보려 하였다. 고석규는 대중문화의 신파성을 식민도시민들의 정서로 이미지화하였다. 근대 식민도시에서 살아가는 사람들은 근대의 모습을 받아들이기도 하고, 비극적 정서를 표출하기도 하고, 나름의 낭만과 행복을 찾기도 하는 존재였다. 무조건적 굴종이나 반대로 저항만 하는 존재가 아니었다. 이러한 일반 대중의 정서를 신파적 비극으로 묘사한 것이다.[20]

기존의 거대담론에 저항하면서 다양성을 강조한 연구 가운데 대표적으로 한국전쟁 관련 연구를 거론할 수 있다. 김동춘은 6·25/조국해방전쟁이라는 남북한의 담론이 너무 획일적이고, 전쟁이 각 정권에게 지배이데올로기로 작용하는 역할을 했음을 지적하고, 전쟁의 실상이 개인의 경험에 따라 완전히 달랐음을 확인했다.[21] 특히 지방에서의 전쟁 경험이 다양했음은 최근 발표된 연구에서 잘 드러난다.[22] 이들 사

는데, 제안된 방법론은 필자가 사용하는 지방에 적용해도 무리는 없을 듯 하다.

20) 고석규, 『근대도시 목포의 역사공간문화』, 서울 : 서울대학교출판부, 2004.

21) 김동춘, 『전쟁과 사회』, 서울 : 돌베개, 2000, 24~33쪽.

22) 대표적인 연구서들만 보더라도, 표인주 외, 『전쟁과 사람들』, 서울 : 한울, 2003 ; 김경학 외, 『전쟁과 기억』, 서울 : 한울, 2005 ; 최정기 외, 『전쟁과 재현』, 서울 : 한울, 2008 ; 정근식 외, 『지역전통과 정체성의 문화정치』, 서울 : 경인문화사, 2004 ; 『구림연구-마을공동체의 구조와 변동』, 서울 : 경인문화사, 2003 ; 윤택림, 『인류학자의 과거여행-한 빨갱이 마을의 역사를 찾아서-』, 서울 : 역사비평사, 2003 등이다.

례연구에서 한국전쟁은 지방과 지방, 지방 내부가 지니고 있는 역사성이나 로컬리티가 중요한 갈등요인이었고, 거대담론은 지방 내부의 갈등요인을 표출하는 도구에 지나지 않아, 부차적이었음을 확인할 수 있다. 각 지방이 지니는 갈등요인은 전통적인 질서에 근거한 계급적 요인, 공동체의 성격, 종교적 요인 등이 다양하게 결합되고 있다고 결론을 얻고 있다.[23]

다양성 연구에서 식민도시의 경우에는 일본인 거류지, 도시, 무역, 시가지계획, 교육, 문화, 교통 등과, 한국전쟁 연구에서 좌익, 우익이라는 키워드는 기존 연구와 별 차이가 없었다. 다만 차이가 있었다면 지방에서 살아가던 사람들(공동체)과 이들 키워드들과의 연결고리를 찾아보려고 했다는 점이다. 전쟁 당시 이데올로기나 정부의 국민화 과정과 지방에서 살아가던 인간이 관계맺은 방식(상호작용)에서 지방의 다양성을 보게 하는 계기가 되었다. 그렇지만 다양성 연구에서 강조하는 인간의 능동성을 규정짓는 내용이나 형성과정에 대한 고민으로는 나아가지 못하고 있다.

지방의 다양성을 찾아보려 했던 연구는 지방 내부의 변화에 좀 더 주목하는 과정으로 진행되었다. 다양성과 분리될 수는 없지만, 다양한 모습이 표현될 수 있게 하는 지방 내부의 대응(역동성)에 좀 더 천착한 연구가 등장하기도 하였다.

일상사 연구의 또 다른 모습 가운데, 지방의 역동성에 관심을 가진 연구는, 지방이라는 특정 장소에서 지방민들의 일상적인 생활과 국가권력과의 충돌을 찾아보려 하였다. 이 연구는 대부분의 일상사 연구가 특정 지방을 매개하지 않고 식민지 지배에 균열을 주는 연구로 진행된 것[24]과 달리 지방이라는 장소 내 일상과 권력의 충돌을 다루었다는 점

---

23) 정근식 외, 앞의 책, 2003, 220쪽.
24) 공제욱, 김백영, 앞의 책, 2006.

에서 특징이 있다. 지방을 매개로 한 일상사 연구는 그다지 많지 않지만, 일상사 연구가 지향하는 피지배인들의 능동성이 그들의 생활공간과 관련성을 검토한다는 점에서 로컬리티 연구에서 빌려올 부분도 존재한다. 지방민들의 이해관계가 얽혀있는 주제들로 연구가 진행되었는데, 시가지개조, 시장개설, 보통학교 등이다.

허영란은 민중의 능동적 활동을 특정한 공간의 변화와 관련지어 접근하였다. 공간 내에서 살아가는 민중이 공간의 변화와 관련된 철도, 시구개정, 장시 등의 문제에 어떻게 반응하는지를 검토하면서, 인간만을 보았던 독일의 일상사 연구와 약간의 차이를 보인다. 허영란은 지방문제의 해결, 즉 작동원리로 식민권력-지방리더의 교섭으로 규정짓고, 일반 주민이 당국의 통제와 동원에 저항하거나 회피하면서 지방리더의 대표성을 확인하거나 견제하는 방식으로 현안에 참여했다고 한다. 여기에 지방리더 또한 주민을 끌어들이기 위해 지방사회가 요구하는 공동의 가치를 보장하고 자기결정권을 확장하려는 주민의 요구를 충족시키려 하였다고 한다. 허영란은 지방의 작동원리를 식민권력에 대응하는 지방리더(지방주민 지원)의 '청원과 진정'에 두었다. 지방 내에서 지방리더와 지방주민의 관계가 유지될 수 있었던 것은 평등주의적 공동체 인식, 지방유력자에 대한 후원 등의 요소에 의한 신뢰가 지방사회 내부의 차이와 갈등을 억제하는 요소로 작용했다고 본다.[25] 지방 내 역동성의 근원으로 지방 내 '신뢰'가 중요하게 기능했음을 확인하고, 지방 내 인간의 분석에만 머물지 않고, 인간이 생활하는 공간에서 그 공간을 움직여가는 메커니즘을 발견하는 데까지 나아갔다. 그렇다면 이런 신뢰는 어디서 나온 것일까. 아쉽게도 일상사 연구는 장기

---

25) 허영란, 「시가지 개조를 둘러싼 지역주민의 식민지 경험」, 『역사문제연구』 17, 역사비평사, 2007, 55~61쪽. 허영란이 사용하는 '지역'은 필자의 '지방'과 동일한 개념이어서 '지방'으로 통일하였다.

적인 분석보다 단기적인 경험에 집중하다 보니, 장기적인 과정에서 그 지방을 움직이는 로컬리티를 찾아내는 데 한계를 보였다.

역동성에 관심을 보였던 연구는 지방민들의 능동성에 분석의 초점을 맞추고, 지방민들이 생활하는 장소와의 상호작용 속에서 분석했다는 점에서 많은 부분 로컬리티 찾기의 한 과정이 될 수 있겠다.

지방에서 살아가는 지방민들의 삶을 규정하는 요소는 정말 다양하다. 주어진 자연적인 조건인 경관, 지방 내외부에서 작용하는 힘과 이 힘들의 관계에, 역사적인 시간의 흐름 등이 중첩되어 있다.

문화사 이론의 흐름 가운데 로컬리티 연구에서 수용할 만한 분야가 인류학이다. 이 가운데 해석인류학에서 지향하는 의미찾기는 다양한 인류학 내 갈래 가운데서도 로컬리티 연구의 방법론으로 활용할 가치가 가장 많아 보인다.

해석인류학은, 문화를 이해하는 방식에서 법칙성 추구보다, 의미를 추구하는 해석과학이다. 기어츠가 사용한 이 개념은 관찰자의 눈에 보이는 상징을 통해 '의미'를 찾는 작업을 일컫는다. 상징은 의미를 전달하는 모든 수단이다. 그런데 의미는 상징 내에 존재하는 것이 아니라 특정 사회에서 상징(텍스트)을 사용하는 사람들이 의미를 부여한 것이다. 따라서 이 의미를 찾기 위해서는 텍스트를 만드는 인간들 곁에서 치밀하게 관찰해야만 하는 것이다. 즉 상징에 부여된 의미가 무엇인가. 상징이 어떻게 구성되고 파악되고 사용되는가라는 분석을 통해 의미를 찾을 수 있다.26) 의미찾기 과정은 상징을 활용하는 인간들의 다양한 목소리들 간의 계속적인 대화과정을 통해 가능할 것이다.27)

---

26) 박영태, 「역사인류학의 방법에 대한 연구-독일 일상사 방법의 모델을 중심으로-」, 『성대사림』 10, 1994, 116~119쪽.

27) 유철인, 「해석인류학과 생애사-제주사람들의 삶을 표현하기 위한 이론과 방법의 모색-」, 『제주도연구』 7, 1990, 113쪽.

지방사 연구에 관심을 가지는 인류학자들은 지방을 단순히 주어진 공간이 아닌 국가와의 관계 속에서 구성되는 공간이라는 점을 중요시한다. 인류학자들에게 지방을 이해하는 방식에서 국가권력이 어떻게 작용하고 있는지에 많은 관심을 가진다. 그래서 인류학자들은 지방사 연구에서 의미를 찾기 위한 해석의 기준을 '국가와 자본'에 두려는 경향이 강하다. 특히 근대국가를 국가적 동질화를 시도하고, 지방의 특수성과 자율성을 약화시키면서 국가에 포섭하려는 존재로 인식한다. 그렇지만 인류학자들은 지방에서 살아가는 사람들이 국가의 포섭 노력에 수동적이지만은 않고 주체적으로 대응하며, 협상하며, 때로 지배적인 힘에 저항하고 그들의 정체성을 유지하거나 새롭게 만들어 나가려는 시도에 주목하고 있다. 여기에 시간성을 도입하여 역사적 맥락에서 주체들이 지방을 만들어 가는 과정을 찾아보려고 한다.[28] 이 문제에 접근하기 위해 인류학자들은 구술사를 가장 많이 활용하고 있다. 최근 구술사는 역사학계와도 친분을 쌓아가며 구술의 내용뿐만 아니라 맥락을 통해 역사해석에 활용되고 있다.[29]

인류학자들의 대표적인 지방사 연구성과인 유철인 외, 『인류학과 지방의 역사』는 충남 서산지역을 사례로, 국가의 정책(토지개혁, 간척사업), 교통망 형성, 사회경제적 변화(식민지배, 한국전쟁, 경제개발) 등이 이 마을에 작용해 기존 질서를 해체하고 국가 중심화에 커다란 영향을 미쳤다고 분석하면서, 이 과정에서 주민들이 수동적이지 않고 능동적으로 '저항'하면서 정체성을 만들어 가는 과정을 분석하여, 국가와 자본에 대응하는 주민들의 관계를 통해 의미찾기를 시도했다.

한편 충청남도의 한 빨갱이 마을의 주민들을 통해 의미를 찾아보려

---

28) 유철인 외, 『인류학과 지방의 역사』, 서울 : 아카넷, 2004, 23~24쪽.
29) 이용기, 「역사학, 구술사를 만나다-역사학자의 관점에서 본 구술사의 현황과 과제」, 『역사와 현실』 71, 한국역사연구회, 2009. 3.

했던 윤택림은 그동안 한국전쟁에 부여된 의미 즉 한반도에서 일어난 한민족이 동일하게 경험한 전쟁이라는 단일한 의미에 문제를 제기하면서 예산군 시양리 주민들이 경험한 세대별, 성별, 계층별로 전쟁경험에서 차이가 있었다는 점을 통해 전쟁을 주민의 입장에서 해석해 보려고 시도했다.[30] 그는 시양리 마을을 시간흐름에 따라 항일운동-빨갱이-부촌 마을로 이미지화하였다. 항일운동의 마을 경력이 빨갱이마을로 만드는 계기가 되었고, 시양리 마을주민들은 '예산의 모스크바'라는 오명에서 벗어나기 위해 억척스럽게 노력하여 부촌을 건설하게 되었다고 설명한다. 부촌을 건설하게 된 시양리의 힘을 '강인함과 근면함'으로 해석했다.[31]

인류학자들의 지방사 연구방법에서 지방을 국가와의 관계에서 보고, 지방을 해석하는 기준으로 삼는다는 점, 지방의 능동성과 역동성, 다양성을 찾아보려는 노력들은 로컬리티를 찾으려는 노력에 많은 시사점을 준다. 역사학자들은 역사경험에 대한 사실 확인에 관심이 있었다고 한다면, 인류학자들은 이 경험을 어떻게 해석할 것인가에 더 관심이 많다. 따라서 인류학자들의 특정 공간 내 다양한 모습에 대해 '해석하려는 노력'은 로컬리티 연구에서 충분히 받아들일 만한 방법론일 것이다.

4. 장소성 연구에서 로컬리티 연구의 모색

로컬리티 연구에서 적지 않게 도움을 받을 수 있는 분야는 지리학일 것이다. 지리학은 인간이 생활하는 무대가 주요 관심사였다. 그런데 지

---

30) 윤택림, 앞의 책, 152쪽.
31) 윤택림, 위의 책, 272~273쪽.

리학 또한 역사학과 마찬가지로 생활 무대가 인간의 의사결정 과정과 그 특성에 대한 보편적인 과정의 작용으로부터 유래한다는 인식으로, 공간에 작용하는 과학적인 법칙을 추구하는 '실증주의'지리학이 유행하기도 했다. 그 결과 법칙만을 탐구의 대상으로 삼으면서 인간의 삶은 관심의 대상에서 배제하였다.[32] 근래 '인문지리학'에서 장소와 인간을 연결시키려고 시도하고 있다. 인간이 생활하면서 친근해지는 무대를 '장소'라는 개념으로 이해하면서, 인간이 체험을 통해 애착을 느끼면서, 한 장소에 고유하면서 동시에 다른 장소와 차별되는 '장소성'을 추출해 연구대상으로 삼고 있다.[33] 따라서 장소성은 고유성과 차별성을 포함하는 개념이다. 이런 점에서 장소성이라는 개념은 우리가 찾으려는 로컬리티에 가장 근접해 있다고 할 수 있다.

장소성이란 에드워드 렐프의 말을 빌리면 경관, 활동, 의미 3가지가 주요 구성요소이다. 개인이 특정 장소의 주어진 환경 속에서, 다양한 활동을 하면서 얻게 되는 의미를 장소성으로 불렀다.[34] 이렇게 볼 때 장소성에는 인간이 생활하는 공간 즉 경관이라는 물리적인 공간이 주어진 전제조건이다. 경관연구는 지리학과 역사학이 가장 근접해 상호 도움을 주는 분야이다. 경관의 변화를 역사적인 과정 속에서 파악하면서 특정 장소의 성격 변화에 관심을 가지려고 하였다. 이 경관이 그 장소에서 생활하는 인간들의 삶에 영향을 미치기도 하고, 인간의 활동에

---

32) 백선혜, 「장소마케팅에서 장소성의 인위적 형성」, 서울대학교 박사학위논문, 2004, 19~20쪽.

33) 백선혜, 위의 논문, 32쪽. 로컬리티가 장소성에서 많은 도움을 받을 수 있기는 하지만 동일시 하기는 곤란하다. 특히 장소성이 지니고 있는 개인의 주관성이나 외부에서 조작한 규정성은 특정 단위가 지니고 있는 로컬리티와는 거리가 있다. 다만 장소성이 형성되는 과정은 지방성 연구에서도 활용 가치가 높다.

34) Edward Relph, *op.cit.*, pp.107~115.

따라 경관도 변화한다는 인식으로 경관과 인간의 결합이 시작된 것이다.

그러면 경관과 결합된 인간의 활동은 무엇일까. 특정 장소에서 생활하는 인간의 활동을 이해하기 위해 인문지리학에서 제안하는 이론인 구조화이론과 실재론이 도움이 된다. 사회의 구성요소들에서 구조화이론은 구조-제도-행위자(인간)로, 실재론은 실재영역-현실영역-경험영역으로 각각 나눈다.35) 여기서 구조란 상대적으로 불변적이면서 인간생활을 지배하는 노동과 자본관계, 성관계, 국가 등으로 보고, 제도란 구조가 실제로 표출된 국가기관, 다국적기업, 노동조합, 지방정부, 가족으로 본다. 행위자는 장소에서 생활하는 인간을 일컫는다. 두 이론의 설명방식은 다르지만 구체적인 내용은 비슷해 보인다. 사회를 구성하는 구조와 인간의 상호작용을 분석할 것을 제안한 점에서는 공통적이다. 상호작용의 구체적인 요소들이 도구, 물체, 기호, 상징, 사회적 담화 등과 같은 매개수단이다.36) 매개수단을 분석하기 위해 각종 데이터는 물론 농담, 유머, 풍자와 같은 다양한 표현방식, 다양한 비언어적 행태, 다양한 종류의 지식, 문학작품, 문화적 표출 등이 필요하다고 한다.37) 우리는 이들 매개수단 분석을 통해 활동의 내용에 접근할 수 있다. 매개 수단에는 위에서 언급한 이론들이 주장하는 구조와 인간이 모두 포함되어 있고, 이들의 상호작용도 포함되어 있기 때문에 활동을 읽을 수 있고, 의미찾기가 가능해질 것 같다. 결국 국가, 자본, 인간 등 장소와 관계맺고 있는 다양한 요소가 상호 작용하는 모습을 찾아내는

---

35) 박규택, 「로컬리티 연구의 동향과 주요 쟁점」, 『로컬리티 인문학』 창간호, 한국민족문화연구소, 2009. 4, 124~134쪽.
36) 박규택, 「로컬의 공간성 이해를 위한 이론적 틀」, 『한국민족문화』 33, 한국민족문화연구소, 2009, 163~164쪽.
37) 손명철 편역, 앞의 책, 162~166쪽.

것인데, 이 과정은 장기적이고 구조적인 모습과 함께 순간적이고 경험적인 분석틀을 유지하지 않으면 안 된다. 따라서 로컬리티 연구에서는 시간과 공간 혹은 장소의 상관성에 대한 분석이 전제되어야 한다.

지리학의 분석 대상과 방법에 문화이론의 헤게모니론이 제기하는 지배계급과 피지배계급 사이의 경쟁, 협상, 충돌의 역동적인 모습[38]을 추가해 본다면 장소 내부에서 벌어지는 다양한 권력성을 찾을 수 있겠다. 이런 과정을 통해 장소에 내포된 당대의 관념 세계나 이념, 가치관(문화기호학 접근방법)을, 다른 한편으론 사회 공간적 연망 및 지식과 권력의 관계에 주목하면서 경관과 장소 생산의 사회적, 정치적 과정(문화정치학적 접근)을 분석할 수 있다.[39]

그렇다면 장소성의 마지막 요소인 의미는 어떻게 찾을 수 있을까. 의미를 읽어 내기 위해서는 일단 기호학에서 활용하는 방법을 원용해 볼 수 있겠다. 기호학에서는 기표를 통해 기의(의미)를 읽어내기 위해서는 많은 연구자에게 문화적 배경지식(의미소)이 존재해야 한다는 점을 강조한다. 위 '활동'에서 분석한 내용들 모두는 기호학에서 이야기하는 기표이기도 하고, 문화적 배경지식으로 받아들일 수 있을 것이다. 따라서 인간이 장소에서 활동한 의미들을 해석해 일반화 체계화한다면 그 장소의 의미를 찾는 데 한결 쉬워질 것이다.

경관과 활동을 장소의 구조사/장기사의 관점과 여기에 대응하는 인간들의 능동적인 모습을 동시에 고려해, 의미를 찾을 수 있어야 한다고 본다. 그래서 그동안 구조사와 장기사에서 배제된 인간과 구조와의 관계, 또 포스터모던 역사학에서 자랑하는 미시적이고 우연적인 것으로부터 배제된 구조와의 관련성을 동시에 고민할 수 있어야 특정 지방의 고유성과 차이성을 찾을 수 있다.

---

38) 원용진, 『대중문화의 패러다임』, 서울 : 한나래, 1996, 320~321쪽.
39) 전종한 외, 『인문지리학의 시선』, 서울 : 논형, 2008, 300쪽.

5. 앞으로의 과제

이상의 논의를 통해 기존 지방사 연구에서 로컬리티 연구가 가능한 지를 모색해 보았다. 로컬리티 연구를 위한 지방사 연구는 새로운 사고의 전환을 필요로 하는 것임에는 틀림없는 것 같다. 하지만 다양한 이론과 인접 학문들의 방법론을 적용한다고 해도 해결해야 할 과제는 남는다.

필자가 생각하는 로컬리티 개념, 즉 로컬의 고유성과 가치를 찾기 위해서는 단순히 방법론만이 아니라 분석대상에 대한 고민도 필요하다. 분석대상이란 로컬리티를 확인하기 위한 단위와 그 단위가 작동하는 메커니즘 분석에 필요한 소재이다. 이를 위해 우선 인간 삶의 가장 기초적이면서 항상적인 사회관계인 마을공동체를 하나의 단위로 삼고 분석하는 것도 좋은 방법이라 생각한다. 마을공동체는 규모나 로컬리티의 중첩성이 상대적으로 단순해 로컬리티의 발견이나 작동원리를 찾는데 도움이 될 수 있는 단위라 생각한다. 그리고 최근 지리학뿐만 아니라 역사학에서도 마을연구와 조사가 활발하게 진행되어 기초자료가 풍부한 편이다.

그리고 무엇보다 시간의 흐름이 단위에 따라 어떻게 적용되고, 그것이 로컬리티의 변화에 미치는 영향을 분석하는 작업이다. 균일하게 흐르는 시간 속에서도 각 단위와 로컬리티에 따라 관철되는 시간은 달라진다. 시간의 흐름을 분석하는 과정은 로컬리티를 이해하는 데 아주 중요한 요소가 될 것임에는 틀림없다. 이것은 지방사 연구가 로컬리티 연구의 중요한 한 부분임을 의미한다.

Ⅳ. 서양사학계의 로컬리티 연구 현황과 과제

장 세 룡

1. 늦은 성찰

한국서양사학회가 지방에 관심을 가진 시기는 최근의 일이다. 2005년 4월 16~17일 이틀에 거쳐 중앙과 지방의 관계를 다룬 학술대회를 열었고, 이어서 5월말에 열린 전국역사학 대회가 주제를 '중앙과 지방-지배와 자율의 상관관계-'를 내걸고 로컬(지방, 지역)과 로컬리티를 탐색하기 시작했다는 사실을 보면 그렇다. 그전까지 한국서양사학계에서 로컬은 별로 관심을 끄는 연구주제가 아니었다. 그 이유는 지금까지 서양사학계가 주로 근대 국민국가의 성립을 중심으로 정치혁명과 산업혁명 및 민족문제와 계급문제를 중심으로 삼는 주제들을 일반적 쟁점으로 삼았고, 이 과정에서 지방은 특별한 쟁점이 나타난 경우를 제외하고는 대체로 부수적인 주제에 지나지 않았기 때문이다. 더구나 근대국가는 규모에서 큰 편차를 보이기 때문에 어떤 규모로 지방을 검토할지 토론을 벌여서 합의를 도출한 바도 없다. 필자의 판단으로는 미국, 러시아 또는 캐나다처럼 규모가 큰 국가의 역사에서 광역 주 단위 또는 남부와 서부 등으로 지방이 다루어지는 경우에는 일반적인 국민국가의 로컬 규모를 훨씬 넘어서기 때문에, '로컬리티의 인문학 연구단'이 검토하는 로컬의 역사(local history) 곧 지방사 연구라고 말하기가 어렵다고 본다. 이 글의 관심은 그 동안 한국서양사학계가 주로 서구의 중규모 국가인 영국과 프랑스, 독일과 이탈리아 그리고 스페인의 역사에서 지방 연구를 모색한 방향을 검토하는 바, 그 이유는 이들 국가가 나름대로 문명의 역사와 규모에서 우리의 역사와 비교가능한 준거점을 가진다고 판단하기 때문이다.

서양사학계는 1970년대까지는 주로 서양 근대화에 초점을 둔 정치사와 경제사 그리고 사상사 연구가 주류를 이루다가 80년대 이후 산업화와 민중문제에 초점을 둔 사회사와 노동사에 비중이 크게 주어졌다. 그러다가 산업화와 민주화가 어느 정도 달성되고 21세기로 넘어오는 전환기에 서양사학계에서 포스트모던 역사학과 신문화사가 대두하면서, 서구 중심주의와 오리엔탈리즘에 비판이 다양하게 제기되었다. 이런 상황에 발맞추어 학계에서도 국민국가 중심의 역사에 비판이 제기되었다. 지방사 연구에 관심을 가지기 시작한 것도 바로 이런 현실과 연관성이 있다.[1] 지방사 탐구는 국민국가 중심의 근대성을 비판하고 다양한 경로를 구현된 근대성의 양상에 주목하는 포스트모더니즘의 전망과 연관되어 있다. 특히 1990년대 중반부터 소개된 탈식민담론과 서발턴 연구는 서양사학계에 자기반성의 기회를 제공했다. 이것은 지난 시대 역사학의 억압적인 신화가 소멸된 지점에서 진정한 공존의 공간을 창출하려는 시도에 다름 아니라고 말해도 좋을 것이다.

지금까지 지방은 국민국가를 구성하는 하위 요소이고, 지방의 정체성이 강화되면 국민국가의 정체성 형성을 약화시키는 부정적인 결과를 초래한다고 간주된 측면이 강하다. 그러나 한편 다시 생각하면 지방과 국민국가는 상호적 관계로 형성되고, 국민의 형성이 지역의 형성을 가져올 수 있다는 정반대의 관점도 성립이 가능하다. 이런 관점은

---

1) 김영한, 「한국의 서양사 연구-경향과 평가」, 『서양사론』 제95호, 2007. 12, 11쪽.

서양사학계가 더 이상 서구 중심주의에 매몰되지 않고, 국민국가의 산업화와 민주화를 중심에 두는 근대성의 기획에 더 이상 강박관념을 갖지 않고, 지금까지 진행된 연구 활동에 반성적 성찰이 필요하며 동시에 그것이 어느 정도 가능하게 된 현실을 반영한다. 이 비평논문의 목표는 한국서양사학계가 1990년대부터 지금까지 지방사 연구를 어떻게 진행시켰는지 현황과 과제를 점검하는 데 있다. 그러나 문제는 막상 서양사학계의 지방사 연구가 아직도 질과 양에서 비평 대상이 될만한 성과를 이룬 분야가 아니라는 현실이다. 필자는 궁리 끝에 인접 학문인 정치학과 행정학 분야의 연구 성과 가운데서 역사적 접근을 시도한 연구를 포함시켜서 검토하는 방식으로 비평논문을 시도한다.

2. 중앙과 지방의 상호관계

역사 연구는 이론 없이도 가능하지만 이론 있는 역사학은 내용을 더 풍부하게 만든다. 현재 지방사 연구의 이론적 동향 연구의 특징은 연구자의 본래 전공과 관계없이 모두 영국의 지방사 연구에 초점을 맞추는 것이다.[2] 여기서 로컬(local)을 조승래와 조용욱은 '지역', 강성호와 장세룡은 '지방'으로 번역하는 차이를 보인다. 조승래의 선구적 연구는 20세기 영국에서 진행된 지역사 연구 동향을 일별하고 지역사 연구도 이념적 태도와 연관됨을 지적하며, 미시적(micro-history)이되 넓은 맥락(microcosmic)에서 '지역화된 국가사(national history localized)'로 인식하기

---

2) 조승래, 「20세기 영국의 지역사 연구 동향」, 『도시·지역 개발연구』 제6집, 1998, 41~48쪽 ; 조용욱, 「영국에서의 지방사연구」, 『북악사론』 8, 2001, 253~270쪽 ; 강성호, 「탈근대와 지방사연구」, 『전남사학』 23, 2004. 12, 249~269쪽 ; 장세룡, 「탈근대와 지방사연구 : 프랑스와 영국의 경우」, 『대구사학』 93집, 2008, 277~308쪽.

를 요청하였다. 한편 조용욱은 인구, 물가, 고용상태, 임금, 빈곤, 사회질서, 계급관계 등 사회사 연구의 토대로서 지역사의 위상을 부여하고, 12세기 초 중세 시대부터 20세기까지 지역사 연구가 수도원의 기록 형식으로 진행된 과정을 설명하고 앵글로-색슨 시대 토지재산 기록, 중세 시대 지형과 풍광, 도시, 지명과 지형, 울타리, 담장, 도로의 현장답사(fieldwork) 관련 문헌을 소개한다. 강성호의 연구는 지방을 국민국가의 모더니티에 맞서는 탈근대적 인식론의 전망에서 검토하며 지방사 연구에 인식론적 토대를 제공하려고 모색한 점이 소중하다. 한편 장세룡은 프랑스와 영국의 지방사 연구를 비교하면서 전자가 지방을 중앙집권적 국가 형성에 동원한다면, 영국의 지방사 연구는 상대적으로 더 풍부한 고유성을 가진다는 사실을 지적하였다. 그러나 현재 컴퓨터의 발달로 지방사 연구의 독자성이 위협받고 있다는 사실을 환기시켰다.

국내에서 지방사 연구에의 관심은 대구사학회가 1982년『대구사학』20 · 21합집에서 한국사를 중심으로 중국, 일본사학계 지방사 연구도 소개하여 지방사에 대한 최초의 개념정리와 문제제기를 시도한 것이 효시라고 평가할 수 있다. 1986년에도『대구사학』30집은 프랑스 아날학파, 영국의 레스터 학파의 방법론을 학계에 소개하고, 1989년『대구사학』37집은 지방사회와 지방 통치의 역사를 특집으로 구성하여 영국과 프랑스 그리고 독일의 지방사를 소개하였다.[3] 그러나 그 후에도 서양사학계는 여전히 지방에 별 관심이 없었고, 지방을 다루는 글이 간헐적으로 나타났지만 연구 목표는 '중앙'을 설명하는 데 보조 역할을 할 뿐이었다. 이것은 한국사회에서 지방자치의 시행과 더불어 사회과학에서 서구의 지방자치와 지방행정을 다루거나 소개한 많은 연구가

---

3) 허진영, 「영국지방사회와 지방통치」,『대구사학』제37집, 1989, 121~142쪽 ; 이광주, 「근세 독일에서의 도시자치문제」,『대구사학』제37집, 1989, 143~154쪽.

나타난 것과 비교하면, 현실의 변화에 부응하는 학문적 자세로는 매우 게을렀다고 평가해도 좋을 것이다.

2005년 서양사학회 학술대회 논문은 그해 9월『서양사론』86호에 실렸다. 여기에는 로마 제국, 중세 프랑스 파리, 근대 초 독일에 관한 논문도 발표되었다.[4] 강력한 지방분권적 원심성이 작용한 중세사회는 중세 자체의 성격 뿐 아니라 근대국가 출현과 연관시켜 다양한 지방 연구의 가능성을 열어주는 긍정적 연구 대상으로 떠올랐다. 독일과 영국 그리고 프랑스의 촌락연구[5] 그리고 최근의 도시사 연구는 좋은 사례이다.[6] 그러나 본래 이 비평논문의 기본 목표는 지방을 국민국가의 성립과 운영에 연관시켜서 검토하는 것이다. 중앙과 지방의 관계를 유럽에서 중앙과 지방의 문제가 본격적으로 대두하기 시작한 것은 근대국가의 발전과 더불어 시작되었기 때문이다. 물론 그 이전에도 중앙과 지방이 없었던 것은 아니지만, 근대 국민국가의 태동이라는 특정한 역사적 조건에서 '지역 사이의 (불)균형'이 보다 큰 갈등과 문제점으로 부각되었다.[7] 근대국가에서 '중앙'은 정치권력이 특정한 장소나 지역의 개인 또는 기구에 집중되는 곳으로, 반면에 '지방'은 정치적 독립성이나 자치성이 차단된 채로 중앙의 통제 아래 두는 중앙집권적 경향이 강화되기 때문이다. 그 결과 중앙과 지방, 지방과 지방이 불균등 발전

---

4) 차전환, 「로마제국의 중앙과 지방」,『서양사론』86호, 2005. 9, 5~34쪽 ; 박용희, 「중세 파리의 변화 : 국왕의 처소에서 왕국의 수도로」,『서양사론』86호, 2005. 9, 35~61쪽 ; 황대현, 「근대초, 독일의 다핵 중심성적 성격에 대한 고찰 : 신성 로마 제국과 브란덴부르크-프로이센의 수도 문제를 중심으로」,『서양사론』86호, 2005. 9, 63~93쪽.

5) 김유경, 「중세 후기 촌락의 형성과 그 사회구조-남서부독일 브라이스가우 소재 권터스탈 촌락의 사례」,『서양사론』58호, 1998, 1~30쪽.

6) 김병용, 이순갑, 성백용, 박홍식, 박용진, 안상준,『도시로 본 중세 유럽』, 한울, 1997.

7) 제10회 한국서양사학회 학술대회 발표집, 2005년 4월 16일/17일, 4쪽.

과 격차를 보이며 진행되었지만, 막상 이 부문은 역사가의 시선에서 소홀히 다루어졌고 앞으로의 연구과제로 남겨져 있다.

이 글은 먼저 영국사를 검토대상으로 꼽는다. 그 이유는 근대 국가 형성의 역사에서 영국의 역할이 긍정적이든 부정적이든 중요하기 때문이다. 1970년대에는 근대초 튜더·스튜어트 시대사 연구가 왕성하였다. 특히 영국혁명의 성격과 결부하여, 지방파와 궁정파를 상호 대척점 삼아 전개된 젠트리 논쟁의 영향으로 지방이 주목을 받았다. 하지만 그것은 구체적 장소로서 지방이 아니라 정파의 근거지로서 지방이 주목받은 측면이 강했다. 그 결과 최근 이 주제는 최근 관심이 낮아지면서 박순준과 김중락 정도가 관심을 유지하고 있다. 박순준은 영국 내란사 연구가 기존의 정치 파벌 및 이념 중심 해석을 넘어 지리적 지방에 주목하고 지방의 자립적인 핵심 요소로서 '주(county)' 공동체 단위에 주목하여 큰 성과를 거두었지만, 주 자체도 내부 갈등으로 분열된 요소이며, 중앙 당국과 연결된 요소라는 사실을 잊지 말아야 할 것을 강조한다. 그리고 이 경우 지방은 부패한 궁정에 맞서는 근면검소하고 도덕적으로 고결한 문화적 이상과 정치적 지향을 나타내는 수사의 담지자로서 정치의식의 매개체이며 문화생활을 위한 광장이었지만, 그것도 여전히 의회선거를 매개로 하여 중앙정치와 결합되었다는 것을 밝힌다.8) 송병건은 '간이심판소 구역(pettys essional division)'에 초점을 맞추어 아직 중앙정부가 직접통치에 이르지 못하고 공업화와 도시화에 따른 새로운 정치세력이 본격적으로 등장하지 않았으며, 대부분 지역에서 지주층이 주축을 이룬 지방자치적 성격의 통치체제가 작동하던

---

8) 박순준, 「스튜어트 초기의 의회선거와 지방정치」, 『서양사론』 45/1, 1995 ; 「영국 내란과 지방사연구 : '지방' 대 '궁정'에 관한 논의를 중심으로」, 『인문연구논집』 제2집, 1997. 3, 33~63쪽 ; 김중락, 「1641년 잉글랜드의 분열과 스코틀랜드」, 『대구사학』 제55집, 1998, 141~173쪽.

18세기에서 19세기 초반까지 잉글랜드 지방통치를 검토하였다. 당시 지방에는 광역단위로는 '주', 기본단위로는 '교구'가 있었으나 업무처리에 불편하여 중간 행정단위가 필요하여 헌드레드(hundred)와 간이심판소, 1834년 빈민법 개정 이후에는 빈민법 조합(poor law union)이 중간 단위로 존재했다. 심판소 구역은 20~30개 교구가 형성하고 10개 내외의 구역이 한 주를 형성하여 점차 치안판사가 간이심판소 구역에서 배타적 행정권을 행사한 결과, 행정권역이 중기적 차원의 공간이동인 노동이동을 비롯한 생활권을 형성하는 데 기여했다고 밝힌다.9)

프랑스사에서는 대혁명에도 불구하고 1700-1850년간 백생 프랑세 지역이나 빠리 주변 농촌 자본주의 발달과정에서 혁명의 역할이 미약했다는 연구10)와 남부지방 툴루즈시의 혁명사 연구를 통하여 혁명과 반혁명의 이중성을 드러내는 연구11)가 눈에 들어온다. 그런가하면 프랑스의 지방재정제도가 한국의 지방제정 조정제도와 비슷하다는 평가도 있다.12) 한편 이탈리아사 연구에서 정문수는 근대국가 성립 이후 이탈리아가 경제력의 집중과 집적, 정치와 행정의 중앙집권화를 겪는 과정에서 정치와 행정은 로마, 금융과 상업은 밀라노, 산업은 제노바, 토리노, 밀라노를 잇는 삼각지대, 언어와 고급문화는 피렌체로 중심이

---

9) 송병건, 「18세기~19세기 전반 영국인의 생활권 : 노동 이동의 범위와 행정구역」, 『영국연구』 9호, 2003, 55~78쪽 ; 「18세기와 19세기 전반에 잉글랜드 지방통치는 어떻게 이루어졌나? 간이 심판소 구역의 역할과 중요성」, 『영국연구』 15호, 2006. 6, 79~108쪽.

10) 김경근, 「농촌 자본주의의 프랑스적 경로 1700~1850-백생 프랑세 지역 농민의 비경제적 활동을 중심으로」, 『서양사론』 35호, 1990 ; 윤승준, 「프랑스 혁명기 빠리 주변 농촌 지역의 공유지와 분할운동」, 『인하사학』 2호, 1994.

11) 양희영, 「프랑스 혁명 초기 새로운 시정부의 수립 : 툴루즈 시정의 연속과 단절」, 『서양사론』 84호, 2005, 75~107쪽.

12) 오천연, 「프랑스의 중앙·지방간 재원배분의 특성과 지방재정제도 개편의 특성」, 『행정논총』 제33권 2호, 1995. 12, 211~229쪽.

분산되었다고 밝힌다. 그러나 독특하게도 사회경제적 중심인 북부지역이 정치적 주변을 형성하고, 로마를 포함한 남부지역은 정치적 중심이지만 사회경제적 주변을 형성하는 특수성을 밝힌다. 그리고 이에 바탕을 두고 중앙과 지방의 관계가 4번의 전환기를 맞았으며, 1990년 이후에야 진정한 지방자치의 실현 가능성을 맞고 있다고 설명한다. 그 결과 중북부 이탈리아 지방자치단체는 완전한 입법·행정·재정권을 요구하는 반면, 중앙정치에서 제휴를 통해서 다수파를 형성해왔던 남부는 재정자립도가 낮아서 완전한 지방자치에 반대하는 입장이다.[13)]

정영주는 유럽연합의 성립이 지방의 역할에 어떤 변화를 가져오는지 주목하였다. 그는 유럽연합이 확장되면서 회원국 사이에서 그리고 회원국 내부 지역들 사이에 내재하는 빈부격차로 말미암아 발생하는 중앙과 지방 문제를 거론하며, 경제적 재분배 문제야말로 통합의 성공여부에 관건이라고 보고 영국의 경우를 사례로 검토한다.[14)] 유럽연합 문제는 로컬연구에 하나의 시험거리를 제공한다. 유럽연합의 통치구조는 국민국가의 중앙정부와 지방정부 그리고 유럽연합의 복합적 통치체제이다. 그 결과 현재 통합유럽의 권력구조는 다층통치체제(multi-level governance)이므로 중앙과 지방의 위상이 가변적이다. 이와 연관시켜서 김승렬은 통합유럽의 중심이며 프랑스와 독일의 분쟁지였지만 현재는 유럽연합의 통합수도군인 브뤼셀-뤽상부르-알사스의 스트라스부르를 연결하는 지방에 주목하였다.[15)] 유럽의 중심이되 프랑스와 독일의 변

---

13) 정문수, 「이탈리아 역사에서의 중앙과 지방의 관계」, 『서양사론』 86호, 2005. 9, 95~120쪽.

14) 정영주, 「유럽연합속의 중앙과 지방문제 : 영국 사양산업지역을 중심으로」, 『서양사론』 87호, 2005. 12, 229~268쪽.

15) 김승렬, 「통합유럽의 삼각수도군, 브뤼셀-뤽상부르-스트라스부르의 역사성과 특수한 중앙적 성격」, 『서양사론』 86호, 2005. 9, 179~202쪽 ; 배현식, 「알사스의 인문지리 연구」, 『프랑스문화예술연구』 제1집, 1999, 85~106쪽.

두리로서 접경지이며 오랜 분쟁지였던 이 지방에 지방성과 중심성이
교차하는 양상을 검토한 것이다. 같은 맥락에서 박용희는 알사스-로렌
의 지방적이면서도 중심적인 위상을 검토하면서 국민국가의 경계 위
에서, 그 경계를 가로지르기도 한다는 의미에서 '트랜스내셔널'한 역사
의 관점을 제시한다.[16] 필자는 도리어 프랑스의 알사스-로렌과 독일의
자르지방을 함께 검토하는 '트랜스로컬리티'의 전망이 이 지역을 분석
하는 데 더 유용하리라고 본다. 어쨌든 이것은 라인 지방을 민족사적
관점이 아니라 유럽적 관점에서 바라보는 새로운 관점이고,[17] 장차 트
랜스내셔날리티의 전망으로 검토해야할지 아니면 트랜스로컬리티의
전망으로 보는 것이 타당한지 심각한 검토를 거칠 필요가 있다고 판단
한다.

독일사에서는 계몽주의 시대 도시와 지방의 계몽지를 비교연구[18]한
조순주의 연구가 있다. 나혜심은 19세기에 근대화 진행과정이 국가적
차원에서 동시에 진행되기 전에 도시나 지역에서 공동체별로 이미 진
행되었다는 의미에서 지방마다 다른 고유한 발전의 역동성에 주목한
다. 그리고 고유성에 가치를 부여하는 연구를 지방 기업가들과 프로이
센 정부와의 관계를 주제로 제공한다. 이것은 지방별로 다른 산업화와
근대화 과정이 단순한 차이들로 평화롭게 진행되지 않고 충돌하는 모

---

16) 박용희, 「역사와 지리의 민족화 : 알사스와 로렌을 둘러싼 독일과 프랑스 역
　　사가들의 태도 1870~1914」, 『인문논총』 56, 2006, 243~275쪽 ; 「"알스인에게
　　알사스를!" : 20세기 알사스 지역운동과 지역정체성의 모색」, 『독일연구』 제5
　　호, 2008. 6, 107~140쪽.
17) 박용희, 「민족사의 터전에서 유럽속의 지역으로-라인지방사 서술에서 나타나
　　는 지역정체성 인식의 변화-」, 『대구사학』 93집, 2008. 11, 115~148쪽.
18) 조순주, 「18세기 독일 대도시와 지방의 계몽지 비교연구」, 『부산사학』 제37
　　집, 1999, 145~166쪽 ; 「18세기 독일 소도시에서 계몽지의 역할」, 『서양사론』
　　제64집, 2000, 51~78쪽.

습이 이미 민족국가로 통일 이전부터 전개되었다고 평가하는 것이
다.[19] 한편 박상욱은 본래 지방분권적 경향이 강하고 지금도 강한 독
일에서 그나마 중앙집중이 강화된 계기로서 제1차 대전 시기를 든다.
그는 전시에 독일제국이 지방에 개입을 강화한 사례로서 작센의 사례
를 들면서, 지방자치를 무시한 서툴고 거친 중앙정부의 개입이 도리어
작센주민의 불만과 시위를 야기하였다고 평가한다.[20] 그 외에 러시아
에서 푸틴 행정부의 출범 이후 연방 관계가 중앙 주도로 바뀌면서 연
방 주체들 사이에서 소득과 지출, 투입과 산출 및 대외 경제 관계분야
검토한 결과 불평등이 심화되고 지방의 불만이 고조되고 있다는 연구
는 매우 현재적 주제이다.[21]

3. 지역갈등과 지역주의

지역갈등과 관련되는 지역주의 연구 역시 대구사학회가 선도한 측
면이 있다. 1995년 대구사학회는 지역주의 특집을 통해서 영국과 이탈
리아 및 스페인 지역주의를 검토하였다. 그런데 지역주의는 두 가지
차원에서 검토할 수 있다. 하나는 근대 국민국가 형성 과정에 포함된
지방 가운데서 독자성을 강조하는 경우이고, 다른 것은 20세기 말 신
자유주의가 전면화 하면서 국가경쟁력 확보 차원에서 지방을 강조하

---

19) 나혜심, 「독일 근대사회형성기의 중앙과 지방 : 19세기 라인-베스트 팔렌 지
    방 기업가들과 프로이센 정부의 갈등을 중심으로」, 『서양사론』 제87호, 2005.
    12, 101~132쪽.
20) 박상욱, 「독일제국의 중앙집권적 전시 경제(1914-1918) : 내부(지방)와의 전쟁」,
    『서양사론』 제86호, 2005. 9, 151~178쪽.
21) 김성진, 「러시아 중앙-지방관계의 갈등요인이 변화와 지속성(1990-2000) : 경
    제적 요인을 중심으로」, 『국제정치논총』 43-1, 2003, 471~500쪽.

고 지방정부를 중심으로 지방분권을 강조하면서 나타난 지역주의가 그것이다. 이들을 구분해서 전자는 역사적 지역주의, 후자는 지방분권 지역주의라고 말할 수 있을 것이다. 그러나 양자가 선명하게 구분될 수 있는 것은 아니다. 후자는 전자의 조건을 인정하면서 출발하는 경우가 많기 때문이다. 이영석은 영국의 웨일즈 특히 스코틀랜드의 독특한 지역적 정체성을 솜씨 있게 설명한다. 영국 즉 '대브리튼 및 북에이레 연합왕국(United Kingdom of Great Britain and Northern Ireland)'은 근대국가 형성과정에서 웨일즈(1536), 스코틀랜드(1707) 및 북에이레(1921)를 잉글랜드에 병합한 국가이다. 본래 켈트계 토착 군주의 통치를 받았던 웨일즈는 윌리엄 정복왕 이래로 잉글랜드 귀족들이 변경백(Marcher Lord)으로 통치한 일종의 공국으로 변경백이 요새를 짓고 주민에게 공납을 강요하며 권력을 강화하는 무법상태였다. 헨리 8세는 웨일즈 출신으로서 기존 지방행정기구 '웨일즈 및 변경회의(Council of Wales and Marches)'를 활성화하고 웨일즈에 잉글랜드와 동등한 위상을 부여하여 통합을 성사시켰다. 스코틀랜드는 1603년 스튜어트 6세가 잉글랜드의 제임스 1세로 즉위하여 두 왕국의 통치자가 되면서 군주는 같지만, 의회와 교회, 그리고 사법제도가 분리된 독자국가로 존립했다. 그러나 잉글랜드 내란과 명예혁명을 겪으며 스튜어트 왕가의 세력이 약화된 틈을 타서 두 국가의 의회가 주도하여 합병에 도달했다. 그 후 스코틀랜드인들은 귀족이 특권을 보장받고 시민계층이 수혜를 받게 되리란 계산에 따라 자유의지에 입각하여 통합하였기 때문에, 언제든지 협상과 심지어 통합의 무효화를 선언할 수 있다고 주장하고 있다.22) 이들 지방은 지속적으로 독립적 위상을 요구하였고, 웨일즈 민족당 특히 스코틀랜드 민족당의 활동과 의회선거에서 노동당에 이어 제2

---

22) 이영석, 「잉글랜드와 스코틀랜드-국민정체성의 변화를 중심으로」, 『사회연구』
1, 2000, 125~146쪽.

당이 된 것은 이런 동향을 표현한다. 안영진은 1997년 이래로 토니 블레어에서 현재의 고든 브라운에 이르는 노동당의 장기집권은 바로 보수당의 중앙집권화 전략과 달리, 노동당이 지방의 독자적 민족주의를 용인하는 정책에서 대중적 지지를 받았기에 가능했다고 소개한다.[23] 한편 세계인의 관심사인 북에이레 문제를 다루는 글이 예상 밖으로 적다.[24] 필자는 그 이유가 너무나 예민한 주제라서 평가가 어려운데 있다고 판단한다.

이탈리아사는 남부 문제(Mezzogiorno)라고 부르는 독특한 지역주의 현상이 연구자들의 관심을 끌었다. 내부적으로 이탈리아 독립과 함께 후진적이고 전통적인 경멸과 편견의 대상 지역이 되어버린 이탈리아 남부는 사회경제적으로 빈곤하지만, 정치와 문화 및 행정관료와 교회 분야에 진출자가 많은 특성을 보인다. 그와 달리 북부는 유럽 중심국가 못지않게 번영하여 두 지역 간의 깊은 간극이 근대 이후 이탈리아 역사 전개의 중요한 변수였기 때문에 나타난 현상이다. 노동인구의 30%만이 일자리를 갖고, 생활수준은 북부의 60%에 불과하며, 경제력은 1 : 4로 열세인 남부 이탈리아 문제는, 남부와 분리를 추구하는 '북부동맹(Lega Nord)'이 많은 지지를 얻음으로써 국가 분열위기로까지 치닫는 형국이다.[25] 이와 같은 현상의 원인을 설명하는 이론은 두 가지이다. 첫째, 이중구조론—남부의 고유한 조건이 저개발을 야기했다는 논리와 둘째, 내부식민지론—남부의 열악한 상황은 통일 이후 북부자

---

23) 안영진, 「영국의 지역주의와 지방분권화」, 『한국역사지리학회지』 제9권 2호, 2003, 105~118쪽.

24) 모종린, 「북아일랜드의 "성금요일(Good Friday)" 평화협정」, 『전략연구』 제7권 1호, 2000, 100~119쪽.

25) 차명제, 「이탈리아의 지역문제-그람시의 남부 이탈리아 문제에 관한 인식」, 『한국사회과학논총』 7/1, 1997, 73~91쪽 ; 정문수, 「이탈리아 지역주의」, 『대구사학』 66집, 2002, 79~103쪽.

본가들이 남부의 대토지 소유층과 결합하여 나타난 인위적 과정이라고 보는 시각이 존재한다.[26] 정문수는 이탈리아 남부사회 형성 과정을 연구하여, 프랑스가 지배하던 시기 남부 이탈리아의 토지 부르주아가 영주의 봉건적 권리에 저항하는 한편 농민의 용익권을 제한하는 토지 사유화 투쟁을 통해서 지방세계의 실력자로 부상하였고 1820년 발발한 나폴리 혁명을 계기로 삼아 정치세력화하면서 구귀족과 연합하여 이탈리아 통일운동(Risorgimento)의 주체가 되는 상황을 분석했다.[27]

강옥초는 본래 그람시 연구자로서 기존의 헤게모니론과 시민사회론 그리고 국가론 중심의 연구를 넘어서, 오히려 이탈리아 남부 체험과 그에 따른 문제의식이 그람시의 지적·인격적 형성에 중요한 역할을 하였다는 점을 부각시켰다. 일련의 논문에서 그는 이탈리아 남부문제의 형성에 개입하거나 작용한 계기들을 검토해서, 이 문제가 남부의 내재적 약점 자체의 소산이 아니라 이탈리아의 독특한 근대화 과정이 초래한 유산이라고 결론 내린다.[28] 그람시는 교조주의적 마르크스주의 노선이 아니라 이탈리아의 사회적 모순과 힘의 관계를 과학적으로 분석하여 프롤레타리아와 농민 그리고 이들과 연대하는 진보적 지식인이 주체가 되어 파시즘에 저항하는 피지배 계급의 혁명을 완수하기를

---

26) 김시홍, 「이탈리아 지역주의의 사회적 기원」, 『유럽연구』 제17권, 2003년 여름, 169~186쪽.

27) 정문수, 「남부이탈리아 행정군주정 체제의 성립(1806-1815)」, 『부산사학』 36집, 1999, 73~98쪽 ; 「이탈리아 남부의 발명과 해체」, 『국제지역연구』 6권, 2002, 295~315쪽.

28) 강옥초, 『A. 그람시 사상에서의 이탈리아 남부 문제의 위치』, 동경대학교 박사학위논문, 1996 ; 「초기 그람시 사상과 이탈리아 남부주의」, 『서양사론』 55/1, 1997, 145~170쪽 ; 「그람시 사상에 있어서의 남부 문제의 위치」, 『서양사론』 52/2, 1997, 179~181쪽 ; 「이탈리아 남부 문제의 역사적 형성」, 『서양사 연구』 24/1, 1999, 77~112쪽 ; 「그람시의 남부주의와 1926년 논고」, 『서양사론』 73호, 2002, 123~153쪽.

모색하였다. 바로 여기서 두 가지 핵심적 모순의 해결이 먼저 필요했
는데 바로 남부이탈리아 문제와 바티칸의 존재였다. 계급문제가 지역
문제와 얽힌 남부이탈리아에서 거대한 농민층, 중소규모 마을자본가
(지주)와 전문지식인 집단 그리고 대지주와 이념적 영향력을 가진 지식
인이 결합한 '농업블록'을 와해시키기 위해서는, 북부의 공업노동자와
진보적 지식인들이 남부농민과 연대하여 '헤게모니'를 창출하는 것이
필요하다는 관점에 도달했다는 것이다.

1970/80년대 동맹주의(Leghismo) 정당들과, 1989년 12월 결성되었고
1994년 이후부터 현재까지 언론재벌 베를루스코니가 총리를 맡아가며
이끄는 '북부동맹'의 집권기반인 북부 자체도 중요한 연구 대상이다.[29]
문제는 착취의 대상인 남부가 아니라 도리어 북부인들이 남부에 대한
재정 부담, 엘리트 충원과정 상의 불이익 등 정치적으로 과소 대변되
는 것이 직접적 원인이 되어서 '정치적 지역주의'를 형성하게 되었다
는 것이다. 정문수는 이러한 과정을 시민참여적이라고 자부하는 북부
인들이 사회적으로 후진적인 남부인들을 타자화하여 지리, 사회경제적
및 문화적 공간의 '타자'로서 남부를 '발명'했다고 진단한다.[30] 남부문
제로 표현되는 이탈리아의 지역문제는 비록 시대적 편차가 있어 동일
하지는 않지만, 우리나라 지역문제와 연결시켜 시사하는 바도 적지 않
다. 북부의 헤게모니와 영남의 헤게모니, 북부의 공업화와 영남의 공업
화, 남부 농업지대와 호남의 농업지대, 남부 지식인과 호남의 지식인,
남부의 농업블록과 호남의 농업블록을 유비적으로 비교해 볼 수 있기
때문이다. 심지어 한반도 통일 이후에 나타날 과제로서, 비록 이탈리아

---

29) 정병기,「이탈리아 정치적 지역주의의 생성과 북부동맹당의 변천」,『한국정치
학회보』제34권 4호, 2000, 397~419쪽.

30) 정문수,「이탈리아 남부의 발명과 해체」,『국제지역연구』제6권 2호, 2002. 2,
295~315쪽.

와는 정반대 형식이지만, 남부와 북부의 관계를 생각해보면 남부문제
로 대표되는 이탈리아 지역문제는 타산지석으로 깊이 성찰할 만하다.
그러나 문제가 단순하지 않은 것이 이탈리아 남부의 낙후가 반드시 북
부에의 종속을 의미하지는 않기 때문이다. 남부가 단일 생산기지 성격
을 띠고 북부의 자본가들이 착취 대상이라는 점에서는 북부의 내부 식
민지로 규정할 수도 있지만, 남부의 정치적 영향력을 고려하면 단순한
종속으로 귀결시킬 문제가 아니기 때문이다. 아울러 현재 남부가 후진
성의 상징인 가족주의와 후견제도를 유지하는바, 근대성의 시각에서는
전근대적이지만 탈근대적 관점에서는 새로운 조망의 가능성을 함축하
고도 있다. 아울러 이탈리아 남부가 비록 유럽의 중심부에서 떨어진
지정학적 불리점도 있지만, 영향력을 확대해가는 유럽연합이 단일 경
제블록화를 추진하는 상황에서, 이탈리아라는 국민국가의 틀을 벗어나
서 전유럽적 차원에서 새로운 발전의 전망을 구상하는 것도 가능할 것
이다.

국내에서 프랑스 지역주의는 제대로 연구되지 않았다. 브르타뉴와
노르망디, 랑독과 코르시카섬의 지역주의가 충분히 연구대상이지만 거
의 논의되지 않은 이유가 무엇일까? 그것은 프랑스사 연구가 프랑스
대혁명을 비롯한 공화주의적 국민국가의 역사, 노동운동의 역사에 초
점이 맞추어지면서 소홀하게 취급된 것으로 보인다. 심지어 류은하의
연구가 파리 교외 '지역'을 연구하였지만 그것도 노동운동사와 연관되
어 성찰된 것이다.[31] 최근 이용재는 20세기 초 프랑스에서 지역주의
이념과 지방분권운동이 나타났던 과정을 매우 유용하게 설명하고 있
다. 그는 지역주의가 비시 정권이나 드골이 지지하였기 때문에 우파의
이념으로 알려졌지만, 사실은 공화주의와도 친연성을 가졌다는 사실을

---

31) 류은하, 「파리 교외지역 연구」, 『서양사론』 제94호, 2007. 9, 281~300쪽.

지적한다. 그럼에도 불구하고 지역주의는 항상 소수파의 이념으로 알려졌고, 지역주의가 20세기말 드디어 점차 결실을 맺는 데는, 20세기 초 지역주의 연맹의 조직활동가 샤를 브룅의 공헌이 매우 컸음을 소상히 밝힌다.[32]

정치적 지역주의는 독일에도 있으며 그것이 특히 바이에른 지방정부의 주도로 16개 연방국가 형식으로 나타난다는 연구도 있다.[33] 독일사에서 지역주의 연구가 많지 않은 이유가 어디 있을까? 그것은 독일사가 너무나 오랫동안 분열된 연방체제였기 때문에 도리어 민족통일이란 역사적 전망에서 독일사를 보는 것이 현대 한국사와 연관시켜 다양한 문제의식을 제공하는 것이었기 때문일 것이다. 그런 장차 독일사에서 지방/지역 문제에 관심이 제기될 것으로 예상한다.

지역주의 연구에서 빠질 수 없는 국가가 스페인이다. 변화무쌍한 자연환경과 다채로운 문화가 공존하는 스페인에는 바스크를 필두로 카탈루냐와 갈리시아가 다른 언어와 문화를 가지고 독립을 지향하는 강력한 지역주의를 표출하고 있다. 바스크 독립운동은 너무나 유명하지만 막상 연구 성과가 보이지 않는바, 이것은 북에이레 문제와 마찬가지로 너무나 첨예한 주제라는 사실과 연관성이 있을 것이다. 초점은 주로 올림픽이 열린 도시 바르셀로나로 유명한 카탈루냐(Cataluña)에 집중된다. 안영진은 스페인에서 지역주의의 재흥이 국민형성에 구조적 취약점으로 작용하고 바스크, 카탈루냐, 갈리시아 등 주변부의 영역적 민족주의 운동 성립에 중요한 계기가 된 것은 사실이지만, 한편 지역

---

32) 이용재, 「20세기 초 프랑스의 '지역주의' 이념과 지방분권화운동 : 프랑스 지역주의 연맹과 샤를 브룅의 활동을 중심으로」, 『서양사론』 제86호, 2005. 9, 121~150쪽.
33) 로날드 마이나두스, 「독일의 정치적 지역주의-독일의 정치체제에서 지역이 차지하는 의미」, 『한국사회과학논총』 제7권 1호, 1997, 65~71쪽.

주의는 지역담론과 문화적 접근을 통하여 국가의식을 강화하는 데 기여하여 통념과 달리 국민국가 형성에 대립과 보완이란 독특한 양면성을 보여준다고 평가한다.[34) 1980년 카탈루냐 자치정부 수립이후 민족주의 성향의 카탈루냐 '통합과 연합'당이 국내정치에서 캐스팅 보트를 행사하며 지방정부를 지배하고 군사외교문제를 제외한 모든 영역에서 자치와 분권을 행사하며 실리를 극대화해왔다. 1997년에는 '스페인어와 카탈루냐어 사용규정'이 카탈루냐 의회를 통과하여 카탈루냐어가 스페인어와 동등한 비중으로 쓰이게 되었다. 그러나 중앙정부와 분리독립 세력 '카탈루냐 공화국 에스케라'가 양쪽에서 서로 반발하는 복잡한 상황을 맞고 있다.[35)

유럽통합, 정보통신 기술의 발달, 이민자의 증가, 초국적 자본주의로 대표되는 신자유주의 세계화는 스페인의 지역 민족주의에 새로운 패러다임을 요구하고 있다. 지역적 특수성에 기반을 두었던 과거의 지역주의는 '혼종성' '다문화주의'로 특징 지워지는 지구촌 시대의 개막과 더불어 효력이 상실하는 측면이 있기 때문이다.[36) 이은해는 카탈루냐 지방이 오랫동안 수도 마드리드로 대표되는 카스티야 지방 중심의 중앙정부와 반목 가운데서 자신들의 정치적 독립을 추구하였으나, 유럽통합이라는 범유럽적 변화 이후로는 중앙정부와 단순한 갈등구조에서 벗어나 초국가적 틀 안에서 새로운 정치 및 문화적 정체성을 모색하는 상황이라고 진단한다. 특히 문화적으로 민족문화를 강조하며 당장의 정치적 독립보다는 유럽 안에서 여러 지역들의 역할을 강화하여 장기

---

34) 안영진, 「스페인의 국가발전과 지역주의」, 『한국역사지리학회지』 제7권 3호, 2001, 1~13쪽.

35) 송기도 · 최낙원 · 최윤국, 「스페인 카탈류냐 지방연구 : 분권의 확대와 지역분쟁」, 『라틴아메리카연구』 제11권 1호, 1998, 133~199쪽.

36) 임호준 · 홍두승, 「스페인의 지역민족주의 : 정치적 자치와 문화정체성」, 『국제 · 지역 연구』 제9권 2호, 2000년 여름, 63~84쪽.

적으로 카탈루냐 지역의 발전을 도모하고 범유럽적인 민족 공동체를 이루고자 노력하고 있다고 진단한다.[37] 결국 이것은 지방과 국가란 이중적 정체성이 국민국가가 아닌 범유럽적 정체성과 결합하는 조짐과 맞물린다.

이와 같이 유럽연합의 대두는 지역주의 운동에 새로운 방향을 열어주고 있다. 유럽 내부에서 전통적으로 중앙정부로부터 차별과 소외에 항의하며 정치세력화를 도모해온 특정 지역의 지역주의가 유럽연합과의 관계 강화를 통해서 자신의 자율성을 확대하려는 현상에 주목할 필요가 있다. '지역의 유럽'이라고 부르는 이 현상은 어떻게 나타난 것인가? 그것은 다름 아닌 유럽연합 안에서 지역주의 활성화는 국가들이 추구하는 지방분권화 뿐 아니라, 역내의 사회경제적 격차를 완화시키고자 국민국가의 경계를 뛰어 넘어 다양한 지역 행위자들이 다양한 수준과 층위에서 영향을 행사하는 상호 관계망을 이룩하여 경쟁과 협력하는 다중심적 체제로 변화하는 현실과 연관되어 있다.[38]

4. 유럽 각국의 지방분권(Decentralisation) 정책의 동향

일반적으로 지방분권이란 영토 안에서 권력을 조직하고 권력을 조직하고 분배하는 한 방식으로서 중앙과 중앙의 하위 간에 이루어지는 권한 분담, 혹은 국가의 권한들을 지방자치제도들에 양도하여 이들 제도가 국가의 감독 아래 특정 업무에 대한 운영의 자율성을 누리는 것

---

37) 이은해, 「유럽통합전후에 나타나는 스페인 카탈루냐 지방의 언어문화정책」, 『유럽연구』 제20호, 2004, 271~291쪽.

38) 김태연·황기식, 「유럽연합 지역 정책의 추진체계와 효과 : 잉글랜드 목적 I 지역 사례」, 『유럽연구』 제23호, 2006년 여름, 139~166쪽 ; 홍익표, 「지역의 도전과 유럽연합 내부 동학의 변화」, 『유럽연구』 제25권 3호, 2007, 27~47쪽.

을 말한다.

먼저 영국의 경우 1997년 총선에서 승리한 토니 블레어 총리는 새로운 노동당 행정부를 구성하면서 대대적인 행정개편에 착수하였다. 여기서 주목되는 것은 지방자치단체와 밀접한 관계를 갖는 환경부와 교통부를 통폐합하여 '환경·교통·지역개발부'로 개편한 사실이다. 특히 웨일즈와 스코틀랜드 등에 완전한 자치권을 약속하여 지방자치단체에 새로운 자치권 부여를 공약하였다. 그러나 사실 이것은 새로운 정책은 아니고 이미 마가렛 대처의 보수당 정부가 1991년부터 추진해온 정책의 연장선상에 있다. 안영훈은 이것이 진행된 구체적 내용을 설명하고 이 개편이 유연성·투명성·책임성·효과성을 실현하는 지방자치단체 구성으로 지방민주주의 실현을 목표로 삼았다고 평가한다.[39] 그러나 몇 년 뒤 강원택은 이에 반론을 제기하여, 대처 정부 이래로 폭넓은 신자유주의 개혁을 추진하였지만, 영국이 전통적인 중앙-지방 간 통치체제 자체에 근본적 변혁을 달성하지는 않았다고 부정적으로 평가한다. 다시 말하면 보수당과 마찬가지로 노동당 정부에서 통치체계의 제도적 변화에도 불구하고 중앙-지방 관계에서 영국은 의회를 장악한 단일 정당이 독자적으로 내각을 구성하여 선거를 통하여 정치적 책임을 묻는 체제로서, 중앙정부가 지방정부보다 정치제도상 우위에 놓여 있고 권한이 막강한 '웨스트민스터 모델'의 속성을 그대로 유지하고 있다는 평가인 것이다.[40] 그렇다면 영국에는 과연 어떤 일이 있었나?

그동안 영국 정부는 다양한 지방분권 정책을 실시하였다. 그 정책의

---

39) 안영훈, 「1997년 영국지방자치단체의 개편구조에 관한 고찰」, 『지방행정연구』 제12권 2호, 1997, 95~126쪽.

40) 강원택, 「영국의 신자유주의 개혁과 중앙-지방 관계의 변화」, 『국제정치논총』 제43권 3호, 2003, 385~401쪽.

방향은 신자유주의 개혁과 맞물려 진행되었다. 신자유주의 개혁의 결과 복지국가 실현을 모색하며 국가의 적극적 개입과 역할이 강조되었던 케인즈주의 국가에서 신자유주의적 국가로 국가의 정체성이 변화하였기 때문이다.[41] 1979년 취임한 대처 수상은 공공부문에 시장원리를 적용하고 중앙집권적 개혁을 단행하여 지방정부의 재정지출을 통제하였다. 구체적으로는 전통적인 지방세(rate)를 폐지하고 인두세를 도입하였다. 그와 더불어 런던 광역시를 비롯한 광역도시정부를 해체하여 지방정부구조를 단층화시켰다. 그 결과 대처의 정책이 행정의 효율을 증대시켰지만 지역의 민주주의를 손상시켰다는 비판도 받게 되었다. 1997년 5월에 집권한 토니 블레어 총리의 노동당 정부는 '유럽평의회(Council of Europe)'가 제정한 '유럽지방자치정부' 헌장에 서명하고 유럽연합 틀 안에서 진행되는 분권개혁 의지를 천명하였다. 노동당의 지방분권 개혁은 기본적으로 '분담성(subsidiarity)'[42]의 원칙에 바탕을 정치적 분권, 지방정부 구조 개편, 주민참여확대를 목표로 삼는 특징을 갖는다. 이 원칙은 각각의 공공정책은 정책이 요청되는 적정한 정부 레벨에서 결정하는 것이 타당하다는 원리로서, 중앙기구는 국가적 특성을 보이는 업무를 처리하고, 나머지는 다양한 층위의 기관이 역할을 담당하는 것을 의미한다.

1999년 7월 외교 · 국방을 제외하고 과세권을 가짐으로써 독립국가에 가깝게 된 웨일즈와 스코틀랜드는 임기 4년제 웨일즈 의회와 스코틀랜드 의회를 설립하였다. 1998년 5월 런던광역시를 설립하여 2000년

---

41) 장훈 · 강원택 · 김영순 · 구갑우, 「영국에서 국가성 변화의 이중성에 관한 연구 : 케인즈주의 국가에서 신자유주의 국가로」, 『국제정치논총』 40집 3호, 2000, 297~316쪽.

42) 이 용어(subsidiarity, subsidiarité)를 영국의 지방분권정책 연구자들이 '보완성', 프랑스의 지방분권정책 연구자들이 '보충성'으로 주로 번역하는데, '분담성'으로 하는 것이 더 타당해 보인다.

5월 영국 역사상 처음으로 런던시장을 직선한 것도[43] 그와 연관성이 있다. 지역의 독자성과 공동체의 유지와 지역발전을 위한 정치적 분권 (Devolution)은 지방정부의 경쟁력 강화 차원에서 중요시되었고, 특히 광역지방정부가 권한과 정책능력을 제고하여 유럽연합과의 관계에서 지역발전에 적절한 역할을 수행하도록 권한이 강화되었다.[44] 흥미로운 것은 스코틀랜드 의회에 대한 윤익중의 평가이다. 그는 스코틀랜드 의회가 지방분권의 모범 사례인 것은 인정하지만, 정치적으로 영국의회와 스코틀랜드 의회 간의 마찰 가능성, 역설적으로 영국 중앙정부의 권한을 더욱 강화시킬 가능성, 스코틀랜드에서 새로운 중앙집권화와 관료주의의 대두 가능성, 재정지출에 대한 갈등 등의 문제가 야기될 가능성을 우려한다. 그러므로 시민 또는 주민의 권력 확보, 참여의 확대, 지방정부에 대한 감시와 견제가 필요하다고 진단한다.[45]

스코틀랜드 자치에 대한 이런 요구는 독일에서 견본을 발견할 수 있다. 독일은 1808년 프로이센의 개혁 이후 특히 20세기 초 바이마르 공화국 시대부터 시민 또는 주민의 권력 확보, 참여의 확대, 지방정부에 대한 감시와 견제가 상대적으로 긍정적인 지방자치의 전통이 활발하게 유지되었다. 특히 지방자치단체의 분권화조차도 강조되어 지역 실정에 맞게 구역(Bezirk/Ortscaft) 제도가 실행되어 주민발안·주민발의·주민결정 등이 인정되어 주민에게 다가가는 지방자치 실현을 모색하고 있다.[46] 독일은 통일 직후인 1990년 초에 직접 민주주의적 주민참

---

43) 이종수, 「영국 지방정부 구조개혁 : 런던 시장 직선제 도입을 중심으로」, 『한국지방자치학회보』 제13권 2호, 2001. 6, 83~100쪽.
44) 김순은, 「영국과 일본의 지방분권 비교 분석」, 『한국지방자치학회보』 제13권 2호, 2001, 101~121쪽.
45) 윤익중, 「영국 스코틀랜드 지역의 지방분권화 고찰」, 『유럽연구』 제17권, 20003년 여름, 187~211쪽.
46) 이기우, 「지방자치단체의 분권화 : 독일의 구역자치제도를 중심으로」, 『한국

여제도가 더욱 폭 넓게 실시되는 계기를 마련하였다. 주민은 지방정치인의 직접 선출과 불신임 및 해임건의, 의회 의결의 참여 등을 제도화하여 지방정책 형성과 집행과정에서 참여의 주체로 삼는다. 이를 바탕으로 주민은 개인 또는 각종 영리 및 비영리 사회단체를 통해서 정책 파트너로 역할을 담당하여 유연한 지방협치(local governance)를 실현하고 있다.[47] 독일에서 지방분권은 지역균등화를 추구하는 다양한 지역지원 정책의 실현으로 구체화된다.[48]

스페인의 경우는 헌법에서 국가의 영역은 자치공동체로 조직된다고 규정하였지만, 실제로는 연방국가가 아닌 단일국가이다. 그러나 한편 국가가 자치단체를 구성하고 권한을 부여하는 것이 아니라, 광역지방자치단체가 스스로 구성되고 헌법상의 권한을 부여받는 측면에서 지역국가로서의 특성을 지닌다. 이것은 스페인 국민이 오랜 역사의 단일성에 집착하는 여론과, 카탈루냐와 같은 지방자치단체에 광범한 정치 및 행정적 권한을 부여하기를 주장하는 여론이 완강하게 충돌한 데서 나온 산물이다. 그 결과 스페인은 세계화에 대응하여 분권을 모색하는 '자치국가화' 현상을 보이면서 일부 광역자치단체가 국제적으로 부상하는 사례도 나타나고 있다.[49]

20세기 말에 지방분권에서 가장 혁신적인 정책을 성취하였고, 그 결과 가장 많은 연구 대상이 된 국가는 프랑스이다. 프랑스는 오랫동안 국가주권의 중앙집권적 단일성과 불가분성의 원칙에 기초하여 국가를

지방자치학회보』 제16권 2호, 2004. 6, 147~166쪽.

47) 정원식, 「독일 지방자치에 있어 주민참여와 로컬거버넌스」, 『한국정책과학회보』 제7권 3호, 2003. 12, 231~250쪽.

48) 칼 프랑케, 「독일의 균형적인 지역발전정책」, 『지방자치정보』 144호, 2003, 18~25쪽.

49) 이광윤, 「스페인의 지방자치와 국가감독에 관한 연구」, 『토지공법연구』 11호, 2001, 233~246쪽.

성립하고, 주권의 지방분산 이론에 입각하여 지방행정이 수행되었다. 그러나 1982년 3월 그 전 해에 집권한 미테랑(François Mitterrand)의 사회당 정권이 추진한 지방분권에 관한 법률인 "코뮌(commune)·도(départment) 및 레지옹(région)의 권리와 자유에 관한 법률"의 통과는 프랑스 지방행정 개혁에 획기적 계기로 작용했다. 그런데 본래 프랑스의 좌파는 1950~60년대에 우파가 지방분권의 방향을 논의할 때 별 관심을 두지 않았고, 1969년에 드 골(Charles De Gaulle) 대통령이 제안한 지방분권과 상원개혁 국민투표에는 반대한 전력이 있었다. 그러나 1970년대부터 프랑스 좌파는 지방분권의 적극적 찬성자가 되었다.

오랫동안 프랑스는 대혁명이 성립시킨 '단일성과 조국과 공화정'의 분리불가성이 확립되면서, 공화정 3년(1795)에 행정단위로 공식화된 89개 도(department)가 지방(province)를 대체하고 공화정 8년(1800) 나폴레옹이 도지사(préfet)를 임명하면서 만들어진 강력한 중앙집권적 국가체제로 유지되었다.[50] 비록 1871년 자치단체 조직법이 만들어져 보통선거를 통한 도의회 구성이 허가되긴 하였으나, 도의 행정은 임명직인 관선 도지사가 담당했다. 지방행정개혁은 이와 같이 지방행정에 대한 강력한 중앙집권적 국가의 후견적 감독과, 관선지사를 폐지하며 자율적 행정권을 보유하고 한국의 시·군·구에 해당하는 코뮌, 100개의 각 도와 3~4개의 도를 묶어서 경제·사회·문화 발전을 주요 임무로 삼는 26개(본국 21, 코르시카 1, 해외 4개) 레지옹으로 분할되었다. 여기서 특징은 대도시가 독자적 지위를 가진다는 점이다.[51] 그 뒤로 사

---

50) 윤기석, 「프랑스 근대국가 형성과정에 나타난 정치적 함의 : 프로뱅스 폐지와 데파트망 제정을 중심으로」,『한국정치학회보』제37권 4호, 2003. 12, 417~438쪽.

51) 배준구, 「프랑스 3대도시의 지위와 조직 : 파리, 마르세이유, 리용의 구를 중심으로」,『사회과학연구』제15권 1호, 1999, 33~44쪽 ;「프랑스 파리시의 지위와 권한」,『경성대학교 논문집』제20집 1권, 1999, 159~169쪽.

회당 정권의 부침에 따라 지방분권 정책도 적지 않은 개정과 부침을 겪었지만 자크 시락(Jacques Chirac)의 우파 정부를 거치면서도 그 방향은 이제 돌이킬 수 없게 된 것으로 보인다.[52]

2003년 3월 28일 통과된 개정헌법은 감히 지방분권을 위한 헌법 개정이라고 말해도 좋을 것이다. 많은 연구자들이 설명하듯 이 개정 헌법의 기본 정신은, 국가와 지방자치단체 사이에 권한을 배분하는 문제에서 '분담성(subsidiarité)'의 원리에 바탕을 둔다. 그 결과 지방자치단체는 '자유로운 행정'을 보장받게 되었다. 그러나 전훈의 연구는 독특하게 개정헌법에서도 헌법상 '자유로운 행정'의 보장에는 여전히 한계가 있다고 평가하고 실험법의 도입 가능성을 타진한다.[53] 반면에 배준구는 분권화된 공화국, 지방자치단체의 책임성 증대, 직접민주주의의 활성화, 해외지역 자치단체의 법규조정이 이루어졌다고 개정헌법을 긍정적으로 평가한다. 이를 두고 1982년 지방분권법이 제정되기 이전에 프랑스 지방분권의 역사를 비롯하여 1982년 지방분권법 통과 이후 프랑스에서 진행된 단일국가형 지방분권에 관한 연구가 많이 나타났다. 그

---

52) 안영진, 「프랑스의 지방분권화 개혁과 지역발전」, 『한국사회과학』 제21집 2호, 1999, 171~197쪽 ; 백윤철, 「프랑스 지방분권에 관한 연구」, 『공법학연구』 제5권 1호, 2004, 169~189쪽 ; 「프랑스 지방분권에 관한 고찰 : 최근 동향(1999)을 중심으로」, 『토지공법연구』 제9호, 2000, 229~243쪽 ; 「프랑스 지방분권에 관한 고찰」, 『공법학연구』 제5호 1권, 2004, 169~189쪽.

53) 전훈, 「한국지방자치의 이해의 도구개념으로서의 프랑스 지방분권의 법적 접근 : 국가와 자방자치단체의 관계를 중심으로」, 『공법연구』 제33집 제1호, 2004. 11, 591~612쪽 ; 「지방자치단체의 "자유로운 행정"의 헌법적 보장 : 2003년 3월 28일 프랑스 개정헌법을 중심으로」, 『성균관법학』 제17권 1호, 2005. 6, 295~319쪽 ; 「보충성 원칙과 실험법 : 지방분권을 위한 2003년 프랑스 개정 헌법과 그 시사점」, 『한국프랑스학논집』 제50집, 2005, 557~576쪽. subsidiarité를 전훈은 축자적으로 '보충성'으로 번역하였으나 이것은 지방의 '보조성'을 말하는바, 전체 맥락에서 대등한 '분담성'이 더 적합한 번역이라고 판단한다.

방향은 프랑스 지방분권 이후 지역정책이 분권과 분산, 혁신과 연대의 방향으로 진행된다고 서술하고 있다.[54]

국내 학자들이 프랑스의 지방분권에 이렇게나 관심을 크게 기울인 이유는 무엇일까? 그것은 두 나라가 연방정부가 아닌 중앙집권적 단일정부라는 공통점만이 아니라, 수도권 과밀, 국토의 북동부와 남서부 간의 격차라는 유사성을 가졌고, 거기에다 지방자치가 성공했다는 평가를 받는 것이 크게 작용했을 것이다. 프랑스의 사례는 그 후 참여정부가 지방분권을 시도하는 데 중요한 이론적 바탕이 된 것으로 판단된다. 그러나 이 주제를 다룬 대부분의 논문들이 지방분권 정책이 전개된 상황을 서술하는 경우가 대부분이어서 내용이 많이 중복되고 새로운 관점을 제시하는 경우가 드물어서 아쉽다.

프랑스의 지방분권화는 많은 성과를 거두었다. 전국의 중소도시들과 대도시의 생활조건이 비슷해진 결과, 대도시로 인구집중이 둔화되고 수도권의 인구증가율이 전국평균을 밑돌게 되었다. 그럼에도 불구하고 몇 가지 문제점이 지적된다. 먼저 3단계 행정구조 가운데서 코뮌의 수가 너무 많고 복잡해서 공공재화와 서비스를 공급하는 데 규모의 경제가 문제시된다는 지적을 받고 있다.[55] 또한 지방분권을 기업들에 지나

---

54) 백윤철, 「초기 프랑스 지방 분권에 관한 연구」, 『헌법학연구』 제7권 3호, 2001, 261~291쪽 ; 「프랑스 단일국가형의 지방분권」, 『동양대학교논문집』, 제3권 1호, 1997, 193~211쪽 ; 계기석, 「프랑스의 지방분권화 10년」, 『국토정보』 178호, 1996. 8, 88~99쪽 ; 배준구, 「지방분권화 이후 프랑스의 지역계획」, 『한국지방자치학회보』 제6권 1호, 1994, 148~167쪽 ; 「프랑스 지방자치의 역사적 발전과 교훈」, 『경성대학교논문집』 제18집 2권, 1997, 159~171쪽 ; 「프랑스의 지방 분권 이후 지역정책」, 『국토계획』 제39권 1호, 2004. 2, 283~305쪽.

55) 정옥주, 「프랑스의 꼬뮌 시스템과 꼬뮌 간 협력」, 『국제·지역연구』 제9권 2호, 2000년 여름, 85~103쪽 ; 최진혁, 「프랑스 지방분권화와 지방정치·행정구조」, 『국토』 263, 2003, 90~102쪽.

치게 의존하여 납세자간의 불균형을 심화시키고, 경제개발에서 불균등과 편중현상이 나타난다는 지적을 받는다. 지방자치단체가 재정자치를 어떻게 수행하는가에 대한 다양한 관심은 이와 맞물려 있다.[56] 또한 아직도 여전히 중앙정부의 역할이 과도하고 지방의 '명사'들이 지자체 선출직을 독점적으로 차지하고, 시민의 참여가 교묘하게 배제되고 있다는 평가를 받는다. 또한 지방의 중심도시에만 성장의 기회를 제공했다는 비판도 귀담아 들을만하다. 이와 연관시켜서 나타난 관심사 가운데 하나가 지역혁신 정책이었다. 이미 1970년대부터 프랑스 정부는 탈산업화로 말미암아 나타나는 지방의 사회경제적 문제들을 해결하기 위해서 지역혁신 정책을 도입하였다. 대표적인 곳이 북동부 로렌의 오랜 도시 메츠이다. 이 도시는 전통산업의 쇠퇴로 상당한 어려움을 겪었으나 테크노폴리스 정책으로 도시를 지역혁신체제로 만드는 데 성공한 사례로 꼽히고 있다.[57]

위의 연구들이 비록 지방 행정 구역 개편의 역사를 다룬 경우가 없지 않지만 기본적으로 정책의 내용 자체와 이의 변화만을 다루었다면,[58] 레지옹을 고심 끝에 '지방'으로 번역한 민유기는 프랑스에서 지방분권 담론의 전개 과정을 일목요연하게 설명한다. 본래 프랑스에서 지방분권은 균형발전과 경제성장을 모색한 우파들의 논리였으나 점차 좌파들도 민주주의 발전과 시민참여 의식의 성숙을 위해서는 지방자치와 분권이 필요하다는 관점을 발전시키게 되었다. 그 결과 1986년 우파 총선 승리로 1988년 5월까지, 다시 우파의 승리로 1993~95년 5

---

56) 최진혁, 「프랑스 지방자치 단체의 재정자치의 논거에 관한 연구」, 『한국지방자치학회보』 제15권 1호, 2003. 3, 65~87쪽.

57) 배준구, 「프랑스 로렌지역 지역혁신정책상의 거버넌스 구조 : 혁신주체간 협력 관계를 중심으로」, 『한국경제지리학회지』 제9권 1호, 2006, 81~96쪽.

58) 백윤철·윤광재, 『프랑스 지방자치학』, 서울 : 형설출판사, 2000.

월, 좌파의 승리로 1997~2002년 사이에 지속된 좌우동거(cohabitation) 정부에서 많은 우여곡절을 드러냈지만 대체로 합의를 유지하는 방향으로 진행되었다. 그러므로 민유기는 비록 우파가 행정 효율을, 좌파가 행정의 민주적 조직을 강조하지만 좌파와 우파는 지방분권이 필수적이라는데 동의하였다고 평가한다.59) 프랑스에서 지방분권 정책은 '정치적으로 중립'이 되었다는 말이다.

5. 로컬리티 연구에 제공하는 전망

이상으로 중앙과 지방, 지역주의, 지방분권이란 순서로 서구에서 진행되는 지방 연구에 대한 국내의 연구를 검토하였다. 기존 연구들은 국민국가적 근대성을 비판하고 다양한 경로를 구현된 근대성의 양상에 주목하는 포스트모더니즘의 전망과 연관된 '로컬리티의 인문학' 연구단이 수행하는 과제들과 동일한 문제의식에서 출발한 것은 아니다. 그러나 이런 시도는 로컬리티 인문학에서 장차 서양사 분야의 과제에 실마리를 잡는 데 유용할 것으로 기대한다. 이것은 한편 역사연구의 무게 중심이 민족과 계급에서 인간과 인류로 이동하여 세계화한 보편문화의 지구적 의식에 입각한 지구촌의 역사(World History)가 진행되는 동시에, 지방의 문화적 다양성과 정체성을 탐구하여 차이(difference)와 혼종성(hybridity)을 드러내는 여러 이야기들(many stories)을 발굴하는 지방사에 대한 구체적 관심과 관련이 있다. 그러나 현실에서 서양사학계는 여전히 유럽중심의 '담론적 질서'에서 자유롭지 못하다. 그런 점에서 탈식민의 과제는 유효하다.

---

59) 민유기, 「프랑스 좌·우파의 지방분권 담론과 관련 정책에 대한 역사적 고찰(1946~2003)」, 『서양사론』 제86호, 2005. 9, 203~236쪽.

필자는 현재 서구에서 로컬의 존재양태에서 가장 큰 변화를 가져올 요소이며 시험거리는 유럽연합 문제라고 판단한다. 유럽연합의 통치구조는 국민국가의 중앙정부와 지방정부 그리고 유럽연합의 복합적 통치체제이다. 그 결과 현재 통합유럽의 권력구조는 다층통치체제이며 중앙과 지방의 위상이 가변적이고, 장차 지금과는 다른 중심과 로컬 관계가 만들어져 작동할 가능성이 크다. 예컨대 유럽연합의 통합수도군인 브뤼셀-뤽상부르-알사스의 스트라스부르-라인유역의 자르를 연결하는 지역에, 그리고 독립을 추구해온 스페인의 카탈루냐, 갈리시아 그리고 바스크 지역에 지방성과 중심성이 교차하는 양상을 볼 수 있다. 이런 의미에서 국민국가의 경계 위에서 경계를 가로질러 로컬의 연대를 검토하는 '트랜스로컬리티'의 전망이 유용할 것이다. 가장 흥미롭고 타산지석으로 삼아야할 주제는 역시 이탈리아 남부문제이다. 그람시의 '헤게모니론'의 이론적 발상지라는 것을 넘어서, 현재의 한국사회 나아가 통일 이후에 현실로 가시화될 가능성이 큰 주제라고 판단하기 때문이다.

V. 사회학에서 지역연구의 현황

신 지 은

1. 지역연구 분류

문석남 외(1994)는 한국 사회학계의 지역사회 연구의 역사가 다른 분야에 비해 상대적으로 짧고 그 연구 성과 역시 많지 않은 이유로, 한국 사회의 사회경제적 발전이 중앙집권적 국가에 의해 주도됨으로써, 지역 정치의 공간이 상실되고 지역 사회의 독자적인 발전 전망을 발전시킬 수 있는 기회가 거의 없었기 때문이라는 점, 그리고 사회운동을 전반적으로 억압하는 사회구조 속에서 지역 사회의 개발 의지를 집약하고 문화적 다양성을 배양할 수 있는 밑으로부터의 지역 운동 역시 제도화되지 못했다는 점을 지적한다.[1]

사회학에서는 주로 도시사회학, 농촌사회학 등에서 지역연구가 이루어졌다. 대학에서는 사회학개론에서 지역사회 부분을 도시사회학과 농촌사회학을 가르치는 것으로 대체하는 경우가 많다. 한도현(1999)은 지역사회 연구 단위 내지 대상인 도시와 농촌이 지역사회 그것을 대체해 버려 결국 지역사회에 대한 연구의 의의를 인정하지 않게 되어 지역사회 부분을 빼 버리는 사회학 개론서도 나타나게 되었음을 지적한다.[2]

---

1) 문석남·정근식·지병문,『지역 사회와 사회의식-광주·전남 지역 연구』, 문학과 지성사, 1994.

2) 한도현,「지역사회와 생활사회학 : 김일철 교수의 지역사회론과 한국사회 분

반면 이한기(2005)는 지역사회학의 탄생 그 자체가 농촌사회학과 도시
사회학이 결합된 것이라고 본다. 즉 20세기 중반 도시화의 흐름 속에
서 상대적으로 낙후된 농촌을 발전시키고자 하는 인도주의적 의지로
연구되기 시작한 농촌사회학과 도시에 대한 인간생태학적 접근을 시
도하는 도시사회학이 합해져서 지역사회학이라는 보다 광범위한 학문
으로 탄생했다는 것이다.3) 임형백(2005)은 지역사회학을 sociology of
community와 regional sociology로 구분하지만, 지역사회학을 농촌사회학
과 도시사회학으로 양분하여 고찰한다. 지역사회학(sociology of community)
은 공동체적 특성에 연구의 초점을 맞추는 반면, 지역사회학(regional
sociology)은 특별한 집단으로서의 지역(locality group identified as a region),
결사체의 형태(all forms of human association within the given regional
environment), 지역사회체제의 비교연구(comparative study of regional social
systems)에 초점을 맞춘다.4)

　1990년대부터 지역사회학회를 중심으로 지역(사회)에 대한 연구가
활발해졌다. 한국지역사회학회는 1993년 12월에 『지역사회연구』 창간

　　석」, 김일철 편, 『한국의 사회구조와 지역사회』(서울대학교 사회발전연구총서
　　11), 서울대학교 출판부, 1999, 129쪽.
　3) 이한기, 「지역사회문화론」, 정지웅 외 공저, 『지역사회 종합연구-세계평화를
　　지향하며』, 교육과학사, 2005, 85쪽.
　4) 임형백, 「지역사회학」, 정지웅 외 공저, 『지역사회 종합연구-세계평화를 지향
　　하며』, 교육과학사, 2005, 49쪽. 보통 지역사회학의 영역에서는 연구(자)에 따
　　라서 지역이 의미하는 것은 지역(region)이기도 하고 지역사회(community)이기
　　도 하다. 지역(region)은 물리적, 지리적으로 일정한 공간적 영역을 의미하고,
　　전체공간에서의 일부 한정된 공간을 의미하는 지리적 공간개념이라 할 수 있
　　다. 예를 들면 우리나라 전체가 아닌 일부 지역, 즉 경기지역, 강원지역, 영남
　　지역, 호남지역 등이 그에 속한다. 반면 지역사회(community)는 지역이라는 공
　　간적 영역만이 아닌 그 속에서의 사회적 공동체를 중점적으로 의미하고, 전
　　체적 공간에서의 부분적 공간이 아니라 독립된 하나의 특정 지역에서의 공동
　　체 사회를 나타낸다(이한기, 위의 글, 81쪽).

호를 발행하기 시작했고, 그 후 연간 2회 꾸준히 다양한 연구를 소개하고 있다. 이 학회지를 참고로 하면 한국 사회학계에서 지역연구가 어떤 위상과 특성을 가지는지 대략적으로 알 수 있을 것이다. 연구 내용들이 아주 다양하기 때문에 크게 분류하는 데는 무리가 따르겠지만, 큰 틀을 그려 보기 위해 몇 가지 중심 주제로 구분해 보고자 한다. 첫째, 어느 특정 지역에 대한 객관적 보고서의 형태를 띤 연구들이 있다. 지역연구의 초기에는 어느 특정 시기의 특정 지역에 관한 보고서의 기능을 하는 연구들이 많이 행해졌다. 여기서 말하는 '지역'이란 중앙과의 수직 관계 속에서 하위에 해당하는 범주라는 의미보다는 객관적인 한 특정 지역을 의미하는 경우가 대다수이다. 따라서 서울도 역시 한 지역일 뿐이다.5) 둘째, 전지구화의 흐름 속에서 그 입지를 점점 상실해가는 지방/지역이 세계화의 흐름 속에서 그들만의 특색을 찾고자 하는 의도에서 시행된 연구들이 있다. 즉 기정사실화된 전지구화의 경향 속에서 자칫 사라질지도 모를 지역의 고유한 특색, 지역색을 찾아내려는 경향의 연구들이 있다. 이는 주로 세계화의 경향 속에서 지역이 사회·경제적으로 뒤처지지 않기 위해 민관협력 속에서 자구책을 마련해 가려는 시도들과 관련된 것들이다. 즉 공공부문이 지역공동체와 협력하여 지역의 발전과 지역사회의 활성화를 꾀하는 것이다.6) 셋째, 전

---

5) "서울시 아파트 가격", "1960~70년대 태백지역 탄광산업", "전북지역에서 1920~30년대 농민운동", "전라북도 지역중소기업", "부산과 오사카의 지역고용정책", "戰時期 부산 제조업회사", "전북지역 청소년 문제", "서울 아파트 가격" 등의 연구가 이에 속한다고 할 수 있겠다.

6) "지역발전과 거버넌스", "전통문화구역 관광개발", "부산·울산 지역혁신협의회 비교", "도시와 문화산업 : 문화도시에서 창조도시로", "전주 영화의 거리와 장소마케팅", "성남시 마을문화공동체 만들기", "서울시의 문화산업", "문화도시 부산", "마산의 골목길 재생 프로젝트", "광주광역시 문화중심도시 조성사업의 재조명", "문화도시 춘천 만들기", "전북 혁신도시와 지역농업의 연계 전략" 등의 연구가 그 예이다.

지구화나 자본주의의 흐름 그리고 중앙 중심적 사회구조에 반대하는 지역공동체 운동에 관한 연구가 있다. 과거의 공업화, 산업화, 현재의 전지구화가 초래한 지역성 상실의 문제를 지적하며 그것을 해결하고자 하는 지역사회 혹은 지역공동체 운동(생태공동체, 생명공동체, 환경공동체, 지역공동체, 도시공동체, 아파트공동체, 신앙공동체 등)에 관한 연구가 있다.[7] 첫 번째 경향을 보이는 연구들에서는 지역의 지역성(local to a population)이 강조된다면, 두 번째와 세 번째의 경우는 집합성(collective for a people)이나 지역의 공동의식 즉 도덕적, 정서적, 기능적 측면을 강조하는 공동체를 강조하는 경향의 연구들이다. 첫 번째 범주에 속하는 연구의 경우 주로 역사연구의 도움을 빌고 있다면, 두 번째는 주로 정치학이나 행정학과 접점을 가지고 있다. 첫 번째 범주로 갈수록 순수한 물리적 지역성이 강조되고 있고, 세 번째로 갈수록 지역의 공동의식이 강조되고 있다.[8]

---

7) 이에 해당하는 연구에는 "지역사회 주민공동체 활성화 방안", "후기 산업사회의 도시재생과 주민참여", "광명 YMCA 생활협동조합운동", "과천시 지역시민운동에 관한 연구" 등이 있다.

8) 이렇게 범주를 나눈 것은 이해를 단순화 하기 위해 작위적으로 나눈 것이므로 무리를 피할 수 없을 것이다. 예를 들면, "진도 씻김굿"이라는 연구 대상이 정해졌다 하더라도, 연구의 접근방식이 씻김굿의 전승과 변화양상을 객관적으로 고찰하고자 하는 데 초점이 맞춰져 있다면 첫 번째 범주에 속한다고 할 수 있겠지만, 씻김굿을 진도를 특성화하는 도구로 가정하고 그것의 활성화 방안에 연구의 초점이 맞춰져 있다면 이 연구는 두 번째 범주에 속할 것이다. 또 진도의 자치단체의 주요 계획이나 의정을 통해 씻김굿을 활성화하고자 하는 목표를 가지고 있는 연구라면 두 번째 범주에 속하겠지만, 세계화의 흐름 속에서 입지를 상실할지도 모를 진도 씻김굿을 보존하고자 하는, 진도의 지역공동체의 공동 유대감에 관한 연구라면 세 번째 범주에 속할 것이다.

2. 사회학에서의 지역사회

미국 사회과학연구협의회의 구분법을 참고해 보면, 지역연구는 공동체 연구(community studies), 구역 연구(regional studies), 국가 연구(national studies), 문제중심 연구(the problem approach)로 세분화될 수 있다는 것을 알 수 있다. 이 네 가지는 서로 긴밀하게 연관되어 있기 때문에 지역연구의 개별 주제들은 네 가지 연구 형태 중 몇 가지가 혼합된 상태로 이루어질 수 있다. 공동체 연구는 특정 촌락/사회를 연구의 주제로 선정하여 민속적인 부분과 역사적인 부분을 상호 비교하는 연구를 진행한다. 구역 연구는 자연적 현상이나 형태(강, 산맥, 도서, 평야)를 중심으로 하거나 그 지역사회의 기능적이고 구조적인 단위(공단이나 농촌 혹은 도시)를 중심으로 그 내부의 문제를 분석하는 지역연구를 말한다. 국가 연구는 권력을 독점하고 있는 구성체로서의 정부를 중심으로 하는 민족국가(국제관계 속에서 발생하는 권력 정치의 주체적 행위자 단위라는 의미에서의 민족국가)를 중심으로 이들 상호간의 비교라는 연구방법으로 이루어진다. 문제중심 연구는 현실적으로 문제가 되는 주제, 예컨대 민족주의나 경제발전, 정치적 민주화의 문제, 인구문제, 도시화 문제 등을 주제로 하면서, 이렇게 설정된 주제를 중심으로 특정 지역의 국가단위나 더 넓은 의미의 지역을 단독으로 혹은 상호 비교하면서 분석하는 연구이다.9) 이런 연구의 형태를 살펴보면, 사회학에서의 지역연구는 물리적이고 지리적인 지역 그 자체에 대한 관심보다는 그 지역을 살고 있는 사람들, 그리고 사람들이 지리적 환경 속에서 창조해내고 의미를 부여한 공간으로서의 지역사회에 더 큰 관심을 기울인다.

---

9) 지역학연구회, 「지역학 연구 시론」, 『지역학 연구의 과제와 방법』, 책갈피, 2000, 21～22쪽.

지역사회는 "주민의 대부분이 일상생활의 주요 부분을 그 안에서 영위하고 지리적 생활공간"이라 할 수 있을 것이다.[10] 예를 들면 우리는 주거지를 중심으로 그 인근 지역의 시장에서 장을 보고 초·중등교육을 받고, 공공시설의 서비스를 받는다. 하지만 현대 도시사회에서는 인간생활의 모든 부분이 좁은 지리적 단위 안에서 해결되지는 않는다. 도시와 농촌 간의 사회적·문화적 격차의 감소, 인구의 성장과 운송수단의 발달 등으로 사회적 상호작용의 유형의 변화에 따라 지역사회를 정의하기는 어려워졌다. 농촌지역은 주거지 공동이라는 '지역적 지역사회(local community)'이고, 도시지역은 '공동이익을 매개로 한 지역사회(interest community)'라 할 수 있을 것이다. 지역사회란 원래 공동의 뜻을 가진 'common'(또는 'communal')과 통합을 의미하는 'unity'의 합성어이다. 보통 지리적 개념인 것으로 생각되는 경우가 많지만, 지역사회라고 할 때는 그 지역과 연관된 사람을 포함시켜야 한다. 지역사회는 지리적인 영역을 포함하지만, 지역성보다는 집합성을 더 강조한다. 사람이 살아가면서 의미 있는 상호작용을 하게 되는데, 이러한 상호작용은 대부분 공간적 영역에서 일어난다.

전통적으로는 지역사회를 구성하는 세 가지 요소를 드는데, 첫째가 지역성(a locality)이고 둘째가 지역의 사회(a local society), 셋째가 지역성에 기초한 집단행동의 과정이다. 지역성이란 사람들이 모여서 그들의 일상의 필요를 함께 추구하는 영역을 말한다. 지역의 사회는 공동의 요구와 공동의 관심사를 표현하기 위한 공동체의 종합적 네트워크를 말한다. 지역사회 주민들은 지역의 사회에서 자신들의 공동 관심사를 통해 상호 관련된 행동을 표출한다. 그런데 사회가 변하면서 지역사회의 이 세 가지 구성 요소에 대한 의문이 제기되기 시작했다. 첫째 지역

---

10) 김일철, 『지역사회와 인간생활』, 서울대학교 출판부, 1998, 94쪽.

성은 오늘날 경계가 모호하고, 지역사회를 해석하기에 따라 다른 형태의 지역사회와 중첩되는 경우가 있다. 둘째 지역의 사회는 세계화 속에서 특정 지역이나 국가, 다국적 조직의 일부분이 된다. 기업이나 자원봉사단체 등 지역사회를 벗어나 다른 지역사회 밖으로의 연계는 지역 내에서 형성, 유지되어 왔던 연계보다 더 강하고 더 큰 영향력을 발휘하는 경우도 많다. 셋째 도시화로 인해 지역사회가 지역사회 주민들에게 해왔던 역할이 상당부분 감소되었으며, 지역사회의 기능의 폭이 점점 줄어들고 있는 것이다.

요약하자면, 지역사회의 개념을 정의하기 위해서는 지역사회에 살고 있는 사람, 장소(place) 또는 지리적 영역(territory), 사회적 상호작용, 지역사회에 대한 공동의 애착심(attachment) 또는 심리적 유대감이 필수적이다. 사회적 상호작용이란 일정한 지리적 영역 내의 사람들이 특정한 방식으로 다른 사람들과 관계되어 있거나 상호의존적인 상태를 가리킨다. 결국 지역사회란, 자신들이 거주하고 있는 장소와 서로에 대하여 하나 또는 그 이상의 심리적 유대감을 가지고 사회적 상호작용에 관여하면서 지리적으로 경계가 있는 지역으로 정의할 수 있다.[11]

3. 지역(사회)운동에 관한 연구

사회학에서 1990년대 이후 지역사회운동에 관한 연구가 활발해졌는

---

11) Hilery, Definitions of community-Areas of agreement, *Rural Sociology* 20(2), 1955 ; Willis, Definitions of community Ⅱ-An examination of definitions of community since 1950, *Southern Sociologist* 9(1), 1977(이성 · 정지웅, 『지역사회조직론』, 학지사, 2002, 11~15쪽에서 재인용). 다음은 여러 학자들이 제시하는 지역사회의 구성 요소들을 도출하여 만든 표이다(김태란, 「지역공동체 형성에 대한 연구」, 부산대학교 사회학과 석사학위논문, 2008, 22쪽).

데, 이는 현대의 도시화 현상에서 파생된 인간 소외, 개인주의, 집단 이기주의, 도시 공간의 부족과 주거문제 등 사회학적 문제의식과 관련된 것으로 보인다. 과거의 전통적인 공동체는 자연적인 지리적 기반(산, 강, 도로 등)을 바탕으로 자연발생적으로 형성되었지만, 현대의 공동체는 지역성 보다는 오히려 사람들이 부딪치는 문제를 해결하고자 하는 공동의식을 통해 형성된다. 또한 전통적 공동체에서의 지역성은 하천이나 산맥 등 자연지리적 조건으로 구획되었지만, 현대의 지역공동체는 광역시, 군, 동 등의 행정구역이나 ○○아파트 지구 등 사회·경제적인 조건을 고려하여 인위적인 경계로 구획된다. 물론 현대의 공동체라 해도 보통은 이 두 가지 조건이 적절하게 충족될 때 형성된다.

최병두(2006)는 지역성에 근거한 전통적인 공동체의식은 근대화 과

학자	지역사회 구성요소			추가 사항
Hillery	지리적 영역	사회적 상호작용	공동의 유대	
Sutton과 Kolaja	지역사회	활동에 대한 참여도 지역의 밀착도	커뮤니티성	
松原治郎	지리적 요건	상호작용 커뮤니티 시설	공통된 행동과 태도	
Davis, Herber	지리적 영역 -영역, 환경 -시설	상호작용행동 -활동, 시설사용 -공식조직 -정치적 참여	인지적 정체성 -장소성, 정체성 -정서적 감정 (안정 소속감)	역동적 변화 -장단기적 -일시적
M. Ross	지역성		공동체성	유기체성
대한주택공사(2004)	지역성		공동체성	유기체성 네트워크 연대
임강숙 (2001)	지리적 영역 -근접성 -생활의 통합성 -문화의 단일성	주민들간의 교류 -활동프로그램 -주민참여	공동의 유대의식 -우리의식 -소속감 -공동체의식	
이선미 (2005)	공공의 서비스에 대한 접근성	시민성(이웃성) 참여의 권리		하부구조의 네트워크

정을 거치면서 일부 농어촌지역과 몇몇 소도시에서나 찾아볼 수 있게 되었고, 대부분의 도시에서는 거의 해체되었다고 하면서도, 시민사회의 성숙으로 도시에 전통적 공동체의식을 대신하는 시민의식이 형성되고 있다고 본다.[12] 현대 사회에서 전개되는 지역공동체 운동의 내용을 살펴보면 생활협동조합운동, 생태·환경 공동체운동 등의 형태 혹은 도시빈민 문제, 여성문제, 건강·보건 문제, 소비자 문제, 교육문제, 탁아문제, 주민자치 등 여러 영역에 걸쳐 이루어진다. 또한 동일한 이념과 가치관을 갖는 근린 지역 주민들이 자신들의 친밀한 관계를 바탕으로 친목과 문화의 향유 및 확산을 위해 시작되기도 한다. 이처럼 다양한 부문별 운동으로 전개되고 있더라도 운동 주체의 소극성/적극성과 운동대상의 국지성과 포괄성 등에 따라 다양한 형태들이 나타난다.[13]

구자인(1995)은 사회운동이 가지는 지역적 기반성, 대외적 개방성, 의식적 이념성, 대안적 실험성 등을 주요한 잣대로 국내 공동체 운동의 세 가지 조류를 지역운동, 협동조합운동, 소공동체운동으로 나누고 있다. 구자인은 이 중 지역운동이 그 중요성에도 불구하고 쉽게 간과되고 있다는 것을 지적하면서, 지역운동을 '일정한 문화와 역사를 공

---

12) 최병두, 「살기 좋은 도시를 위한 지역공동체 복원 방안」, 『지리학연구』 제40 권 4호, 2006.
13) 다음의 표 <도시공동체 운동의 유형 구분>을 참고하라(최병두, 위의 논문, 520쪽에서 재인용).

분야＼방식	소극적/국지적	←——→	적극적/포괄적
주거공동체	세입자운동	아파트자주관리운동	공동체마을운동
환경공동체	녹색아파트운동	생태마을운동	생태자치구운동
경제공동체	녹색가게운동	생활협동조합운동	지역통화운동
문화공동체	지역축제운동	대안학교운동	사이버공동체운동
자치공동체	주민자치센터운동	지역자치운동	민회운동

유하고 있는 지역을 기반으로 주민들에 의해 자발적으로 이루어지는 운동’으로 폭넓게 보고 있다. 이런 점에서 지역공동체 운동은 우리 사회에서 가장 뿌리가 깊은 공동체 운동의 역사를 가졌다고 볼 수 있다. 예를 들면 두레공동체는 우리나라의 가장 전통적인 공동체 운동으로, 현재의 한살림운동에서는 두레공동체를 이상적인 농촌사회의 모델로 제시하고 있다. 1970년대 이후 지방의 대규모 공단을 중심으로 일어난 반공해 주민운동은 지역 환경 파괴와 공해문제에 부딪힌 지역주민들이 생존권 요구와 지역공동체의 보전이라는 차원에서 전개한 지역운동이다. 그리고 좀 더 현대적인 지역운동은 최근의 아파트 위주의 신도시에서 전개되는 신도시 주민운동이 있다. 예를 들면 분리수거나 소각장 반대운동 등의 환경이슈를 매개로 지역주민 간의 지역공동체 운동이 이루어지고 있는 것이다. 이는 지역 이기주의적인 면을 보이기도 하지만 이웃과 지역을 사랑하고 공동체를 생각하는 도시사회의 새로운 지역운동이다.

지방자치선거에서 지역운동에 깊이 참여하고 있는 시민후보를 당선시킨 사례들에서도 알 수 있듯이, 현대의 지역운동은 일상생활 전반의 문제를 토론하는 범위를 넓히고 지역정치에도 참여하려는 경향을 나타내고 있다. 또한 보다 제도적인 형태의 지역시민운동도 이와 유사하다. 이는 주로 ‘○○시민회’ ‘○○를 사랑하는 시민의 모임’이라는 간판을 걸고 있다. 역사적 배경이나 주요 활동, 이념적 지향 등은 지역마다 다양한 스펙트럼을 가지고 있지만, 공통적인 것은 지역 사랑을 강조하고 지역공동체를 지향하는 주민들의 자발적인 운동이라는 점이다. 현재 전국적인 현황을 파악할 수는 없지만 지난 지방자치선거 과정을 염두에 둘 때 대체로 시·군마다 하나씩은 존재하고 있다고 볼 수 있다.[14] 요약하자면 지역운동은 가장 지역 토착적이고 가장 대중적이고, 지역공동체를 지향하는 가장 힘찬 사회운동이라 할 수 있다. 이는 일

정한 문화와 역사를 공유하고 있는 지역을 기반으로 주민들에 의해 자
발적으로 이루어지는 운동이며, 전통적인 사회운동이 지역적으로 분화
되어 뿌리를 내리려는 움직임과 맥락을 같이 한다고 할 수 있다.[15]

  지역사회운동의 주체라 할 수 있는 시민사회에 대한 연구도 활발하
다. 유팔무(1995)는 시민사회운동은 국가권력에 대한 비판, 감시, 새로
운 정책적 요구를 통해 시민적 요구와 권리를 대변·확대시키고, 결과
적으로 민주주의를 관철시키는 역할을 해 왔다고 본다.[16] 시민사회는
국가 영역과 경제 영역 사이에서 양자를 매개하는, 정치적·윤리적 여
론 형성이 이루어지는 장이자, 일상적인 소비가 이루어지는 영역이다.
지역사회운동의 기반에는 지방화에 대한 의지나 기대가 깔려 있다. 즉
기존의 중심부-주변부 관계를 변화시키고자 하는 소망이나 의지와 같
은 기능태와 실제로 지방이 변하고 있는 현실태를 모두 포함하고 있

---

14) 표 <공동체 운동의 주요 내용과 혁신 및 자본 유형>을 참고하라(최병두, 위
   의 논문, 520쪽에서 재인용 및 수정).

방식 분야	주요 내용	지역혁신의 요소
사회공동체	· 주거에 기초한 생활공간 개선 · 교육, 의료 등 생활서비스 수준 향상	네트워크와 신뢰관계, 사회적 서 비스
생태공동체	· 오염 없는 생태환경 조성 · 자원 절약형 생활환경 조성	자연복원, 오염통제, 에너지 효율성
경제공동체	· 지역고유 브랜드만들기 · 장소마케팅의 활성화	문화경제, 정보화, 사회간접자본
문화공동체	· 전통/고급 문화의 확산 · 건축미관 및 마을 경관의 개선	문화적 생활양식과 규범, 정체성

   구자인, 「국내 공동체운동의 세 가지 조류」, 『환경과 생명』, 1995, 94-95쪽.
15) 구자인, 「도시공동체 형성을 위한 연구」, 한국도시연구소 편, 『도시서민의 삶
   과 주민운동』, 발언, 1996.
16) 유팔무, 「시민사회의 성장과 시민운동」, 유팔무·김호기 엮음, 『시민사회와
   시민운동』, 한울, 1995.

다. 과거와 달리 강력한 중앙집권적 전통 하에서 권위주의 정권에 순
종적이었던 시민들이 스스로의 지역을 가꾸어 나갈 수 있는 기회를 맞
이하게 된 것이다. 1990년대 지방자치의 제도적 틀이 마련되면서 지역
사회운동은 지역 전체 주민의 입장에서 지역의 발전 전략을 모색하고
주어진 제도적 틀을 효과적으로 활용하는 시민운동의 성격을 띤다. 미
래사회는 국민국가의 영향이 축소되고 지방의 중요성이 커질 것이다.
이에 따라 지역주민들의 의식과 행동도 중앙지향형에서 지방분산형으
로 전환되어야 할 시점이 된 것이다.[17]

4. 중앙집중화에 대한 비판 연구

일반적으로 지역에 관한 담론은 유럽의 경우 근대 이후 지속적으로
권력·가치를 독점해 온 중앙정부에 대한 지방의 반발, 분리와 자치의
요구, 기술관료주의와 도구적 합리주의 등 근대화의 경향에 대한 반발
의 형태로 나타나기도 하는 등 다양한 모습을 보이고 있다. 본래 지역
에 관한 관심은 주로 근대국가 형성 이후 중앙과 지방의 역학 관계를
중심으로 벌어지는 분리, 자치, 통합에 관련된 문제들 때문에 생겨난
것이었다. 중앙정부와의 관련 속에서 도시사회정책 부문의 과업들은
도시지역의 독자적인 수행 업무라 할 수 있는 자치행정업무와 중앙정
부에 위임되었거나 그 명령에 따라 수행되는 과업들인 위임사무 등에
연구들이 있어왔다.

이러한 측면에서의 지방/지역에 대한 관심은 주로 정치사회학의 영
역에서 이루어지고 있는데, 여기에서는 주로 한국의 민주화 이행 이후

---

17) 정수복, 「지역운동의 새로운 리더십」, 크리스찬 아카데미 편, 『주민자치, 삶의
    정치』, 대화출판사, 1995.

1990년대 절차적 민주주의가 정착되면서 선거정치에 관한 연구가 활발해지면서 주목되기 시작한 지역 논의가 있다. 예를 들면 위로부터의 분권화와 함께 지역 주민들의 올바른 가치 의식 정립, 지방자치제에 대한 시민의식의 성숙, 시민적 조직의 활성화를 통한 여론 형성, 각계 각층의 의사를 수렴하는 제도적 장치, 비례대표제, 중선거구제 등 선거 제도 개혁에 관한 논의들, 지역주의, 지역 주민의식들, 몰표 현상 등을 분석하는 연구들이 있다. 또한 수도권 집중 문제, 즉 중앙집중화 문제에 대한 연구들이 있다. "서울은 단순히 한국의 가장 큰 도시가 아니라 한국 그 자체이다"라고 지적한 핸더슨(G. Henderson)의 지적처럼, 국가 사회의 통합을 저해할 수 있는 위험한 '서울공화국'이나 '서울민국' 등의 표현은 전혀 생소하지 않은 우리의 현실이다.

장세훈(2001)은 정치·경제·사회·문화적 권력과 영향력이 서울이라는 단일 중심지로 응집되는 중앙집중화는 그 자체로 국토의 불균형과 지역 격차를 구조화시킨다는 의미에서 심각한 문제를 안고 있다고 본다. 즉 서울은 서울대로 과대·과밀의 각종 폐해에 직면하고, 지방은 활력을 상실한 채 주변화의 길을 걷게 된 것, 또한 중앙집중화는 우리 사회 각 부문에 걸쳐 불필요한 긴장과 갈등, 민주적 사회질서의 왜곡과 제약, 경제적 비효율성 등을 야기한다는 것을 지적한다. 한마디로 중앙집중화는 국가적 병폐이자 극복해야 할 과제이다.[18]

안영진(2006)은 한국의 중앙집중화는 긴 역사를 거치면서 형성된 것으로 보면서, 정치·경제·문화적 여건과 환경 속에서 어떻게 한국의 독특한 중앙집중화가 형성되었는지를 분석했다. 동북아시아의 반도라는 지정학적 조건으로 중앙집중화가 형성되기 시작했고, 일제 강점기, 한국전쟁과 해방공간에서 냉전의 전개와 이데올로기의 양극화, 분단국

---

18) 장세훈, 「중앙집중화의 현실과 지방분권화의 전망」, 참여연대 참여사회아카데미 엮음, 『20세기 한국을 돌아보며』, 한울, 2001.

가의 수립과정, 남북 간의 항구적 준전시 상황 등은 강력한 국가의 형
성과 발전, 그에 따른 중앙집권체제의 발전에 일조했다. 또한 1960~70
년대의 산업화과정에서 정부는 경제구조에 적극적으로 개입하고 따라
서 정경유착을 통한 특혜가 대기업의 형성에 큰 역할을 했다. 따라서
중앙집권적 국가의 혜택을 많이 받은 대기업은 서울에 집중될 수밖에
없었다. 이러한 정치·경제적인 요인과 얽혀있는 중앙집중화는 사회문
화적인 현상으로 자연스레 표출된다. 즉 사회문화적, 심리적 차원에서
중앙을 지향하는 의식으로 구조화되고 이는 곧 중앙집중화의 또 하나
의 동인이 되는 것이다. "사람은 서울로 보내고 말은 제주도로 보낸다"
는 속담에서 보여지듯, 우리 사회에서 서울로 가는 것은 상향적 신분
이동(상경)을 암시하고, 지방이나 시골로 가는 것은 사회적 낙오(낙향,
하향)를 뜻하게 된 것이다.[19)]

　이처럼 한국사회의 뿌리 깊은 단일 민족, 민족 통합, 민족 일체성에
대한 강조와 서울 지향의 편향된 공간인식 때문에 중앙집권에 이의를
제기하거나 지역의 분리를 주장하는 의미를 담은 지역 담론은 거의 존
재하지 않았다. 지역주의라는 용어는 민주화 이후의 정치적 국면에서
선거경쟁을 거치며 새롭게 부상한 개념인 지역감정으로 볼 수 있다.
중앙 집중적인 한국 사회구조 속에서 호남 지역(광주와 전남)은 독특한
위치 속에서 소외되고 주변부로 몰리게 되었는데, 주로 이 지역민들의
동질화된 정치의식, 저항의 도시로서의 이미지에 관한 연구가 활발히
이루어졌다. 문석남·정근식·지병문(1994)은 광주·전남 지역연구를
통해 지역 사회와 지역의 사회의식에 관해 설명했다. 주로 광주·전남
지역 개발협의회, 전남대 지역개발연구소, 전남사회연구회 등에서 소
개된 연구들이 호남 지역에 대한 차별과 지역감정, 그 해소 방안 등을

---

19) 안영진, 「한국의 중앙 집중화의 동인에 관한 검토」, 『지리학연구』 제40권 1호,
　　국토지리학회, 2006.

다루고 있다.

이창희(2006)는 학문의 근거지 역시 수도권이라는 학자들의 존재 구속성도 지적해야 할 문제로 보고 있다. 학자들의 대부분이 서울에 거주하고 있는 현실에서 '지역문제'는 '지방문제' 내지 기존의 '영호남 지역주의'라는 인식이 지배적일 수밖에 없고, 중앙과 지방의 균열과 갈등이 서울 지역에서 큰 관심의 대상이 되지 못한 것이다. 또한 이들의 의견과 주장을 의제화시키는 경로인 언론 역시 대부분 서울에 본사를 두고 있다. 한국 사회과학의 담론이 철저하게 수도권 위주의 가치와 이념에 기초하고 있는 현실과 아울러, 사회과학 전공자들의 '지역적 존재구속성'을 감안할 때 '지역'에 관련된 연구는 편향과 편중의 가능성을 늘 안고 있는 것이다.[20]

조희연(1998)은 한국의 정치학 분야의 지역 논의는 영남의 '패권적' 지역주의, 호남의 '저항적' 지역주의, 충청의 '반사적' 지역주의에 이르기까지 주로 광역권간의 차이와 대립을 가리키는 것이 일반적이라고 본다.[21] 많은 연구들이 지역을 광역권 단위로 규정하고 있는데, 진보적인 입장의 연구는 평면적이고 중립적인 광역권간 차이의 문제로서의 지역주의가 아니라, 사회적 배제와 차별의 구조, 이를 동원하는 정치적 전략과 연관된 문제임을 진단하기도 한다. 이창희(2006)는 지역주의 문제는 계급문제와 어떻게 연관되어 있는지를 설명하고, 광역권 대립구도를 보수와 진보의 구도로 전환시켜야 한다는 주장과 같은 추상적이고 거시적인 당위론를 극복해야 함을 강조한다. 또한 광역권에 한정된 지역주의 개념이 아니라 역학관계를 포함하고 있는 삶의 공간으로서

---

20) 이창희, 「정치적 지역주의 개념에 대한 비판적 검토-지역주의의 일반적 의미, 또 다른 지역 균열」, 『지역사회연구』 제14-3호, 지역사회학회, 2006.

21) 조희연, 『한국의 국가·민주주의·정치변동』, 당대, 1998(이창희, 위의 글에서 재인용).

의 '사회적 공간'(박서호, 1998)이 사회과학적으로 유의미한 지역의 의미라고 보고 있다.[22]

5. 지역사회학 연구의 문제점과 로컬리티 연구를 위한 제안

이희연·최재현(1998)은 세계화로 지역격차의 의미가 상당부분 상실되었고 이로 인한 지역연구의 중요성도 감소된 실정임을 지적했다.[23] 이런 상황 속에서 로컬리티 연구를 새롭게 시작하는 것이 의의를 가질 수 있으려면 기존 지역연구의 한계를 명확히 인지하고 기존 연구의 방법론과 틀에서 벗어난 새로운 시각과 의미를 모색해야 할 것이다. 로컬리티 연구에서는 사회를 작동시키는 자본 및 중앙(국가, 권위)의 힘은 삶이 이루어지는 현장(locale)으로서의 지역에서 구체화되고, 자본 및 국가와 다른 힘이기도 하고, 그에 저항하기도 하는 힘인 여러 관계들 ─연줄, 이른바 혈연, 학연, 지연, 믿음, 이웃관계, 지위계층─과 서로 영향을 주고받는다는 점을 드러내면서 그 속에서 구체성을 띠게 되는 지역성(locality)을 발견 혹은 구성해내야 할 것이다. 또한 로컬리티 연구를 위해 기존의 지역연구들이 가지는 난점을 명확히 인식하고 그것을 해결하기 위한 방법을 모색하는 것이 필요할 것이다.

첫째, 사회학적 지역연구에서 사용하는 '지역', '지방' 등의 개념과 지역의 경계설정이 제대로 정리가 되지 않은 채 개별 연구자에 따라 다르게 사용되고 있음을 지적해야 할 것이다. 지역 개념에 대해서 혼

---

22) 이창희, 위의 글.

23) 이희연·최재현, 「지리학에서의 지역연구 방법론의 학문적 동향과 발전방향 모색」, 『대한지리학회지』 33(4), 대한지리학회, 1998.

란이 발생하는 것은, 일반적으로 인식되는 개념으로서 지역 즉 행정구역을 일컬을 때의 권역과 유사한 의미의 '지역' 개념, 개인의 일상생활과 관련된 '장소(place)' 개념, 객관적이고 상호관계를 중심으로 하는 '지방(region)' 개념과 추상적인 '공간(space)' 개념 등, 이들 용어에 대한 정교화와 통일 작업이 제대로 되지 못했기 때문이다. 물리적 '지역' 혹은 '지방'에 관해 연구하는 지리학에서는 지역개념들은 추상적이기도 하고 너무나 다양해서 통합적으로 정의하기 어렵지만, 사회학 특히 지역사회학에서는 어떤 특정 사회를 기반으로 하고 있는 지역공동체와 거기에 사는 지역민들에 대해 관심이 집중되기 때문에 접근방식이나 접근 방향, 접근 태도가 지리학과는 다른 것이 당연하다. 일반적으로 사람들이 지역이라고 했을 때 연상하게 되는 농업지역, 도시지역, 공업지역, 상업지역 등은 space나 region으로서의 지역보다는, 행정구역으로서의 지역 혹은 내가 살고 있는 장소로서의 지역일 것이다.

조성욱(2005)의 지역규모 인식에 대한 연구를 바탕으로 로컬리티에 관한 사회학적 주제들을 나누어 볼 수 있을 것이다. 로컬리티 연구는 지역을 다면적인 층위들로 나누어 접근해야 할 것이다. 구체적으로는 지역규모의 계층성, 지역규모 간 중첩성, 지역규모의 변동성, 지역규모 간 상호작용에 대한 연구가 필요할 것이다. 지역의 존재를 인식하는 지역 인식은 지리학적 문제로 범주화하는 것이라면, 지역규모의 계층성과 중첩성 인식은 지역의 다양성과 변동성을 이해하게 해 줄 수 있을 것이다. 또한 지역규모의 변동성에 대한 인식은 지역을 살아 움직이는 역동적인 존재로 이해하게 해 줄 것이다. 지역규모 간 상호작용 인식은 세계화와 지방화의 의미와 같이 지역간·지역규모 간 상호 연결성의 다양함을 이해하게 해준다.[24) 지역규모 간 계층성과 중첩성 역

---

24) 조성욱, 「지리 교육에서 지역규모 인식」, 『한국지리환경교육학회지』 13(1), 한국지리환경교육학회, 2005. 4.

시 대단히 중요한 문제인데, 계층성이 구분되는 것이라면 중첩성은 포함관계를 의미한다.[25] 지역이 갖는 계층성과 중첩성을 고려할 때만이 비로소 로컬리티 연구의 단초가 마련될 것이라고 볼 수 있을 것이다.

둘째, 기존의 지역사회학에서 이루어지는 연구들의 주제를 크게 분류해보면 주로 거시적으로 접근하는 연구들이 대다수이고 지역사회에서의 생생한 생활 모습에 대한 연구는 저조하다. 즉 인간생활의 장으로서 지역사회에 대한 연구는 그만큼 저조했다고 볼 수 있겠다.[26] 또한 지금까지 우리 학계의 지역사회 연구자들은 주로 지역사회를 주어진(pregiven) 것으로 보고 지역사회를 연구해 오는 경향이 있다. 하지만 지역사회를 주어진 것으로 보지 않고 그 구성원들이 만들어 나가는 것으로 볼 때 제대로 설명될 수 있지 않을까 한다. 이를 위해 지역사회 연구자들은 향촌사 연구나 일상사 연구로부터 새로운 시각과 접근방법을 만들어 나갈 수 있을 것이다. 역사적 접근방법은 지역사회 연구를 위해 요청되는 중요한 것인데, 구체적으로는 향촌사 혹은 지방사에 대한 지식을 통해 주어진 것으로의 지역 혹은 근린이 아니라 지역의 사회적 구성 및 역사적 구성에 대해 충분히 주의를 기울이도록 도와줄 것이다. 또한 일상사 혹은 일상생활의 사회학의 방법론을 차용하여 지역사회에서 살아가는 사람들의 보편적이면서도 특수한, 집단적이면서도 개별적인, 구조적이면서도 미시적인 삶을 들여다 볼 수 있는 계기를 마련할 수 있을 것이다.

특히 1990년대 지방자치 시대가 열리면서 지방·지역사회, 지역시민사회에 대한 관심이 높아가면서 지방연구, 지역연구가 늘어나는데, 이런 연구들은 거시구조에서 벗어나 지방의 시민사회, 시민참여, 시민생

---

25) 조성욱, 위의 글, 144쪽.
26) 한도현, 「지역사회와 생활사회학 : 김일철 교수의 지역사회론과 한국사회 분석」, 『한국의 사회구조와 지역사회』, 130쪽.

활 환경 등에 관심을 기울이는 경향을 보이고 있다. 김일철(1998)이 지역사회를 '생활사회학'적 관점에서 접근하고 생활구조에 관심을 갖는 것은 주목할 만하다. 김일철은 지역사회에 대한 연구는 여러 분야에서 동시에 활발히 진행되어야 한다는 점도 인정하지만 자신의 관심은 '인간이 생활하는 공간'으로서의 지역에 있음을 강조한다.[27] 박서호(1998)가 광역권과 등치되는 지역 개념 혹은 '공간 그 자체'로서의 공간과 달리 실질적인 삶의 공간으로서의 '사회적 공간', 즉 사회적으로 생산된 '조형공간'에 대한 연구가 필요하다고 한 것 역시 유사한 의미로 이해할 수 있을 것이다.[28] 박서호는 공간 그 자체가 갖는 공간성이 있고 그것에 사회관계가 개입하면서 만들어지는 조형공간 또는 영토성(human territoriality)이 만들어 진다고 본다. 이런 논의를 로컬리티 연구에 접목시킬 수 있을 것이다. 즉 로컬리티 연구는 기존의 평면적이고 중립적인 지역 개념을 변형시켜서 보다 그 속에서 이루어지는 갈등과 역학관계를 잘 드러낼 수 있어야 할 것이다. 그리고 이러한 작업은 거시적인 사회구조 차원에서의 논의에 그쳐서는 안 되고, 미시적인 일상사회학, 생활사회학적인 방법론으로 보충되어야 할 필요가 있다. 이렇게 될 때 개별 인간을 제대로 다루기 힘든 구조 중심의 사회과학적인 논의가 인문학적 입장으로 보충되면서 로컬이라는 구체적인 터 위에서 생활하는 인간들의 구체적이고 생생한 삶의 모습을 묘사할 수 있게 될 것이다.

셋째, 기존의 지방·지역에 관한 사회학적 연구들이 중심(국가)적 구조 속에서 배제되어 주변화된 지역·지방의 현실을 드러내기도 하지만, 현재 우리가 당면한 정치·경제·문화적 측면에서의 전지구화의

---

27) 김일철, 『지역사회와 인간생활』, 서울대학교출판부, 1998.
28) 박서호, 「지역격차의 사회공간관계」, 『한국지역개발학회지』 제10집 제3호, 한국지역개발학회, 1998. 12.

경향과 우리의 인식의 틀을 변화시키는 탈근대적 의문 제기들과 함께 고려되지는 못하는 실정이다. 이상봉(2008)이 지적하듯 근대성의 중심지향적 구조 속에서 배제된 로컬의 당면 현실에 대한 문제의식에서 출발하여 로컬(리티)에 대한 새로운 자리매김을 지향하는 것, 즉 로컬의 시선으로 탈근대와 전지구화의 문제를 해석하는 것이 필요한데, 이런 필요에서 기존의 지역연구가 아닌 로컬리티 연구가 요청된다고 볼 수 있다.29) 이성과 합리성, 역사의 진보에 대한 믿음과 신념은 '기도(project/projet/Entwurf)주의적'이라 할 수 있는데, 이런 근대적 배경 속에서 등질적인 중심을 지향하지 않는 것은 타자화, 주변화되고 처벌과 치료, 개발의 대상이 된다. 로컬은 한편으로는 국가의 개발중심적 '기도'에 의해 개발되고 중심을 닮아가도록 촉구되면서도, 다른 한편으로는 아무리 중심에 닮아가도 늘 로컬로 배제되고 소외된 주변부의 기능을 해야만 했다. 지역연구가 지역이 가지는 진정한 모순구조를 파악하기 위해서는 근대성에 대한 성찰을 바탕으로 할 때만이 가능해질 것이다.

차철욱(2008)이 영국 레스터 학파의 '본래의 지방사'와 '지방화된 국가사' 유형 분류를 인용하면서 기존의 지역연구가 '지방화된 국가사'의 형태로 씌어져 온 것을 검토하면서 '본래의 지방사'를 만들기 위한 연구를 한 것은 참고할 만하다. 단순한 지방 살리기, 지역 역사 찾기 등의 기존 연구가 보여주는 지역의 모습은 근대적 기획과 개발을 통해 지역·지방도 중심이 되고자 하는 중심화·동일성의 논리를 내포하는데, 이는 '지방화된 국가사'의 일종에 불과할 수 있다. 로컬(리티) 연구가 '본래의 지방사'적 연구를 지향하고자 한다면, 그것은 지방사·지역사를 하나의 전체사로 보고, 지방·지역의 정체성을 밝히는 것이어야

---

29) 이상봉, 「탈근대, 공간의 재영역화와 로컬·로컬리티」, 『한국민족문화』 제32집, 부산대학교 한국민족문화연구소, 2쪽.

할 것이다.[30]

---

30) 차철욱, 「국가사와 지방사의 큐빅퍼즐」, 『로컬리티의 이론의 양상』, 부산대학
　　교 한국민족문화연구소 로컬리티의 인문학 연구단, 2008.

참고문헌

『論語集註』, 『道德經』, 『周易』, 『莊子』, 『列子』, 『呂氏春秋』, 『史記』
『周禮』, 『漢書』, 『禮記』
강내희, 『한국의 문화변동과 문화정치』, 문화과학사 2003.
姜尙中, 『ナショナリズム』, 岩波書店, 2001, 임성모 역, 『내셔널리즘』, 이산, 2004.
강영안, 『주체는 죽었는가』, 문예출판사, 1997.
康有爲, 『大同書』.
康有爲, 『禮運注』.
고석규, 『지방사 연구 입문』, 민속원, 2008.
권경우, 『신자유주의 시대의 문화운동』, 로크미디어 2007.
김상환, 「이달의 읽을 만한 책」, 한국간행물위원회 웹진, 2008. 2.
김석수, 「가다머에 있어서 이해의 문제」, 『철학논집』 제8집, 서강대학교 문과대학 철학과, 1997.
김석수, 「21세기 사회에서 로컬리티와 인문학」, 『철학연구』 제10집, 대한철학회, 2008. 8.
김왕배, 『도시, 공간, 생활세계』, 한울, 2000.
김용규, 「스펙터클 이론으로 본 부산공간의 변화」, 『오늘의 문예비평』 68호, 2008 (봄).
김용규, 「로컬리티의 문화정치학과 비판적 로컬리티 연구」, 『한국민족문화』 제32집, 부산대학교 한국민족문화연구소, 2008. 10.
김욱동, 『포스트모더니즘의 이해』, 문학과지성사, 1990.
김진균·정근식·공제욱, 「근대적 시공간의 사회이론을 위하여」, 『경제와 사회』, 제41집, 한국산업사회학회, 1999.

김진성, 『베르그송 연구』, 문학과지성사, 1985.
남송우, 「지역문학 연구에 나타나는 탈근대성의 양상」, 부산대 한국민족문화연
　　　구소 로컬리티인문학연구단, 제1회 학술심포지움 자료집, 2008. 9. 26.
段玉裁, 『說文解字注』, 上海古籍出版社.
譚嗣同, 『仁學』.
大澤眞行, 「ナショナリズム」, 梅棹忠夫・松原正毅 編, 『世界民族問題事典』,
　　　平凡社, 1995.
마르크스 파우저, 김연순 譯, 『문화학의 이해』, 성균대학교출판부, 2008.
박광섭, 『국제 지역학 입문』, 대전 : 대경출판사, 2001.
박승억, 「통섭. 포기할 수 없는 환원주의자의 꿈」, 『철학과 현상학 연구』 제36집,
　　　한국현상학회, 2008.
박종성, 『탈식민주의에 대한 성찰』, 살림출판사, 2006.
박종원, 「본질과 학문이론」, 『철학연구』 52, 철학연구회, 2001.
박주식, 「제국의 지도 그리기」, 『탈식민주의 이론과 쟁점』, 문학과 지성사, 2005.
백종현, 「한국 인문학 진흥의 한 길」, 『지식의 지평2, 인문정신과 인문학』, 아카
　　　넷, 2007.
베네딕트 앤더슨, 윤형숙 譯, 『상상의 공동체-민족주의의 기원과 전파에 대한
　　　성찰』, 나남, 2004.
브루스 커밍스, 「연구영역의 전이, 냉전기와 탈냉전기의 지역연구와 국제연구」,
　　　김홍중 역, 『지역연구의 역사와 이론』, 문화과학사, 1999.
서도식, 「공간의 현상학」, 『도시공간 및 도시사의 인문학적 패러다임』, 서울시
　　　립대 도시인문학연구소 제1회 국내학술대회, 2008.
손호철, 『근대와 탈근대의 정치학』, 문화과학사, 2002.
송병옥, 『형이상학과 자연과학』, 에코리브르, 2004.
송승철, 「문화유물론 : 맑스주의와 탈구조주의의 갈등」, 남송우・정해룡 편저,
　　　『전환기의 문학론』, 세종출판사, 2001.
신승환, 『포스트모더니즘에 대한 성찰』, 살림출판사, 2003.
新原道信・廣田康生 編, 『グローバリゼーション/ポスト・モダンと地域社會』,
　　　東信堂, 2006.
신응철, 『문화철학과 문화비평』, 철학과 현실사, 2003.
신정완 외, 『우리 안의 보편성』, 한울, 2006.

심광현·이동연, 『문화사회를 위하여』, 문화과학사, 1999.

아르준 아파두라이, 차원현·채호석·배개화 譯, 『고삐 풀린 현대성』, 현실문
　　　화연구, 2004.

晏嬰, 『晏子春秋』.

앙투안 콩파뇽, 「문화, 유럽의 공통된 언어」, 이브 미쇼 외, 『문화란 무엇인가
　　　I』, 시공사, 2003.

梁啓超, 『新民說』.

에드워드 소자, 이무용 譯, 『공간과 비판사회이론』, 시각과 언어, 1997.

王夫之, 『讀四書大全說』.

王弼, 『周易略例』.

윤영수·채승병, 『복잡계 개론』, 삼성경제연구소, 2008.

이도흠, 「탈현대 사상으로서의 동양 철학의 가능성과 한계(*The Possibilities of
　　　Eastern Philosophies as Postmodernism*)」, 『동학학보』 Vol.9-2, 2005.

이동연, 『아시아 문화연구를 상상하기』, 그린비, 2006.

이무용, 『공간의 문화정치학』, 논형, 2005.

이성욱, 「문화운동은 바뀌어야 한다」, 『문화과학』 13호, 1997년 겨울호.

이어령, 「인문학의 탈 경계의 실천방법」, 『탈경계 인문학과 젠더 연구』, 이화여
　　　자대학교 탈경계 인문학 연구단 제1회 학술대회, 2008. 5. 22. 별지.

이정우, 『담론의 공간』, 민음사, 1999.

이진경, 『근대적 시공간의 탄생』, 푸른숲, 2002.

이진경, 『철학의 외부』, 그린비, 2006.

이창남, 「역사의 천사-발터 벤야민의 역사와 탈역사 개념에 대하여」, 『문학과
　　　사회』 69집, 2005.

이탈로 칼비노, 이현경 譯, 『보이지 않는 도시들』, 민음사, 2007.

이현식, 『왜 지역문화인가?』, 로크미디어, 2003.

이화용, 「지구화시대 정치공동체의 변화」, 『국제정치논총』 제48집 1호, 한국국
　　　제정치학회, 2008.

임지현, 『민족주의는 반역이다-신화와 허무의 민족주의 담론을 넘어서』, 소나
　　　무, 1999.

장춘익, 「근대국가이론과 국가의 해체」, 『철학연구』 vol.39, 철학연구회, 1996.

장회익, 『온생명과 환경, 공동체적 삶』, 생각의 나무, 2008.

장회익·최종덕,『이분법을 넘어서』, 한길사, 2008.
정정호,「인문학의 미래와 '문화연구'의 가능성」,『영미문화』제6권 2호, 2006.
제임스 프록터, 손유경 譯,『지금 스튜어트 홀』, 앨피, 2006.
조명래,「지구화, 거버넌스, 지방정치」,『도시연구』vol.8, 한국도시연구소, 2002.
존 스토리, 박모 譯,『문화연구와 문화이론』, 현실문화연구, 1999.
존 톰린슨, 김승현·정영희 譯,『세계화와 문화』, 나남출판, 2004.
陳遵嬀,『中國天文學史』, 臺北 : 明文書局, 1984.
천정환,「지역성과 문화정치의 구조」,『국제한국문학문화학회』, 2008, vol.4, 16
　　　1～189쪽.
최원식,「로컬, 문화, 로컬리티」, 부산대 한국민족문화연구소 초청강연회 원고,
　　　2008. 7. 2.
최재천·주일우 엮음,『지식의 통섭』, 이음, 2007.
패트릭 브랜틀링거, 김용규·전봉철·정병언 譯,『영미문화연구』, 문화과학사,
　　　2000.
프랑수아 드 베르나르 외, 김창민 외 譯,『세계화 시대의 문화논리』, 한울아카데
　　　미, 2005.
프리고진,「대담 : 동서양의 생명관」,『과학사상』제17호, 범양사, 1996.
하르트무트 뵈메·페터 마투섹·로타 뮐러, 손동현·이상엽 譯,『문화학이란
　　　무엇인가』, 성균관대학교출판부, 2004.
한국 외국어대학교 지역학연구회 편,『지역학연구의 과제와 방법』, 책갈피,
　　　2000.
한국공간환경학회,『공간의 정치경제학』, 아카넷, 2000.
黃宗羲,『明夷待訪錄』.

Abbas, Ackbar & John Nguyet Erni (eds.), *Internationalizing Cultural Studies : An
　　　Anthology*, Oxford, 2004.
Anderson, B., *Imagined Communities : Reflections on the Origin and Spread of Nationalism*,
　　　London : Verso, 1991.
Appadurai, Arjun, "The production of locality, in Richard Fardon", *Counterworks.
　　　Managing the Diversity of Knowledge*, London, 1995.
Beaudrillard, J., "Modernité", *Encyclopedie Universalis*, 12, 1985.

Bell, D., "The World and the United State in 2013", *Daedlus*, vol.116, no.3, 1987.

Bergson, H., *Les Deux Sources de la Morale et de la Religion*, PUF, 1932.

Brah, A., *Cartographies of Diaspora : contesting indentities*, Routledge, 1997.

Breidenbach, Joana, "Global, regional, lokal-Neue Identitäten im Globalen Zeitalter", in K. Hanika, B. Wagner (hrsg.), *Kulturelle Globalsierung und regionale Identität*, Bonn, 2004.

Bull, H., *The Anarchial Society*, London : Macmillan, 1977.

Castells, M., *The Rise of the Network Society*, Oxford : Blackwell, 1996.

Crang, Mike & Thrift, Nigel (eds.), *Thinking space*, London and New York, 2000.

De Man, Paul, *Allegories of Reading -Figural Language in Rousseau, Nietzsche, Rilke, and Proust*, New Haven and London, 1979.

Derk Bodde, *China's Cultural Tradition*, 이명수 옮김, 『중국인은 무엇을 생각하고 어떻게 살아왔는가』, 여강출판사, 1991.

Dirlik, Alif, "Place-Based Imagination : Globalism and the Politics of Place", eds. R. Prazniak & a. Dirlik, *Places and Politics in an Age of Globalization*, Lanham : Rowman & Littlefield Publishers.

Dirlik, Alif, "The Global in the Local", in R. Wilson & W. Dissanayake, *Global/Local : Cultural Production and the Transantional Imaginary*, Durham : Duke University Press, 1996.

Duncan, James S., *The city as Text : The politics of landscape interpretation in the kandyan kingdom*, New York, 2004.

Dussel, E., "World-System and 'Trans'-Modernity", *Nepantla : Views from South*, Duke University Press, 3 : 2, 2002.

Easthope, Anthony, *Literary into Cultural Studies*, London, 1991.

Featherstone, Mike, "Localism, Globalism, Cultural Identity", in Rob Wilson and Wimal Dissanayake (eds.), *Global/Local*, Duke University Press, 1996.

Featherstone, Mike, *Undoing Culture : Globalization, Postmodernism and Identity*, London, 2000.

Ferguson, J. & Gupta, A., "Spatializing States : Toward an Ethnography of Neoliberal Governmentality", ed. Jonathan X. Inda, *Anthropologies of Modernity*, Oxford : Blackwell, 2005.

Geller, E., *Nations and Nationalism*, Basil Blackwell, 1983.

Giddens, A., "Time, space and regionalisation" in D. Gregory and J. Urry (eds.), *Social relations and spatial structures*, Macmillan, 1985.

Giddens, A., *The Nation-State and Violence*, Berkeley & Los Angeles : University of California Press, 1987.

Giddens, A., *The Consequences of Modernity*, Stanford University Press, 1990.

Grosfoguel, R., *Colonial Subjects : Puerto Ricans in a Global Perspective*, Berkeley : University of California Press, 2003.

Gupta, Akhil · Ferguson, James, "Beyond Culture : Space, Identity, and the Politics of Difference", in *Cultural Anthropology* 7, 1992.

Hall, Stuart, "Cultural Studies : Two Paradigms", in *Media, Culture and Society 2*, 1980.

Hall, Stuart, "The Local and the Global : Globalization and Ethnicity", A. D. King (ed.), *Culture, Globalization and the World-System*, London, 1991.

Hall, Stuart, "Die Frage der kulturellen Identität", in Hall, *Rassismus und kulturellen Identität*, Hamburg, 1994.

Hall, Stuart, "The Local and the Global : Globalization and Ethnicity", Anthony D. King (ed.), *Culture, Globalization and the World-System*, Minneapolis : University of Minnesota Press, 1997.

Hall, Stuart, Held, D., Mcgrew, T., *Modernity and its Futures*, Polity Press in association with Basil Blackwell and The Open University, 1992, 전효관 · 김수진 외 역, 『모더니티의 미래』, 현실문화연구, 2000.

Hardt, M. & Negri, A., *Empire*, Cambridge : Harvard University Press, 2000.

Harootunian, H., *History's Disquiet*, 윤영실 · 서정은 옮김, 『역사의 요동』, 휴머니스트, 2006.

Harvey, D., *The Condition of Postmodernity*, Oxford : Basil Blackwell, 1989.

Heidegger, M., *Sein und Zeit*, 이기상 옮김, 『존재와 시간』, 까치, 1993.

Held, D., "The Decline of the Nation-State", in Stuart Hal, et al., *New Times*, London : Verso, 1989.

Held, D., McGrew, A., Goldblatt, D., & Perraton, J., *Global Transformations*, Blackwell Publishers, 1999, 조효제 역, 『전지구적 변환』, 창비, 2002.

Herrmann, Britta, "Cultural Studies in Deutschland : Chancen und Probleme transnationaler Theorie-Importe für die (deutsche) Literaturwissenschaft", in A. Nünning · R. Sommer (hrsg), *Kulturwissenschaftliche Literaturwissenschaft*, Tübingen, 2004.

Homi K. Bhabha, *Nation and Narration*, New York : Routledge, 1990.

Jameson, F., *Postmodernism or, The Cultural Logic of Late Capitalism*, Durham : Duke University Press, 1991.

Johnson, Richard, "What is Cultural Studies Anyway?" *Social Text : Theory/Culture/Ideology*, No.16, Winter 1986/87.

Johnston, Gregory, Smith, *The Dictionary of Human Geography*, 한국지리연구회 옮김, 『현대인문지리학사전』, 한울, 1992.

Kalra, Virider S., Kaur, Raminder and Hutnyk, John, *Diaspora & Hybridity*, London, 2005.

Kern, S., *The Culture of Time and Space*, 박성관 옮김, 『시간과 공간의 문화사 : 1880-1918』, 휴머니스트, 2004.

Körter, Peter, "Klammergriff. Wort des Jahres 'Kultur'", in *Frankfurter Rundschau* 272 22. Nov. 2000.

Lefebvre, H., *The Production of Space*, trans. D. Nicholson-Smith, Oxford : Blackwell, 1991.

Lévy, J. & Lussault, M., *Dictionnaire de la Geographie et de l'espace des sociétés*, Belin, 2003.

Lotman, Y., 김수환 옮김, 『기호계 : 문화연구와 문화기호학』, 문학과 지성사, 2008.

Mandaville, Peter G., *Territory and Translocality. Diskrepant Idioms of political Identity*, Los Angeles, 2000.

Mandaville, Peter G., *Transnational Muslim Politics. Reimagining the Umma*, London, 2001.

Martiniello, Marco, *Sortir Des Ghettos Culturels*, Presses de Sciences Po, Paris, 1997, 윤진 역, 『현대사회와 다문화주의-다르게, 평등하게 살기』, 한울, 2002.

Massey, D., "Politics and space/time", *New Left Review*, 196, 1992.

Massey, D., "The Political Place of Locality Studies", *Space, Place and Gender*, Minneapolis : University of Minnesota Press, 1994.

Miyoshi, M., "A Borderless World? From Colonialism to Transnationalism and the Decline of the Nation-State", in Rob Wilson and Wimal Dissanayake (eds.), *Global/Local*, Durham : Duke University Press, 1996.

Morley, David & Robins, Kelvin, *Spaces of identity : global media, electronic landscapes and cultural boundaries*, London, 1997.

Peet, R. & Thrift, N., *New Models in Geography*, Unwin Hyman, 1989.

Pertsch, Erich, *Langenscheid Lateinisch-Deutsch Handwörterbuch*, Berlin-München-Wien-Zürich-New York, 1994.

Ritter, Joachim / Grunder, Karlfried (hrsg.), *Historisches Wörterbuch der Philosphie*, Bd 3 G-H.

Rushdie, Salman, *Imaginary Homelands*, London, 1991.

Said, E., *Orientalism*, 박홍규 옮김, 『오리엔탈리즘』, 교보문고, 2007.

Smith, A. D., *Theories of Nationalism*, 2nd edn. New York : Holmes & Meier, 1986.

Spivak, G. C., *A Critique of Postcolonial Reason, Toward a History of the Vanishing Present*, Cambridge, Massachusetts, London, England, 2003.

Spivak, G. C., *Death of a Discipline*, New York, 2003, 문학이론연구회 옮김, 『경계선 넘기』, 인간사랑, 2008.

Taylor, P. J., "A Materialist framework for political geography", *Transactions, institute of British Geographer*, 7, 1982.

Thompson, John, *Media and Modernity : A Social Theory of the Media*, Stanford University Press, 1995.

Turner, B. S., *Max Weber. From History to Modernity*, Routledge, 1992, 최우영 역, 『막스베버 근대성과 탈근대성의 역사사회학』, 백산서당, 2005.

Urry, J., *Consuming Places*, London & New York : Routledge, 1995.

Urry, John, *Sociology beyond Society - Mobility for the Twenty-first Century*, Routledge, 2000.

Wallerstein, I., 「의도하지 않은 결과 : 냉전시대의 지역연구」, 정연복 옮김, 『냉전과 대학』, 당대, 2001.

Wallerstein, I., *World-Systems Analysis - An Introduction*, Duke Univ. Press, 2004, 이광근 역, 『월러스틴의 세계체제분석』, 당대, 2005.

Warf, B., "Postmodernism and the localities debate", *Tijdschrift voor economische en sociale Geografie*, 84, 1993, 「포스트모더니즘과 지방성 논쟁」, 『공간과 사회』 제5호, 1995.

Wilson, E., *Consilience, the Unity of Knowledge*, 최재천·장대익 옮김,『통섭. 지식의
　　　대통합』, 사이언스북스, 2005.
Wilson, Rob & Dissanayake, Wimal, "introduction", in *Global/Local*, Duke University
　　　Press, 1996.
Young, Robert J. C., *White Mythologies*, London & New York : Routledge, 2004.
http : //www.dambee.net/news/read.php?idxno＝10468&rsec＝S1N5(검색일 : 2009.2.3).
http : //www.kpec.or.kr/index.asp (검색일 : 2009.2.3).

찾아보기

필자 소개(논문 게재순)

류지석　부산대 한국민족문화연구소 HK교수. 성균관대학교 철학과 학사・석사, 프랑스 샤를 드골–릴 3대학교 철학박사. 프랑스 철학 전공. 장소–공간론, 학문방법론, 현대프랑스철학에 관심을 갖고 있다.

이상봉　부산대 한국민족문화연구소 HK교수. 부산대학교 정치외교학과 학사・석사・박사. 일본 立命館大學 국제지역연구소 특별연구원 역임. 일본정치와 재일한인문제 전공, 문화정치, 일상정치 등의 미시정치학과 지역정치에 관심을 갖고 있다.

김용규　부산대 영어영문학과 교수. 부산대학교 영어영문학과 학사・석사. 고려대학교 대학원 박사. 문화이론 전공. 도시공간 내의 문화변동 연구에 관심을 기울이고 있다.

이창남　부산대 한국민족문화연구소 HK 전임연구원. 연세대학교 독어독문학과 학사・석사. 독일 베를린 자유대학교 비교문학과 박사. 비교문학 전공, 연구관심분야는 문화이론과 도시문화론.

장희권　부산대 한국민족문화연구소 HK교수. 부산대학교 독어독문학과 학사, 독일 빌레펠트대학 독문학/문예학/교육학 석사, 독문학 박사. 독일문학, 전기 및 역사소설, 문화연구 전공. 연구 관심분야는 문화연구, 로컬리티 연구.

이명수　부산대 한국민족문화연구소 HK교수. 성균관대학교 동양철학과 학사・석사・박사. 민족문화추진회(한국고전번역원) 국역연수원 졸업. 동아시아 근현대 타자 인식에 주목하고 있다.

문재원　부산대 한국민족문화연구소 HK교수. 부산대학교 국어국문학과 학사・석사・박사. 한국현대문학 전공. 지역문학, 문화연구에 관심을 갖고 있다.

차윤정 부산대 한국민족문화연구소 HK교수. 부산대학교 국어국문학과 학사·석사·박사. 국어학 전공. 언어나 매체를 대상으로 로컬리티의 재현 메커니즘과 양상 연구에 관심을 기울이고 있다.

차철욱 부산대 한국민족문화연구소 HK교수. 부산대학교 사학과 학사·석사·박사. 한국근현대사 전공. 지방사 연구에 관심을 쏟고 있다.

장세룡 부산대 한국민족문화연구소 HK교수. 영남대학교 사학과 학사·경북대학교 석사·영남대학교 박사. 서양근현대 사상사와 역사이론 전공.

신지은 부산대 한국민족문화연구소 HK 전임연구원. 부산대학교 사회학과 학사. 프랑스 파리 5대학교 사회학 석사·박사. 일상생활의 사회학 전공. 연구 관심분야는 도시사회학, 문화사회학, 문학사회학.

로컬리티 연구총서 1

로컬리티, 인문학의 새로운 지평

부산대학교 한국민족문화연구소 편

2009년 8월 15일 초판 1쇄 발행

펴낸이 · 오일주
펴낸곳 · 도서출판 혜안

등록번호 · 제22-471호
등록일자 · 1993년 7월 30일

⊕ 121-836 서울시 마포구 서교동 326-26번지 102호
전화 · 3141-3711~2 / 팩시밀리 · 3141-3710
E-Mail hyeanpub@hanmail.net

ISBN 978-89-8494-370-4 93300

값 22,000 원